史學宰相

李金山 著

「**吾無過人者，但生平行為，**
無不可對人言耳。」

他，在人生的最後一年才成為
宰相；
他，受封最高級諡號「文正」，
北宋僅三人獲此殊榮；
他，同時也是與司馬遷並列的
大史學家——

他是司馬光。

資治通鑑驚天下
千古賢臣司馬光

目錄

目錄

序論

「文正公」司馬光：史學大師，百官楷模

後世通常尊稱司馬光為「司馬太師溫國文正公」，這是他去世後朝廷的封贈，「太師」是官職，「溫國公」是爵位，「文正」則是謚號。

謚號是來自官方的總評價，宋人費袞在他的作品《梁溪漫志》裡說：

> 「謚之美者，極於文正。」司馬溫公嘗言 之而身得之。國朝以來有此謚者，惟公與王沂公、范希文而已。若李司空昉、王太尉旦，皆謚文貞，後以犯仁宗嫌名，世遂呼為文正，其實非本謚也。如張文節、夏文莊，始皆欲以文正易之，而朝論迄不可。

意思是說，「文正」是文官謚號的最高級，北宋一百六十七年中，得到這個謚號的只有三位：司馬光、王曾和范仲淹。李昉、王旦本來的謚號是「文貞」，因為宋仁宗名趙禎，為避諱才改稱「文正」。夏文莊指夏竦，是宋仁宗的老師，宋仁宗要給他文正謚號，結果輿論反對，只好作罷。北宋的文正公只有三位，而北宋的宰相有七十二人，副宰相有兩百三十八人，加起來三百一十人！真的是百裡挑一。「文正」中的「文」主要指文化修養，意指學術成就高，或者文學造詣深。

歷史上素有「史界兩司馬」的說法，說的是中國史上最偉大的兩位史學家，一位是司馬遷，他的《史記》被魯迅讚為「史家之絕唱，無韻之《離騷》」；另一位就是司馬光，他主持編修的《資治通鑑》，是中國第一部通鑑體編年通史，今天我們關於歷朝興衰治亂的許多知識與見解，都是拜

司馬光之賜。

《資治通鑑》是一部偉大的史學著作，是寫給帝王的歷史教科書，也被後來的史學家譽為中國傳統史學的空前傑作。宋末元初學者胡三省評價說：「《通鑑》不特記治亂之跡而已，至於禮樂、歷數、天文、地理，尤致其詳。讀者如飲河之鼠，各充其量而已。」清代學者王鳴盛這樣評價《資治通鑑》：「此天地間必不可無之書，亦學者必不可不讀之書也。」清代的文正公曾國藩則評價：「竊以先哲驚世之書，莫善於司馬文正公之《資治通鑑》，其論古皆折衷至當，開拓心胸。」僅憑一部《資治通鑑》，司馬光就配得上「文」這個謚號。

然而，司馬光還不僅僅是史學家。據蘇軾所作〈行狀〉，計有《文集》八十卷（指《司馬文正公傳家集》，前十五卷是詩歌）、《資治通鑑》三百二十四卷、《考異》三十卷、《歷年圖》七卷、《通曆》八十卷、《稽古錄》二十卷、《本朝百官公卿表》六卷、《翰林詞草》三卷、《注古文孝經》一卷、《易說》三卷、《注繫辭》二卷、《注老子道德論》二卷、《集注太元經》一卷、《大學中庸義》一卷、《集注揚子》十三卷、《文中子補傳》一卷、《河外諮目》三卷、《書儀》八卷、《家範》四卷、《續詩話》一卷、《遊山行記》十二卷、《醫問》七篇。

司馬光的治學有一個特點，就是學問要實用。蘇軾所作〈行狀〉中說：「其文如金玉穀帛藥石也，必有適於用，無益之文，未嘗一語及之。」這一點我們從《資治通鑑》可以看得很清楚，他花了十九年時間編纂這樣一部書，就是為治國理政提供借鑑。

前文說過，司馬光的謚號是「文正」，這是文官謚號的最高等級。其中的「正」，主要指輿論評價，意思是說本人恪盡職守、眾人交口稱讚。換句話說，「正」指的就是官員的好口碑。

司馬光任門下侍郎即副宰相，是在元豐八年（西元一〇八五年）五月二十七日。據史書記載，從出任門下侍郎算起，到元祐元年（西元一〇八六年）九月初一日去世，前後不過一年多的時間，但患病就占去了一半。司馬光決心要以身殉社稷，親自處理政務，不捨晝夜，賓客見他身體弱，就勸他說：「諸葛孔明二十罰以上皆親之，以此致疾，公不可以不戒。」司馬光卻說：「死生，命也。」

那麼，輿論評價怎麼樣呢？史書上說，司馬光去世的消息傳開，京師汴梁的老百姓紛紛停下手中的工作，趕去弔唁；甚至有人為購買祭品而賣掉自己的隨身衣物。司馬光的靈柩回夏縣安葬，哭送的人成千上萬，就連封州（治今廣東省封開縣東南）的父老，也不遠千里相繼前來祭奠。朝廷派去護送靈柩的官員回奏說，老百姓哭得非常傷心，就像哀悼他們自己的親人一樣；全國各地趕去送葬的有好幾萬人。京師的老百姓把他的畫像刻版、印刷，家家都要請一幅，吃飯之前必先禱告；各地也紛紛託人前來京師求購，還有畫工因此致富。老百姓表達好感就是這樣直接，這就是司馬光在當時的輿論評價。

蘇軾曾談到司馬光所以感人心、動天地的原因，概括為兩個字：「誠」和「一」。「誠」就是信，說一不二；「一」就是同，表裡如一。蘇軾又轉述司馬光的話：「吾無過人，但平生所為，未嘗有不可對人言耳。」意思是說我沒什麼過人之處，只是平生所作所為，沒有不能對人說的——這就是司馬光的過人之處。

史官認為：《傳》所謂「微之顯，誠之不可掩」，《詩》所謂「相在爾室，尚不愧於屋漏」，而司馬光真的做到了。微小到肉眼不可見了，只有一個「誠」；即便在陰暗無人的地方，也要光明磊落，這就是「一」。「誠」和「一」表現在為官上，就是恪盡職守。

朱熹對於學者兼政治家的司馬光，評價說：「溫公可謂知、仁、勇。他那活國救世處，是甚次第。其規模稍大，又有學問，其人嚴而正。」智、仁、勇，又稱「三達德」，是儒家認為君子必須具備的三種德性。司馬光研究學問與治國理政相輔相成；換句話說，就是名副其實的「文正」。

第一章 早年經歷

砸缸救人

宋真宗天禧三年（西元一〇一九年）十月十八日，司馬光出生在北宋光州（治今河南省潢川縣）光山縣（今河南省光山縣）縣官舍，他的父親司馬池，時任該縣知縣。

今天的光山縣，有一座紀念性的建築——司馬光故居，這名字頗有點當下的味道。有意思的是，直到一九七〇年代，司馬光故居仍是光山縣委所在地。「司馬光故居」的院子裡有一口井，上面建有井亭，井亭旁有一石碑，上鐫「司馬浴泉」四字。據說光山有「洗三」的習俗，就是小孩出生三天後，要舉行一個洗澡儀式。傳說司馬光就是用這口井裡的水「洗三」的。這口井過去叫「司馬井」。令人稱奇的是，這口井至今依然水位很高，水也非常清澈，光山縣委遷出之前，縣委機關都是喝這口井裡的水。在光山縣，不僅有司馬光故居，還有司馬光賓館、司馬光大道、司馬光巷、司馬光祠，等等。可見，我們這位先賢在他的出生地擁有多高的人氣。

之所以取名司馬光，是因為出生地的緣故。在替司馬光取名這件事情上，司馬池一定想到了自己的名字。而司馬池之所以以「池」為名，是因為他出生在「秋浦」這個地方。這位知縣大人可能苦思冥想若干日子之後，突然就靈機一動，如法炮製，替兒子取名「光」。司馬池可能十分得意，因為與自己的名字相比，兒子的這個「光」字，不僅有出生地上的紀念意義，而且這個字本身也有著十分不錯的寓意，比如光耀門庭、光宗耀祖等等；而司馬光的字「君實」，據說是擔心「光」字可能讓人產生輕浮、不踏實的感覺，所以反其意而用之，算是一種補充和矯正。

我們都知道，司馬光一生儉樸，不喜奢華。這種品性在他還是個小孩子的時候，已經有所表現：大人每每給他穿上華美的衣裳，或者戴上金銀一類的飾品，他就會滿臉通紅、羞愧難當。

在中國古代，小孩出生就是一歲。第一個新年一到，人人都長了一歲，小孩就是兩歲。所以一個人的年齡，如果在生日之前計算，會比實際年齡大兩歲；在生日之後計算，總是大一歲。在當時人們的觀念裡，都希望孩子快快地成長，因為長大後就會受到尊重。史書上說：「光生七歲，凜然如成人。」也就是說七歲的司馬光（實際只有五歲多或者六歲），行為舉止已經完全像個成年人了。這跟我們現在所說「少年老成」的貶義幾乎完全相反，在當時是對人的一種讚許。

宋代官員的任期和現在一樣，通常是三年。任職期滿，由國家機構對他的政績進行考核，叫作「磨勘」。幼年的司馬光與父親生活在一起，所以他的居所總在變動。

司馬池曾監壽州（治今安徽省鳳臺縣）安豐縣（今安徽省壽縣南）酒稅，司馬光的童年，有一段就在那裡度過。多年以後，司馬光送一位朋友去壽州附近的巢縣（今安徽省巢湖市）任職，滿懷深情地回憶起自己的童年時光和當地的風土人情：

弱歲家淮南，常愛風土美。悠然送君行，思逐高秋起。
巢湖映微寒，照眼正清泚。低昂蹙荷芡，明滅縈葭葦。
銀花鱠肥魚，玉粒炊香米。居人自豐樂，不與他鄉比……

（《傳家集》卷二〈送崔尉堯封之官巢縣〉）

轉眼，司馬光已經六歲，當然實際上不過四歲多或者五歲，著名的「青核桃事件」就是在這一年，它在司馬光的成長歷程中是一個標誌性的事件，對他日後誠實守信品格的養成，有著非同尋常的意義。

事情的經過是這樣：一次，有人從家鄉夏縣捎來一些青核桃給他們。青核桃有一層肉質的皮，要剝掉那層皮，需要一點技巧；如果只是一味硬剝，就很困難。他的姐姐試圖硬剝，結果費了好大的力氣，卻沒什麼用。姐姐離開後，一位僕人把青核桃放進開水裡燙了一下，再拿出來就容易多了。等姐姐想出了辦法又折回來，司馬光已經吃著核桃仁了。姐姐非常驚訝，問：「誰這麼聰明？」司馬光隨口就答：「看不出來吧，是我呀！」這件事的前前後後給恰好路過的父親司馬池全部看到。這種事情對我們大多數人來講，可能一點都不新鮮，在我們每個人身上，可能都曾經發生過，只是我們和我們的父母都輕輕地把它放過去了。父母一般會想「小孩子嘛，天真無邪」，或者「孩子蠻聰明的，懂得隨機應變」；再或者就是置之一笑，認為沒什麼。但司馬池不這樣看，就大聲呵斥道：「小子何得謾語！」——小孩子怎麼能說謊！顯然，司馬池是個很認真的父親。

後來，司馬光在洛陽閒居，有個叫劉器之的人，中了進士不願意做官，跑去洛陽向司馬光問學。當時的司馬光鬱鬱不得志，有人願意向他問學，自然高興得不得了，對這個學生可以說是傾囊以授，劉器之就跟著司馬光大約十年。

有一天，劉器之向司馬光請教做人、做學問的真諦，司馬光想了想說：「一個字，誠。」「誠」就是認真，古人做人、做學問的認真精神，在今天已十分罕見。劉器之回去想了三天三夜，也沒想出個所以然。於是又去見司馬光，問該如何開始？司馬光答：「從不妄語中入。」——從不說假話開始。可見，當年那個小小的事件，對司馬光的影響有多深。

從六歲起，父兄就開始教司馬光讀書。我們現在一般是七歲上小學，但如果算上幼稚園中班、大班的時間，啟蒙的年齡和司馬光其實差不多。那時候兒童啟蒙，都是從背誦入手。司馬光都將書背得爛熟，但對於五六歲的兒童來講，理解當然是日後的事情。

當時安豐縣有一位丁姓天才少年，很有名氣。丁姓少年不僅記憶力超群，過目成誦，而且文章也寫得相當不錯。傑出總是讓人羡慕，故當時父兄對司馬光的期望就是，將來能像丁姓少年那樣出類拔萃。但是，丁姓少年後來的發展，並沒有司馬光父兄想像得那樣好：他仕途不暢，年紀很大了，才可憐兮兮地謀到一個小縣令的職位，而當時他的同輩、甚至年紀更小的後生，在職務上都遠遠超過了他。所以我們可知，人的命運由多方面的因素決定，包括性格、機遇、天時、地利等等，並非全憑智商高低或者才氣大小。

而司馬光的史學天賦，幼年就已有所表現。在他大約七歲的時候，他聽人講《左傳》，就能領會大致的意思，因為與「子曰」、「詩云」比起來，史書有故事、有情節，比單純的道理或者詩文更容易被兒童所接受。回到家後，司馬光又把聽過的故事講給家人聽，並因此獲得誇獎。從此，司馬光對史書興趣濃厚，以至於愛不釋手，對於口渴飢餓、寒冷溽熱一類的事情，都渾然沒有知覺了。

砸缸的故事，大約也發生在這一年。當時，司馬光正和許多孩子一起玩，院裡有一口大甕蓄滿了水，可能是用來防火；或者相當於蓄水池，為灌溉花木之用；也或者兩種用途兼而有之。也不知道他們玩的是什麼遊戲，比較淘氣的一位就上了甕沿，一不小心掉進了甕裡。孩子們嚇壞了，四散奔逃；但司馬光沒有。他以最快的速度找來一塊大石頭，並狠狠向那口大甕砸去。水從甕的洞口奔湧而出，掉進甕中的小孩因此得救。當時的東京汴梁及西京洛陽一帶，甚至有人把這個故事繪成圖畫出售，風行一時，流傳甚廣。

到了十二三歲，司馬光對書中的義理，漸漸有了自己的理解；又過了兩年，司馬光已經十五歲，他對書無不通曉，文章也自成風格：「文詞醇深，有西漢風。」

父子多年

因為父親的一聲呵責，司馬光一生不敢妄言。父親的人品與官品，都是司馬光模仿的典範。

司馬池（西元九八〇年—一〇四一年），字和中，進士，二十歲不到，就表現出獨到的見解和眼光。解州（治今山西省運城市鹽湖區解州鎮）池鹽南運，通常是這樣的路線：蒲阪（今山西省永濟市蒲州鎮）—竇津（今山西省芮城縣陌南鎮）—大陽（今山西省平陸縣茅津渡）。當時人們認為這樣不僅繞遠路，而且難行，於是開冷口（今山西省絳縣冷口鄉冷口村）鹽道，從聞喜（今山西省聞喜縣）往東，再經垣曲（今山西省垣曲縣）往南。大家都認為這樣很方便，可司馬池說：「前人為什麼捨近而求遠呢？恐怕近道有不便之處！」眾人不以為然。當年夏天，山洪暴發，鹽車、人、牛，全都被沖到了河裡，眾人始嘆服。

這是司馬光出生前的事情，但司馬光肯定輾轉聽到過。獨立思考，不人云亦云，這就是他的父親司馬池。司馬池否定近道，司馬光砸缸救人，這裡面有一脈相承的事物。

司馬池還是一位大孝子。司馬池幼年喪父，母親皇甫氏獨自將他養大。那年，司馬池進京趕考，殿試前夕，母親病故了。朋友們為了不影響他考試，把報喪的家書藏了起來。但似乎是心靈感應，殿試前一晚，司馬池輾轉反側，心想：母親一直有病，該不會有事吧？第二天在皇宮門前徘徊良久，向朋友詢問，朋友只是說母親得病。司馬池聽後號啕痛哭，當即返鄉。以孝傳家，這是司馬氏的家風，司馬池是大孝子，司馬光也是大孝子。

司馬父子感情非常深。父親司馬池曾任遂州小溪縣知縣，福澤百姓。當時，老百姓如果對一位官員有好感，就會把他的畫像掛在廳堂裡，像祖先牌位一樣供起來。父親司馬池去世後，有一次，司馬光送一位朋友前往遂州赴任，那位朋友告訴他：當地的老百姓還一直保存著令尊的畫像，並常常感念他，司馬光聽後淚流滿面。

又有一次，司馬光送另一位朋友上任河南府（治今河南省洛陽市東）司錄，而父親司馬池也曾任這個職位。因為這個共同點，司馬光想起許多往事：

彩服昔為兒，隨親宦洛師。至今余夢想，常記舊遊嬉。
佐史頭應白，書樓樹已攲。聞君行有日，使我淚交頤。

（《傳家集》卷十三〈送王瓘同年河南府司錄〉）

司馬光出生在光州光山縣，父親時任光州光山縣知縣。當時皇宮遭遇火災，宮殿需要重建，遂向各州徵調竹木。光州知府限期三天，而司馬池認為，光山不產大竹，必須去外地採購，三天絕對不可能辦成，於是與百姓另外約定一期限，逾期不完成就要接受處罰，結果光山縣反而比其他縣更早完成。司馬池辦事不唯上，實事求是，樸實而穩健。我們從司馬光的身上，可以看到司馬池的影子。

司馬池官越做越大，做到了群牧判官。冷兵器時代，馬在戰爭中有重要的地位，因此當時管理馬政的機構群牧司，直接隸屬國家的最高軍事機關樞密院，由樞密院決定官員的任命。群牧司判官在當時來說是肥缺，爭搶的人很多；但樞密使曹利用，根據公論選擇了司馬池，司馬光大概也因此懂得，聲譽對人有多麼重要！

在群牧判官任上，曹利用曾委託司馬池，收繳大臣們所欠的馬款，司馬池說：命令無法執行，是因為長官帶頭違犯，您現在就欠著不少，如果不先繳清，我怎麼去向別人催收！曹利用非常驚訝，說經辦人告訴他都繳清了啊！隨後，曹即命人繳清欠款。其他人見此情形，幾天之內也都全部繳清。曹利用的聞過即改，司馬池大概沒有想到，他因此對曹心生欽佩。曹利用遭貶後，原來依附他的人害怕受到牽連，紛紛倒戈，攻擊曹利用。司馬池卻揚言於朝，說曹利用是被冤枉的。就事論事，不阿諛奉承；上司被貶，不落井下石，司馬池正直如斯。

章獻太后身邊的太監皇甫繼明，當時兼任群牧司下屬估馬司的長官，負責為馬匹定價並收購，又自稱買馬有營利，要求升官；群牧司核實後，卻發現根本是子虛烏有。但其他人懾於皇甫的權勢，明知他在瞎說，卻只能附會，只有司馬池說不行，絕不因為權勢而有絲毫遷就，可謂「威武不能屈」。我們將從司馬光的身上，也能發現這些良好的家族基因。

父親司馬池在群牧判官任上，結交了司馬光的恩師龐籍。

龐籍（西元九八八年—一〇六三年），字醇之，單州（治今山東省單縣）成武（今山東省成武縣）人。

龐籍可謂能吏，開封知府薛奎是個很嚴肅的人，很少表揚人，唯獨對龐籍格外器重，待他很好，說：「你將來必定官至宰輔，我不如你啊！」既而薛奎推薦他擔任了開封府的法曹。群牧判官出現空缺，當時章獻太后垂簾聽政，依靠太后關係謀求這個職位的，就不下十人。顯然此事比較棘手，決策者為此非常頭痛。薛奎思考，只有任用一位聲望、才能、品行都能服眾的人，才能堵住悠悠之口，於是將司馬池、龐籍一同上報，果然獲得太后批准。

龐籍很有軍事才能。宋仁宗慶曆元年（西元一〇四一年），延州（治今陝西省延安市）前線缺乏統帥，於是以龐籍為龍圖閣直學士知延州事，不久又兼任鄜延路馬步軍都部署、經略安撫、緣邊招討等使。次年，改任延州觀察使，龐籍堅辭，改任左諫議大夫。

龐籍對同僚及下屬謙恭平易，凡有稟報，如有可取，即便文書已經下達，也會立即更改，從不吝惜。龐籍治軍極嚴，違者或斬首，或鞭打至死，士卒因此敬畏。守軍十萬無壁壘，多寄住在百姓家，但秋毫不敢犯。將領出戰前，龐籍都要約見，詢問戰略戰術，取其所長，去其所短，講明賞罰標準，言出必行。將領們因此盡心竭力，戰則有功。當時，西夏李元昊連連犯邊，氣焰囂張，唯獨鄜延路不敢接近，偶有小犯，即大敗。龐籍將延州失地統統收復，又派部將狄青等，在險要處築城十一座，腹地可耕的田地都招募農民耕種，既安置了流民，也解決了軍需。

龐籍在延州，凡修築州城及堡寨，都調派禁軍，軍隊出塞作戰，便要求奪取敵人的軍糧自給，自割草料，回來以後報銷，百姓也因此減免很多義務勞動，不用遠途供送糧草。龐籍離任的時候，百姓攔路大哭，說：「先生用兵數年，從不曾麻煩百姓，雖以一子為香焚之，也不足為報啊！」送行龐籍很遠，百姓才散去。

宋仁宗慶曆四年（西元一〇四四年），龐籍任樞密副使，相當於管理全國軍事工作的第二把交椅。他說：「陝西自開戰以來，公私困竭，請合併當地的政府機構，並調部分守軍到內地解決給養。」朝廷採納了他的建議，國防開支因此大大降低。慶曆八年（西元一〇四八年），龐籍任參知政事；皇祐元年（西元一〇四九年），以工部侍郎任樞密使；皇祐三年（西元一〇五一年），任同中書門下平章事兼昭文館大學士，即宰相。龐籍對司馬光的一生影響非常大，這一點後文將會看到。

司馬池與龐籍同為群牧判官，二人志同道合，出處如一。龐籍常來司馬池家中做客，而司馬光都會侍立一旁。龐籍注意到這個沉穩少年，向朋友問起少年的姓名及功課，並撫摸少年的頭，諄諄教導，如對己出。

司馬池在三司鹽鐵副使任上時，他的同年張存奉調回京（同榜之士，謂之同年），任三司戶部副使。兩人是同年，又同在三司工作，也就拉近了兩人的關係。後來張存成了司馬光的岳父。

張存，字誠之，冀州（治今河北省衡水市冀州區）人，進士及第。此人在治家上頗有特色，平日居家也跟在官府裡一樣：不穿戴整齊，就不見兒孫；向兒孫們訓話，有時一訓就訓到了晚上，也不讓他們坐下；處理家務，也像處理公務一樣事無巨細，有條不紊；能識人，前後向朝廷舉薦過的官員，達數百人之多，且沒有一個不稱職。

當時，司馬池與張存同朝為官，常常相互走動。在父親的特意安排下，司馬光每每這時候，就左右侍候，端茶倒水。父親這樣安排，大概為讓兒子從父輩們的言談舉止中增長見識，學會待人接物的禮節。這位未來的岳父大人，一見司馬光甚是喜歡，大加讚賞，評價很高。而後既不詢問神祇，也不請媒人周旋，當即拍板，說待司馬光成人，就將女兒嫁給他。

張存當然並不糊塗，像所有負責任的父親一樣，他也希望為自己的女兒找到一位如意郎君。前文說過，此公識人本領了得，他一定已經預見，眼前的這位翩翩少年潛能無限。在宋代像張公這樣擇婿的並不普遍，但也絕非僅有。當時以識人自許的士大夫，就有諸多此種案例。這就跟我們現在買股票一樣，需要眼光，需要膽識；選擇雖有一定難度，但正好可以檢驗自己的能力。

司馬光自出生以來，一直跟隨著父親司馬池，司馬光也得以遍歷各地。天聖年間（西元一〇二三年—一〇三二年），父親司馬池曾任利州路（治今四川省廣元市）轉運使，相當於省部級官員。父親公務之餘，喜歡帶著司馬光遊覽當地名勝，除了消遣，他更希望透過遊歷增長兒子的見識。每到一處，司馬池都會作詩，描繪當地的風光景物及當時所思所感，並將毛筆飽蘸濃墨，將詩句題上牆壁，詩末鄭重署上「君實捧硯」；後來，一位傾慕司馬光人品的朋友在利州路做官，將這些題詩全部刻石。

司馬光已屆志學之年，按照北宋的恩蔭制度，他面臨著一次機會：根據司馬池的級別，朝廷恩賜他兩個名額，允許他的兩個子孫不必通過考試即可入仕。司馬望已夭亡多年，兩個名額並無多餘；但司馬光把屬於他的那個名額，讓給了一位堂兄。這種謙讓並非沒有道理，司馬光對自己的才學非常有把握，況且當時對恩蔭為官的人有很多限制，比如不許擔任臺諫官、翰林學士、經筵官、外交使節，不許主持科舉考試，不許任職國子監等教育機構等等。透過恩蔭入仕，可能會使司馬光感到有某種缺憾。

後來有了新的機會，而司馬光終於接受了，官階是郊社齋郎，不久轉為將作監主簿。宋代官員的「官階」表級別的高低，「職位」表實際負責的事務。郊社齋郎和將作監主簿都是官階，但只有官階沒有職位，司馬光非常清閒，就可以繼續準備科考。

第二章 初仕、守孝

華、蘇判官

宋仁宗寶元元年（西元一〇三八年），司馬光進士及第，名列進士甲科。同年，與父親好友張存之女結婚，司馬光二十歲，張氏十六歲。

這一年的季夏，也就是夏曆的六月，一位叫郎景微的同年，要泛舟南下，回老家會稽（今浙江省紹興市）省親，算是衣錦還鄉。臨行前，他一定要司馬光作文序別，於是司馬光寫下〈送同年郎景微歸會稽榮覲序〉。從這篇序文來看，司馬光與郎景微兩家可謂世交：兩人的父輩就是同年，又同朝為官，還是好朋友；他們二人起初都以恩蔭入仕，官職也相同，此次又一同中進士。司馬光在序文中寫道：

進士此科見重於時久矣，自兩漢而下，選舉之盛，無與為比，乃至販鬻給役之徒，皆知以為美尚，是以得之者矜誇滿志，焜耀於物，如謂天下莫己若也，亦何惑哉！賢者居世，會當蹈仁履義，以德自顯，區區外名豈足恃邪！

（《傳家集》卷七十）

意思是說，進士歷來為世所重，就是販夫走卒也都知道豔羨，但賢者生存世間，應為踐行仁義，以德立世，區區浮名又何足道哉！

司馬光現在不過二十歲，在今天看來還很年輕，但他已經胸懷天下。家人常常被司馬光弄得神經衰弱：夜裡睡得好好的，會被突然驚醒，朦朧中就看見司馬光匆匆忙忙爬起來，穿好官服，手執笏板，正襟危坐很長時間。後來一位很密友問起，司馬光回答說：我當時忽然想到天下大事。

當時，父親司馬池任同州（治今陝西省大荔縣）知州，而司馬光的另一位同年石昌言就在父親手下做事，時任同州推官。司馬光因公常常要去同州，因便拜見父母，享受天倫之樂，公私兼顧；同時，也與石昌言遊覽當地名勝。

石昌言，即石揚休，昌言是他的字，眉州（治今四川省眉山市）人。司馬光說：「光為兒始執卷，則聞昌言名。」石昌言成名很早，中進士卻較晚。雖是同年，石昌言比司馬光大二十三歲，此年司馬光二十歲，石昌言四十三歲。現在看來，已經完全是兩代人。

可能因為早年貧窮的緣故，石昌言對富人有種強烈的憎恨。同州推官任滿後，石昌言又做過中牟縣（治今河南省中牟縣東）知縣。中牟縣位於京師汴梁西郊，土地貧瘠，百姓窮困，但賦稅勞役卻很重，本該富人們承擔的部分，也要由普通百姓來分擔。當時，如果戶主隸屬國家機構，就可以免除賦稅和勞役，中牟縣的富人們遂紛紛設法將自己變成太常寺的樂工。小小中牟縣，像這樣的就有六十多家。石昌言立即向有關部門稟報，請求全部解除這種虛假的隸屬關係。

石昌言曾以刑部員外郎任知制誥，但史家認為那不是他的專長。後來官至工部郎中。其生性閒散，不愛與人交往，但喜愛動物，在家裡豢養了猴子、仙鶴，平日居家就逗弄這些動物，或者看看書、吟吟詩，自娛自樂。他從不把工作帶回家，跟家裡人談話，也從不提及公事。司馬光說他為人質樸忠誠，小心謹慎，不熟悉的人會覺得他很莊重，一舉一動皆有法度；但當你真的接近他，就會發現他謙恭和藹，而且溫厚善談笑。石昌言的性格非常內向，敏感而自卑，司馬光大概是他不多的好友之一。

石昌言喜歡存錢，這可能也跟他早年的貧窮有關。石昌言出使契丹，住的地方潮濕簡陋，路上受了風毒，病情嚴重。他自己可能感到來日無多，於是向朝廷請假，回到家鄉灑掃墳墓，算是向先人告別。過去石昌言在家鄉的時候很窮困，缺吃少穿，離開的時候只是一介平民，十八年後以高官的身分返鄉，過去的貧窮友人都說：「昌言一定會接濟我。」可是石昌言沒捨得出一分錢；而當地的富人們為了巴結，紛紛送禮給他，石昌言則都來者不拒。

宋仁宗寶元二年（西元一〇三九年），二十一歲的司馬光為他人的文集寫下一篇序。此序並非應作者之請，因為當時作者已經去世了。司馬光讀到一些文章，發現作者是一位真正的儒者，很欣賞他，所以自願搜集他的文章，編訂成冊，並為作序。

這位真儒名叫顏太初，當時天下不尚儒學已久，此人卻願意身體力行：讀先王之書，不斤斤於某字某詞，而是從整體上把握意旨；且並不到此為止，他還要在自己身上和鄉里實踐；更進一步，他要將先王之道發揚光大，於是考察國政得失，發而為詩歌文章。

顏太初的事蹟如下：

宋仁宗景祐初年（西元一〇三四年—一〇三八年），青州（治今山東省青州市）的地方官員，傾慕魏晉人嵇康、阮籍的風度，為數不少的士大夫爭相效仿，一時間在社會上蔚然成風。顏太初認為這是在敗壞風俗，立即作了一首〈東州逸黨詩〉以為諷喻；這首詩傳到了皇帝手裡，認為地方官員如此，必然影響國家機構效率，於是青州的地方長官不久就被治罪了。

又如：鄆州（治今山東省東平縣）的地方長官，對一位不願與自己同流合污的屬下懷恨在心，於是用計讓他下獄，屬下就在獄中鬱鬱而終。死者的妻子想要申訴，可那位地方長官怎能允許？顏太初與死者生前關係不錯，朋友白白冤死獄中，他感到憤憤不平，就又作了首〈哭朋詩〉，那個地方長官也因此被罷官。

當時已經有人向有關方面舉薦了顏太初，認為他學問淵博，文章不錯，建議朝廷派他去國子監任教；但一名御史不喜歡顏太初，向皇帝進讒言，說他狂妄偏執，會敗壞學子，最後改任河中府（治今山西省永濟市蒲州鎮）臨晉（今山西省臨猗縣臨晉鎮）主簿。

後來，顏太初又擔任過其他一些官職，但不是「判」，就是「司」、「簿」、「尉」。在宋代，這一類的官職，即便最不濟的人，混上若干年也能得到；但才識卓越如顏太初者，仕途十年還是這一類職位，不免令人鬱悶。顏太初去世的時候才四十多歲。

司馬光在同州收集到顏太初的文章兩卷，又找到他寫的〈同州題名記〉一篇，合起來編為一集，並親自作序。司馬光希望真儒顏太初的言論能夠傳之久遠，因為他確信，顏太初的文章將有益後世。

不久，父親司馬池同州任滿後，改任杭州（治今浙江省杭州市）知州。為方便侍奉雙親，司馬光辭去本應升遷的官職，請求去杭州附近的平江軍（治今江蘇省蘇州市）做一名判官。宋代的杭州是兩浙路的路治所在，司馬光的請求很快就得到了批准。至遲於宋仁宗寶元二年（西元一〇三九年），司馬光履平江軍判官任，也是在那一年結識了李子儀。

李當時僑居蘇州，未考中進士，但十分有才華。司馬光與同僚們談起他，說：「人要是資質佳，一般做事就不怎麼樣；而要是擅長做事，資質往往就又差一點，總無法兩全。所以像李子儀這樣不僅資質高又擅長做事的人才，前途不可限量，我等難望其項背。」果然兩年後，李子儀進士及第，聲名鵲起。又過了五年，司馬光與李子儀同在太學為官。宋仁宗皇祐三年（西元一〇五一年），宰相文彥博出鎮許昌，到地方做官，很多士大夫都想跟隨報效，但文彥博最終選擇了李子儀。當然，這些已是後話。

常說「上有天堂，下有蘇杭」，司馬光在蘇州，父親司馬池在杭州，父子二人雙雙置身於人間天堂。蘇州和杭州相隔不遠，又同屬兩浙路，所以司馬光可以方便地前往杭州，而到了杭州自然要遊覽一番，首先是西湖：

佳麗三吳國，湖光蕩日華。魚驚動蘋葉，燕喜掠楊花。
雲過山腰黑，風驅雨腳斜。煙波遙盡處，彷彿見漁家。

（《傳家集》卷六〈西湖〉）

司馬光常去的地方，還有廣岩寺，那裡有一種奇特的竹子，司馬光覺得它們很有趣：

草木類同而種殊者，竹為多。杭州廣岩寺有雙竹，相比而生，舉林皆然。其尤異者，生枯樹腹中，自其頂出，森然駢竦，樹如龍蛇相縈，矯首砑然。予見而賦之。

雙榦標枯腹，青青凡幾霜。龍騰雙角直，鯨噴兩鬢長。
詎欲尋支遁，安能問辟疆。屢來非別意，未與此君忘。

當然還有錢塘潮：

平江欲上潮，古木自蕭蕭。兩岸饒葭葦，寒波浸寂寥。（《傳家集》卷六〈雙竹（有引）〉）

淋淋出海門，百里雪花噴。坐看東歸去，平沙空有痕。（《傳家集》卷六〈潮水（二首）〉）

當時，家鄉有位小有名氣的詩人馮亞。馮亞字希賢，他學詩於著名隱士兼詩人魏野，盡得其真傳。他的詩很得某位名人的賞識。可惜的是他英年早逝，四十歲不到就去世了。魏野的詩在當時大行其道，馮亞的詩與他的差不多，名氣卻相去甚遠，只在家鄉流傳。現在想來，這可能與壽命有關：魏野長壽，而馮亞去世太早；另外，可能也與模仿有關。

我們都知道，作詩寫文章最忌模仿，你可以從模仿開始，但最終一定要有自己的風格。馮亞去世後，他的兒子覺得有責任使父親的作品流傳後世，便將父親的詩作編輯成集，打算在杭州刻版印刷。

在杭州，詩人的兒子找到了杭州的最高長官司馬池。司馬池將這件事交給司馬光去辦，司馬光覺得刻板這個方法不是最好的，說：「這個世俗的社會往往不辨真偽——難以得到的，就會倍加珍惜；司空見慣的，就不當一回事。因此不如藏在家裡，有志同道合者，就抄一份給他，這樣你想不讓它流傳都難。要是刻板，就可能有不懂詩為何物的人，對它大加指責。大眾心理無常，如果眾聲附和，必將毀了老先生的盛名。」詩人的兒子聽從司馬光的建議，放棄了刻板印刷的計畫。司馬光為那部詩稿寫了一篇序，連同詩稿一起，還給了詩人的兒子。

唐代中後期，党項人主要生活在今天的陝西省北部。宋朝建國後，党項人在遼國的支持下，不斷騷擾宋朝西部邊境。景德二年（西元一〇〇五年），宋遼締結「澶淵之盟」，結束戰爭狀態；一年後，党項向宋進貢求和，接受宋朝皇帝的冊封、賜姓，成為宋朝的屬國。

宋仁宗寶元元年（西元一〇三八年）十二月，李元昊反叛，建國號為夏，自立為帝，要與宋朝皇帝平起平坐。得到奏報，朝廷一方面調兵遣將，組織防禦，一方面詔令陝西、河東沿邊，禁止邊境貿易，對李元昊實行經濟封鎖；接著又詔令三司每年給唃廝囉綾絹千匹、片茶千斤、散茶千五百斤，又加授他為保順軍節度使、邈川大首領。唃廝囉居青唐（治今青海省西寧市）西，在當時比較富強，故朝廷希望他從背後牽制李元昊。

宋仁宗康定元年（西元一〇四〇年）正月十八日，李元昊攻陷金明寨（治今陝西省延安市安塞區南），乘勝直抵延州城下；五月十一日，又攻陷塞門寨（今陝西省靖邊縣東南）；五月二十二日，再攻陷安遠寨。西夏兵力強盛，北宋邊境告急。

我們知道，北宋除了「積貧」之外，還有「積弱」，打勝仗的紀錄寥寥無幾。時人在筆記中記道：「自陝西用兵，惟兔毛川勝捷者，由劈陣刀也。」意思是說，與西夏開戰以來，宋軍有過一次大捷，制勝法寶就是所謂的「神盾劈陣刀」，由楊偕發明。李元昊反叛，楊偕將它獻給仁宗，曾以五百兵士，為皇帝演練，具體的方法就是：周邊以車環繞，內部排列盾牌，盾上雕刻猛獸，設有機關使開合，用來驚嚇敵方的戰馬，也可以防箭。大臣們當時都覺得滑稽可笑，但後來真的發揮作用。當時宋軍與敵對壘兔毛川（窟野河曾經的支流，流經今陝西省北部），敵方是一支親軍，以鐵鷂子陣出戰。鐵鷂子陣也稱「鐵林」，就是將騎士以繩索貫穿馬上，這樣即便戰死也不會倒下。北宋軍隊的弓弩對它沒有作用，於是請出了「神盾劈陣刀」：劈鎧甲、割馬肚子，馬受驚奔逃，敵陣大亂，掉下山崖、溝壑摔死的不計其數，宋軍因此大捷。

可惜此類大捷實在太少。宋仁宗康定元年（西元一〇四〇年）六月二十一日，詔陝西、河北、河東、京東、京西等路，據州縣戶口，登記百姓為鄉弓手、強壯，即民兵，以防盜賊。河北、河東路的強壯，自咸平（西元九九八年—一〇〇三年）以來就有，但承平日久，州縣不再訓練，多徒有其數。於是詔二路選補、增加，並推廣至其他各路。

遠在東南的兩浙路，也未能倖免。司馬池一定就此事與司馬光交換過意見，並最終統一論點。作為杭州的地方長官，父親覺得有責任向朝廷奏明這裡的實際情況；而年輕的兒子已是朝廷的官員，父親大概認為，應該讓他鍛鍊一下，而且兒子在某些方面的能力，比如對環境的適應、人際交往等等，已經明顯超過自己。慎重考慮之後，司馬池將起草奏章的工作交給了司馬光。

我們來看約一千年前，地方官給皇帝的這份奏章，題為〈論兩浙不宜添置弓手狀（先公知杭州為作）〉：

臣竊觀兩浙一路與他路不同，臣謹條列添置弓手不便事件如左，伏惟聖恩省察，少加詳擇焉。

當今西戎梗邊，三方皆聳，人心易動，當務安之。一旦異常詔書，大加調發，擐甲執兵，學習戰陣，置指揮使、節級等名目，頗似軍法，以為欲效河北、陝西沿邊鄉兵，謂國家以權計點之，假名捕盜，漸欲收為卒伍，戍守邊防。吳人輕怯，易惑難曉，道聽途說，眾情鼎沸，至欲毀體捐生，竄匿山澤。臣雖明加告諭，嚴行止約，愚民無知，不可戶說。誠恐差點之後，搖動生憂。其不可一也。

吳越素不習兵，以故常少盜賊。不過聚結朋黨，私販茶鹽，時遇官司，往往鬥敵，在於兩浙，最為劇賊。然皆權時利合，事訖則散，不能久相屯結，又無銛利兵器，止偷商稅，不敢剽掠平人。近年以來，雖亦頗有強盜，然比諸內地，要自稀疏。今避差點者，若竄匿無歸，必列為寇，加以弓矢刀鋸之類，許其私置，自今以後，賊盜必多。及私販茶鹽之徒，皆有利兵抗拒，吏士益難擒討。積微至著，漸不可久。其不可二也。

奸吏貪饕，惟利是務，不畏法令，不顧公議，幸得因緣，惟喜多事。今計杭州管界，當差若干人，他州比率，大凡有幾，縣胥里長，於茲相慶。民既憂愁而又脅之，煩苦不安而又擾之，所規自潤，豈顧其外？雖朝廷重為懲禁，特倍常科，長吏勞心，不能悉察，厚利所誘，死亦冒之，加以版籍差誤，戶口異同，毫釐不當，互相告決，追呼無時，獄訟不歇，則民未暇為公上給役，而先困於貪吏之誅求矣。此之搔擾，勢不能免。其不可三也。

民皆生長畎畝，天性戇愚，所知不過播種之法，所識不過耒耜之器。加之吳人駑弱，天下所知。一旦使棄其所工，學所不能，徒煩教調，終無所成；就其有成，不堪施用，則是虛有煩費，而與不添置無異。其不可四也。

吳子壽夢以前世服於楚，自申公巫臣得罪於楚，逃奔於晉，為晉聘吳，教之乘車，教之戰陣，其後楚人戎車歲駕，旱朝晏罷，奔命不息，以至吳亡。自是以來，號稱輕狡，遠則劉濞，近至錢鏐，其間承風，倔強無數。豈唯其人之跋扈，亦由習俗之樂亂也。幸賴祖宗之馴致、陛下之敦化，至德之醲，淪於骨髓，暴亂之風，移變無跡。此皆上天降佑，前世所不能庶幾者也。今忽無故黷玩威稜，狎侮危事，示以逆德，弄之兇器，生奸回之心，啟禍患之兆，臣恐似久非國家之至便，所以萬全而無害。其不可五也。

方今兩浙雖水旱稍愆，未至流殍，閭閻無事，盜賊不添。縱使有之，舊來吏士，隨發擒討，甚有餘力，不假更求。正恐平居興役，有害無益而已。臣職忝密近，官備藩方，不敢默默，理須上列。伏望陛下特令兩浙一路，更不添置。或以事須過防，舊人太少，則乞只依近降敕命，量加添補，更不立指揮使等名目。閱習諸事，一如舊規。貴得眾情大安，別無生事。

（《傳家集》卷十八）

對奏章所涉及的種種細節，今天的江浙讀者，讀來一定更覺親切。

此份奏章雖由兒子代擬，但負責人終究還是自己。司馬池看過奏章的草稿之後，一定做過修改潤飾的工作。看來司馬池不過是在履行自己的職責，但正常履行職責也會得罪人。

可能正是由於這份奏章，父親司馬池得罪了兩浙路的轉運使——他們可能就是奏章中所指的「奸吏」，本想借添置鄉弓手的機會大行搜刮，而這篇奏章恰恰妨礙了他們。

夏縣守孝

宋仁宗康定元年（西元一〇四〇），司馬光的母親聶氏猝然逝世。按照北宋禮制，司馬光應當立即辭去官職，回家為母親守孝，稱作「丁內艱」；禍不單行，當年九月初九日，因兩浙路轉運使江鈞、張從革的彈劾，父親司馬池調任虢州（治今河南省靈寶市）知州。江、張所列司馬池罪狀有二：一為「決事不當」，就是決策失誤；一為「稽留德音」，就是未及時轉達施惠寬恤的詔書。江鈞、張從革彈劾司馬池後，恰好有人因偷盜官府銀器，羈押在杭州州獄，供稱為江鈞掌私廚，江比規定的數額超支一半以上。又有越州（治今浙江省紹興市）通判偷運貨物，偷稅漏稅，卻是受張從革的姻親所託。有人對司馬池說，正好可以彈劾，藉機報仇，司馬池只是簡單說：「吾不為也。」時人稱頌司馬池為長者。

不久，司馬池再調任晉州（治今山西省臨汾市堯都區）知州。仕途不順，又遭妻喪，司馬池的精神狀態可以想見。宋仁宗慶曆元年（西元一〇四一年）冬十一月，司馬池在晉州任上病逝，享年六十三歲，司馬光繼續為亡父守孝，稱作「丁外艱」。司馬旦、司馬光兄弟倆，泣護靈柩回到故鄉夏縣。宋仁宗慶曆二年（西元一〇四二年）秋八月，葬父於涑水南原晁村祖塋，與先夫人曹氏、母夫人聶氏合葬，又請父親的生前好友龐籍為撰碑銘。

雙親相繼亡故，這當然是人生中最悲哀的事情。司馬光入仕不久，父母的養育之恩又尚未來得及報答，但這種機會永遠不會再有了。此事成為司馬光一生中最大的遺憾。司馬光曾說，自己只要一想起來，就心亂如麻。

宋仁宗慶曆二年（西元一〇四二年）冬，父親剛剛安葬不久，司馬光的情緒仍極低落。大約就在此時，司馬光為人寫下一篇墓誌銘。逝者是一位武官，其家距離司馬光的家鄉不遠。

司馬光一生中很少寫墓誌銘，這一次之所以接受，原因之一是受一位朋友的囑託；另外的原因，可能就是那家兒子的孝行，感動了司馬光：那位孝子聽到父親逝世的消息，痛哭不止，立即動身，七天趕了一千三百里路，他的父親在長沙（今湖南省長沙市，時為潭州州治所在）任上去世，距離家鄉遙遙數千里。按當時的慣例，這種情況下，子孫一般都是將靈柩就地焚化，然後帶著親人的骨灰，返回家鄉安葬。這位孝子堅決不同意這樣做，硬是跋涉輾轉數千里，將父親的遺體帶回家鄉。

孝子總是容易被孝子感動，按照北宋禮制，司馬光要為逝去的父母守孝數年。蘇軾在〈司馬文正公行狀〉中說司馬光「執喪累年，毀瘠如禮」，也就是說他按照禮制為父母守孝多年，因為哀傷過度而極端消瘦。儒家主張守孝期間，應回歸簡單與質樸，這既是禮制的要求，也是自然的需求，哀痛時無心講究奢華。在簡單與質樸中，感受父母的養育之恩，向生命的致敬。因為守孝，司馬光也才得以長時間生活在這片印滿祖先足跡的古老土地上。

哀傷是人之常情，但不可能連續數年天天如此。此時，夏縣縣尉孟翱是司馬光的同年，聰明絕頂，記憶力超群，當然也有用心的成分在內：雖然擔任縣尉的時間不長，卻已經對縣域內山脈湖泊的地理分布、地勢的險易、道路的遠近、村落的名稱以及分布的疏密瞭若指掌，說來如數家珍。縣內的胥吏、士卒多達數百人，人口超過萬戶，各人的品性善惡、各家的財產多少、居住的地點、糧倉的數目，孟翱談起來都是條分縷析，頭頭是道。司馬光對此人的能力佩服得不得了，認為他如此本事僅做一縣尉，簡直就是「激疾風以振鴻毛，委洪波以滅炬火」。不久，孟翱果然獲得推舉，被朝廷提拔為縣令。

孟翱顯然是一位再好不過的導遊，司馬光幾乎天天和孟翱在一起。在孟翱的導覽下，司馬光不僅得以飽覽家鄉風光，同時對家鄉的基本情況，也有了了解。

但遊覽也並非全是愜意，朝廷正在這裡登記「鄉弓手」，就是民兵。西部與李元昊的戰事仍在繼續，北宋軍隊敗多勝少，士卒戰死者，動輒萬計。司馬光守孝在家，他看到百姓的痛苦，當作自己的痛苦；但陳情的機會未到，還要等到數年之後，如今只能在心裡默默記下。

讀書寫作原是書生的本業，這些年除了處理必要的事務，以及與孟翱的遊歷，司馬光大概把剩下的時間都用來讀書了。在《司馬文正公傳家集》裡，明確標注寫於這段時間的文章只有三篇：〈十哲論〉、〈四豪論〉和〈賈生論〉，但一定遠遠不止這些。

〈**十哲論**〉是一篇讀書隨筆。人人皆知：孔子弟子三千，其中賢者七十二，當時流行「十哲」之說，就是從七十二賢人中，又選出最為突出的十人。國家祭祀孔子的時候，「十哲」供奉在堂上，其餘則布列東西兩側廊下，祭祀所用禮器數目也有不同。司馬光認為這樣不對，孔子不會有這種想法。

〈**四豪論**〉是一篇讀史劄記。所謂「四豪」，就是戰國時的齊國孟嘗君、魏國信陵君、趙國平原君及楚國春申君。這篇文章是要考察此「四君」中，誰是最好的「人臣」。司馬光提出個標準：「凡人臣者，上以事君，中以利國，下以養民。」然後以這個標準為準繩，一樁樁、一件件地去衡量他們的作為，最後得出結論：「當以信陵為首，平原次之，孟嘗又次之，春申為其下矣。」

〈**賈生論**〉是另一篇讀史劄記。賈生即漢代的賈誼。當時，世人多以為賈誼才華橫溢，只可惜生不逢時，沒遇上好皇帝，否則，三代可復，盛世立現。司馬光認為不見得，賈誼所學不純正，雖有才華，但用以治國，未必有效。「何以知之？觀其書而知之。」賈誼數次上書漢文帝論當時形勢，說可為痛哭者，諸侯太過強大，就好比腳指粗過大腿，小腿粗過腰，若不及時處理，時間一久，必成禍患。司馬光認為不妥，治理天下，只怕政令刑罰不立，不怕分封諸侯過強；賈誼的建議未被採納，但終文帝之世，諸侯不曾為患；賈誼又說，可為流涕者，匈奴不服。司馬光也認為有問題，說匈奴是未開化的國家，與禽獸沒什麼不同，「天下治而不服，不足損聖王之德；天下弊而得之，不足為聖王之功」。天下太平人民富足，即便匈奴不臣服，也無損皇帝德行；天下大亂民不聊生，即便匈奴臣服，也不算皇帝有功。而且，治理天下的工具，無先於禮儀；安定天下的根本，無先於嗣君。賈生卻將二者列在後面，以為是餘事。司馬光問：「捨國家之紀綱，遺天下之大本，顧切切然以列國外夷為慮，皆涕泣之，可謂悖本末之統，謬緩急之序，謂之知治體何哉？」意思是說賈誼這樣本末倒置，怎能叫知治國大體呢？

古來喪有三年之制，但在北宋，父母並喪，通常是連續守孝五十四個月，即四年零六個月。而在實際執行當中，滿四十八個月，即四年整，就可以脫下孝服，可以自由外出，但還不能正式返回任上，半年以後方可出仕。

現在，父親的生前好友龐籍，正擔任延州知州兼鄜延路馬步軍都部署經略安撫、緣邊招討等使。宋仁宗慶曆四年（西元一〇四四年）春，司馬光從家鄉夏縣出發，前往延州，看望龐籍。

關於延州，當時有紀事詩說「沙堆套裡三條路，石炭煙中兩座城。」從這些句子，我們不難想見當日延州的荒涼；又說「土洞裡頭行十日，山棚上面住三年」，意思是說中倚高山，自過「蒲中」，就是今天的山西省永濟市，要在土谷中走「十程」，才能到達。

去延州的路上，要經過一座「相思亭」，在大山腳下，兩條河流在附近匯合。往來行人只知道亭的名字，卻不清楚它的意思。當時，西北戰事不斷，征伐戍守不停。「我徂東山，慆慆不歸。我來東山，零雨其濛」，以及「昔我往矣，楊柳依依。今我來思，雨雪霏霏」。《詩經》中的這些句子，我們耳熟能詳。司馬光駐足「相思亭」，想到近年來的所聞所見，又想到《詩經》裡的那些詩句，一下子豁然開朗，一口氣作詩五首，解釋「相思亭」名：

〈其一〉

嶺上雙流水，猶知會合時。行人過於此，那得不相思？

〈其二〉

偃蹇登修阪，高傍雲日間。幾人征戍客，跋馬望家山。

〈其三〉

塞上春寒在，東風雪滿鬟。河陽機上婦，知我苦辛無？

〈其四〉

柳似妖饒舞，花如爛漫妝。那堪隴頭水，嗚咽斷人腸。

〈其五〉

空外遊絲轉，飄揚似妾心。別來今幾日，彷彿近雕陰。

（《傳家集》卷七，上郡南三十里有相思亭，在大山之麓，二水所交平臯之上，往來者徒習其名，莫詳其義。慶曆甲申歲，余適延安，過於其下，於時夏虜梗邊，征戍未息，竊感〈東山〉、〈采薇〉之義，敘其情而愍其勞，因作五詩，庶不違周公之指，且以釋亭之名爾）。

在延州，龐籍攜司馬光遊覽了延州的南城。從司馬光當日的詩文裡，我們可知他對這位長輩的欽佩；另外還可以看到，千年前的延州南城中，有這樣一些景物：迎薰亭、供兵磑、柳湖、飛蓋園、翠漪亭、延利渠、緣雲軒、禊堂。

第二章　初仕、守孝

接著，司馬光來到鄜州（今富縣，治陝西省延安市南）。在那裡，司馬光思念遠在異地的老朋友聶之美。可是路途遙遙，司馬光只好悵然寫下〈鄜州懷聶之美〉：

何言內外家，憂患兩如麻。別淚行三歲，思心各一涯。
海邊昏霧雨，塞外慘風沙。安得雲飛術，乘空去不遐。

（《傳家集》卷六）

第三章　重返仕途

滑州判官

宋仁宗慶曆四年（西元一〇四四年）秋，司馬光守孝已滿，他返回仕途，出任武成軍（即滑州，治今河南省滑縣）判官。

滑州因境內有一測景臺，所以又稱滑臺。滑州是一個很袖珍的州，僅轄韋城、白馬、胙城三縣，時屬京西北路；但奇怪的是，從地圖上看，滑州與京西北路的主體並不相連，中間還隔著京畿路。滑州在東北方向的黃河岸邊，孤零零地與西南方向的京西北路主體遙遙相對。北宋國家的京師汴梁屬京畿路，滑州距離汴梁，不過百餘里路程。

滑州的州治就在黃河岸邊，司馬光早晨起來，就可以到河邊去散步。某個清晨，司馬光閒庭信步，來到了黃河岸邊，即興寫下當時的所見所感：

高浪崩奔捲白沙，悠悠極望入天涯。誰能脫落塵中意，乘興東遊坐石槎。

（《傳家集》卷七〈河邊曉望〉）

秋天很快過去，接下來是北方漫長的寒冬。滑州地處黃河南岸，冬天會異常寒冷。一位朋友任職京師，司馬光寄詩給他：

雪後餘冰尚綴簷，月華霜氣入疏簾。難堪瓊玉驚心骨，坐覺清寒幾倍添。

（《傳家集》卷七〈武成致齋奉酬吳沖卿寺丞大學宿直見寄二首〉）

但寒冷並不妨礙司馬光與同僚們遊河亭的興致。在滑州，隔河可以望見太行山的樹和積雪，著名的白馬津就在不遠處。宋仁宗慶曆四年（西元一〇四四年）冬，司馬光與諸同僚遊河亭，向北遙望太行山的積雪，飲酒賦詩。酒是文人的靈感，司馬光與諸同僚先是狂飲，然後是狂吟，酒精和激情讓大家徹底忘記了寒冷。河裡的冰塞滿白馬津，太行山的雪照亮林端。大家高興得不得了，吟了很多詩，也飲了不少酒，全體醉倒。到後來雖然困乏已極，仍舊闊談不止；看看已是黃昏，卻絲毫沒有歸意。

宋仁宗慶曆五年（西元一〇四五年）二月二十三日，一位同僚因為職務的變動，將要離開。按照當時的習慣，司馬光寫了一篇序贈給他。司馬光在那篇序裡寫道：「人非至聖，必有短；非至愚，必有長。至愚之難值，亦猶至聖之不世出也。故短長雜者，舉世比肩是也。是以君子之取人也，不求備：稱其善，不計其惡；求其工，不責其拙。」意思是說君子與人交往，不求全責備。這些話是贈給朋友的，當然也是自己的態度。以這種態度待人，自然容易交得朋友。

司馬光有以上的臨別贈言，是因為他對用人問題多有思考。這種思考體現在慶曆五年（西元一〇四五年）所寫的〈圉人傳〉，傳記主角是汧國的圉人，就是養馬人。全篇不足五百字，屬於「託傳」，類似寓言故事，汧國與圉人，都是子虛烏有，司馬光只是借來講帝王用人的道理。傳記說：汧侯有烈馬，招募馴馬者，有圉人應募。圉人養馬數月，烈馬服服貼貼，隨主人所欲。汧侯很高興，重賞此圉人，拜他為圉師。圉師遭人嫉妒，被汧侯攆走；數月後，烈馬故態復萌。汧侯不得已，又將圉人召回，謝罪並虛心求教，圉人侃侃而談，講出一番道理，並推而廣之，談到國家如何任用才智之士：「故明君者，節其爵祿，裁其緩急，恩澤足以結其心，威嚴足以服其志，則士生死貴賤之命在於君矣，雖剽悍何憂哉？」

故事的末尾，汧侯聽了大喜，將圉人封為上卿，結果汧國大治。

這篇傳記說明，司馬光對用人問題思考很深入，臨別贈言不過是有感而發。在寫下這篇傳記的當年，司馬光被召回京師，這樣的職務變動，或許與這篇傳記有關。

河裡的那些冰塊冬天很安靜，可到了春天，就成了災難：「河災泛東郡，廬井多堙淪。」上游的河冰已經融化，下游的還沒有。無路可走的河水紛紛湧上堤岸，滑州頓成澤國。地方官員一面慰問安撫受災的群眾，一面組織搶修堤壩，排除積水。宋仁宗慶曆五年（西元一〇四五年）春，司馬光在黃河堤壩上指揮救助，一連好多天都住在那裡；等到完工後，河邊的青草已經蔥翠如茵。

此時司馬光的職位，是簽書武成節度判官，就是滑州知州的助手。滑州下轄的韋城、胙城，兩縣的知縣，論官階和年齡，都比司馬光高；但兩位逢年過節，都要寫賀牘給司馬光，大約類似今天的賀卡，或者過年過節的短箋，賀牘措辭謙恭，禮數完備，感覺像是寫給知州大人的。這讓司馬光局促不安：「是以日夜鞠躬重足，繼為書啟，布之左右，乞停此儀，以安反側。」韋城的張知縣，從善如流，知而後改；胙城的郭知縣，卻堅決不改：「祈請喋喋，不垂允納。」大概他以為司馬光口是心非，表面上推辭，心裡頭喜歡，於是繼續寫賀牘，而司馬光「每得一紙，流汗沾足」，儼然就是洗桑拿浴。司馬光不得已，只好再次致信郭知縣：「凡此過禮，率從剪削。」

這種事在一般人，可能稍事推託，如果對方一味堅持，就聽之任之，安之若素了；但司馬光不這樣，他會再三地寫信。司馬光的認真，可見一斑。

春天的緊張很快過去。入夏，公餘休息，同僚們常常聚飲。佐酒的有綠色的李子和甘美的甜瓜。大家高談闊論，妙語連珠，其間不乏詼諧。僚友們互相笑鬧，聲震屋瓦。

就在這個夏天，司馬光以武成軍判官的身分，出任韋城的代理知縣，一件棘手的事情擺面前：時間已是夏末，韋城久久無雨，田裡的莊稼都枯死了。因為墒情不好，根本無法補種。倉庫基本沒什麼存糧，老百姓的生活很艱苦。

按照當時人們的思維，認為這是龍王降怒；但司馬光現在是一縣之長，他必須為百姓的生存負責，必須想出解決的辦法。當時的科學技術還無法人工降雨，可行的辦法只有一個，那就是備些酒食，向龍王求雨。宋仁宗慶曆五年（西元一〇四五年）的夏末，韋城代理知縣司馬光，率領韋城的官員百姓，來到當地的豢龍廟，向廟中的龍王求雨。在那篇祈雨文中，司馬光的史學專長得以發揮。他先歷數龍王的家世「昔者聖王設官分職，畜擾（馴養）神物以為人用，後世喪業，神寔（同「實」）繼之，知龍嗜慾，服事夏后，王嘉神勞，胙以此土」；接著指出，現在的狀況已是龍王失職，然後向龍王講明利害。「民實神主，神實民休；百姓不粒，誰供神役？邑長有罪，神當罰之；百姓無辜，神當愛之。天有甘澤，龍實司之；以時宣施，神寔使之。槁者以榮，死者以生，旱氣消除，化為豐登，然後自邇及遠，粢盛牲酒，以承事神，永永無斁（ㄉㄨˊ，厭棄）」。司馬光為韋城的百姓求雨，努力使龍王懂得，天旱對於龍王自己，也實在沒有什麼好處。

那些年，司馬光利用閒暇時間讀書，並寫下數量驚人的文字，這些文字後來被改編之後，寫入《資治通鑑》。

〈廉頗論〉寫於宋仁宗慶曆五年（西元一〇四五年）。廉頗與藺相如的故事家喻戶曉，一般人認為，藺相如使趙國免受欺凌，因此藺相如賢於廉頗；但司馬光認為，此非通論。秦國所以不能欺凌趙國，絕不是口舌言辭那麼簡單，而是因為趙國有廉頗，他使趙國國治兵強。藺相如做的幾件事，比如「完璧歸趙」，司馬光認為和氏璧不過玩物而已，得之不足為重，失之不足為輕；藺相如的選擇卻可能給趙國帶來危險，所以並非人臣愛君之道；再比如澠水之會，藺相如逼秦王擊缶，司馬光說此舉與小人無異。藺相如若能輔佐趙王，示弱於秦以使秦驕，忍受恥辱以使趙怒，崇德修政，或許滅了強秦，歷史從而改寫，也未可知。藺相如的唯一可稱道之處，就是他還比較大度，在廉頗憤憤不平要殺他的時候，還知道以全域為重，不與計較。

這些文字，有些非常簡短，簡短到只有一句話、幾十個字：

君子以正消邪，捐之以邪攻邪，宜乎其不濟矣。

（《傳家集》卷六十七〈賈捐之〉）

有的稍長一點：

夫兵之設，非以害人，所以養人也，殘暴如此，其誰與之！秦七世役諸侯，卒兼天下，然其失策之大者有三焉：欺楚懷王而虜之，不信莫大焉；坑趙降卒四十萬，不仁莫大焉；欺與國，誅已降，使諸侯疑而百姓怨，不智莫大焉。秦所以失天下之故多矣，在此三者，於不信之不信，不仁之不仁，不智之不智。是以始皇墳草未生，而四海橫潰，宗廟為墟。究其禍，本兆於此矣。

（《傳家集》卷六十七〈秦坑趙軍〉）

這些短小的文章讀來頗覺親切，它們當初或許只是司馬光隨手寫在書頁空白處的所感所想。宋仁宗慶曆五年（西元一〇四五年）冬，司馬光任職期滿，啟程赴京。同僚們為他送行。大家不免說京師不比滑州、宦海多艱、仕途險惡之類告誡之話，司馬光卻顯得很有信心：

際日浮空漲海流，蟲沙龍蜃各優遊。津涯浩蕩雖難測，不見驚瀾曾覆舟。

（《傳家集》卷九〈留別東郡諸僚友〉）

大家跟著送行很遠，已經飲了不少的酒，也吟了很多的詩。時間很晚了，回首望城樓，已沒煙嵐中。司馬光吟出以下惆悵的句子，與眾人作別：

空府同來賢大夫，短亭門外即長塗。不辭爛醉樽前倒，明日此歡重得無？

（《傳家集》卷九〈留別東郡諸僚友〉）

回到京城

滑州距離京師並不遙遠，司馬光很快到達，可是遲遲未獲任命，到宋仁宗慶曆五年（西元一〇四五年）的季冬，司馬光仍在等待新的差遣。這可不是著急就能完成事情，好在京師人文薈萃，有許多社會名流值得拜訪，比如梅聖俞。

十二月的京師，風沙慘烈，瘦馬瑟縮不前，童僕飢腸轆轆，以手掩口，手足皸裂。而司馬光與梅聖俞談詩論文，久久不出，童僕等在寒風中，心裡竊罵，牢騷滿腹。司馬光終於攥著梅聖俞的贈詩出來，紅光滿面，意氣風發，就像剛剛用罷大餐：

歸來面揚揚，氣若飫粱肉。
纍纍數十字，疏淡不滿幅。
自謂獲至珍，呼兒謹藏蓄。

（《傳家集》卷二〈投梅聖俞〉）

這情形彷彿粉絲見到自己的偶像，司馬光手裡攥著的，似乎就是偶像的親筆簽名。雖有名流可以拜訪，但那個冬天仍不免寂寞。司馬光獨自客居京師，想到去年此時，與滑州的同僚們共遊河亭、遙望太行雪、飲酒賦詩的情景，不禁悵然：

多事光陰駛，離群會合難。誰知塵滿袖，今日客長安。

（《傳家集》卷九）

〈去歲與東郡幕府諸君同遊河亭望太行雪飲酒賦詩，今冬罷歸京邑悵然有懷〉

並非真的長安，而是汴梁。

直至宋仁宗慶曆六年（西元一〇四六年）的早春，司馬光依然未獲任命。想到當初與滑州同僚們臨別時的躊躇滿志，司馬光不免自慚，因此寫下：

樓臺帶餘雪，寒色未全收。久負入關意，空為同舍羞。
清樽接勝友，飛蓋從賢侯。應恨春來晚，煙林已數遊。

（《傳家集》卷七〈早春寄東郡舊同僚〉）

大約於宋仁宗慶曆六年（西元一〇四六年）的七月或者稍早，司馬光終於獲得任命，是大理評事，就是大理寺的法官。可是這個任命對司馬光來說，簡直就是災難。

從這一時期的詩文中，我們讀到司馬光的苦況：對審判、斷案的工作極陌生，很擔心考核時被判為不稱職，只好拼命惡補；寓所裡有一張八尺長的藤床，他卻連靠的時間都沒有；到了晚上抱著枕頭剛睡著，蚊子又來騷擾；每天的工作就是提審犯人，查閱案卷，審問時難免用刑，犯人們的慘叫聲聽來極不舒服；這項工作不僅勞累，而且違背人性。

這種景況使司馬光想到「人生」一類形而上的詞彙以及逃亡：

嗟嗟宦遊子，何異魚入罾。奪其性所樂，強以所不能。
人生本不勞，苦被外物繩。坐愁清旦出，文墨來相仍。
吏徒分四集，僕僕如秋蠅。煩中劇沸鼎，入骨真可憎。
安得插六翮，適意高飛騰。

（《傳家集》卷二〈夜坐〉）

只有晚上，才屬於自己。奔忙了一天，終於回到住處，夜深了，童僕已睡。關上門閉上窗，一個人在燈下涉獵批閱，感覺就像服役多年後，終於回歸故園，或者像久別的老友，又忽然邂逅。司馬光驚奇地發現，讀書與白天大理寺的工作比起來，一樣勞累，心理上卻一喜一憂，感覺完全不同。他前後思忖，得出這樣的結論：「人生無苦樂，適意即為美。」

可眼下別說適意，就連暫時的逃避都不可能。大理寺的官員平常從不休息，連法定的節假日也得照常上班。終於有機會可以休息一天，司馬光為這天寫了一首很長的詩，其中詳細羅列了這一天所做的事情、這一天的放鬆和暢快，以及對明天又不得不一切照舊的無限遺憾：

府官無旬休，慮問乃遊息。詔書禁從詣，還舍始朝食。
緩帶對藜羹，下筯免促迫。門前吏卒散，卻掃謝來客。
北軒有藤床，今晨始拂拭。蓬髮亂宜梳，霜髭閑可摘。
開囊曬藥物，發笥出書冊。菊畦親灌浸，茶器自涓滌。
於時孟秋末，天晴色紺碧。林葉雖未零，風聲已淅瀝。
神明還九藏，清氣襲百脈。征夫解甲胄，疲馬脫羈靮。
蜚鳥開樊籠，跳魚出鼎鬲。形骸盡我有，不復為物役。
雖非久安逸，幸得少頃適。訟庭止敲扑，咫尺異喧寂。
明朝不能然，顧盼愁月夕。

（《傳家集》卷二〈旬慮十七韻呈同舍〉）

一切，只為一份俸祿而已。陶淵明不願向上級點頭哈腰，自願放棄了俸祿和官位，這一點大概是他名傳後世的重要原因。司馬光想到了陶淵明，說自古以來的賢人，都喜歡照自己的意願行事，不管什麼榮辱。

照這樣下去，司馬光恐怕只有辭職回家了，但不久事情出現了轉機。

司馬光在煎熬中過了半年多，宋仁宗慶曆七年（西元一〇四七年）的二月中旬或者稍晚，司馬光調任國子直講，就是國子監的教師。

宋代的國子監，是教育管理機構兼最高學府，有判監事二人，全權負責監內一切事務；直講若干，以經術教授諸生，由京官或朝官充當。司馬光現在的情形，大致就是國子監的兼職教師。

雖然只是兼職，但在司馬光看來，比大理寺的工作，已經好上千百倍。

當時的國子監已經搬至錫慶院，錫慶院以前是接待外國使節的國賓館，地方比舊國子監寬敞，而此時國子監的學生人數大約一百出頭。

龐籍已於宋仁宗慶曆四年（西元一〇四四年）升任樞密副使。次年，即宋仁宗慶曆五年（西元一〇四五年），龐籍曾向朝廷舉薦了司馬光。此次兼職，不用說也是由龐籍促成。

司馬光的心情，因為此次兼職而大為改善。春天他與同僚們出去遊玩，並寫下他的好心情：

冠蓋鬱相依，名園花木稀。遊絲縈復展，狂絮墮還飛。
積弩遺風陋，蘭亭舊俗微。何如詠沂水，春服舞雩歸。

（《傳家集》卷十一〈上巳日與太學諸同舍飲王都尉園〉）

司馬光再次想到了陶淵明，他在寫給朋友的一首詩中說道：折腰迎來送往的事情，現在一件都沒有了，可別像陶淵明先生那樣棄官歸隱！這話既是講給朋友聽，又像是司馬光的自言自語。

當時的同僚中有李子儀，他是司馬光任平江軍判官時結交的朋友。現在兩人同在國子監任職，老友兼同僚，自然更親近，幾乎天天在一起探討學問，其樂融融。

司馬光曾向館閣同僚上〈乞印行荀子揚子（法言）狀〉。

荀子，即荀卿；揚子，即揚雄，二人都是儒學史上的大師級人物。當時國家「博采藝文，扶翼聖化」，大力發展文化事業，已有包括藥方在內的許多書籍得以印行。但《荀子》、揚子《法言》二書，民間雖也有私本，但文字訛誤多多。司馬光等請下詔崇文院，將《荀子》、揚子《法言》舊本仔細考校，雕版送國子監，依諸書例印賣。

元豐五年（西元一〇八二年）正月，司馬光的妻子張氏在洛陽去世。元豐六年（西元一〇八三年），司馬光作〈敘清河郡君〉，文中憶起他們共同經歷的舊事：他在國子監任職的時候，衣服很少。一夜賊來，天氣漸漸轉冷，被子很薄，無棉絮，有賊來卻無衣衫出去一探，狼狽得很，不免嗟歎。張氏卻笑說：「但願身安，財須復有。」——只盼人沒事，錢財總還會再有，司馬光聽後釋然。

宋仁宗慶曆七年（西元一〇四七年）十一月冬至，宋仁宗率百官於圜丘祭祀天地，大赦天下。這是宋代最高規格的祭祀典禮，三年一次，非常隆重。司馬光非常興奮，寫下〈慶曆七年祀南郊禮畢賀赦〉：

雷鼓千通破大幽，天開獄鑰縱累囚。驛書散出先飛鳥，一日恩流四百州。

（《傳家集》卷十一）

但就在宋仁宗宣布大赦的當天，貝州（治今河北省清河縣西）軍卒王則占據州城發動叛亂。王則原籍涿州（時屬契丹，治今河北省涿州市），涿州發生饑荒，王則逃荒到了貝州。在貝州無以為生，替人放羊，後來入伍為小校。貝州、冀州一帶，歷來妖妄之說盛行，是邪教的發源地，他們宣稱釋迦牟尼佛已經衰落，彌勒佛當為主宰。當初，王則離開涿州的時候，母親與他訣別，並在他的背上刺了一「福」字，作為將來相認的標記。信徒中間傳說王則背上的「福」字時隱時現，於是爭相信奉他。貝州的官吏張巒、卜吉為王則出謀劃策，在德州（治今山東省陵縣）、齊州（治今山東省濟南市）一帶聯絡教眾，相約次年正月初一日舉事。但王則的一名手下身藏利刃，去謁見北京（今河北省大名縣）留守時被抓，於是將舉事日期提前為冬至這天。當時，王則自稱

「東平郡王」，封張巒為宰相，封卜吉為樞密使，國號「安陽」，又稱自己的住所為「中京」，改年號「得聖」，旗幟、號令都是佛教的名稱。州城中又以一樓為一州，補信徒們為知州。

龐籍現在是樞密副使，平定叛亂自是本職。司馬光對行軍打仗並無經驗，但龐籍對自己恩重如山，知恩就要圖報，司馬光應該是在第一時間寫信給恩公龐籍。在那封長信裡，司馬光首先寫道：孔子說不在其位，不謀其政。國家大事，朝廷一定早有方略，而我職位卑微又非專業，還要發狂愚之論，干預其間，簡直就是大錯特錯。但我聽說，受人之恩而不圖報，形同豬狗。我雖不才，怎麼忍心做出豬狗的行徑，忘掉您的大德，不對您有所幫助呢？我日夜思慮所得，假使能報答您的恩情於萬一，即便大錯一回，也在所不辭。

雖非行伍出身，對打仗、行軍沒有直接經驗，但史書上此類先例比比皆是。司馬光憑藉著讀史的經驗，竭盡全力為恩人謀劃，以圖報答。

貝州叛亂被平息，是在六十五天後。當時，官軍從地道進入貝州城，活捉王則。平息叛亂的總指揮官，是參知政事文彥博。

宋仁宗慶曆八年（西元一〇四八年），龐籍升任參知政事，就是副宰相。這一年，因為龐籍的再次舉薦，司馬光被召試館閣校勘，並獲通過。

宋代以史館、昭文館、集賢院為三館，都位於崇文院內，後又在院內建祕閣。三館及祕閣都是國家的藏書之所，相當於國家圖書館。宋真宗天禧（西元一〇一七年—一〇二一年）初年，置檢討、校勘等官，稱為「館職」，隸屬祕書省。檢討與校勘的主要職責就是管理圖籍，並備皇帝顧問，相當於皇帝的高級祕書。

宋代的官員，有官、有職、有差遣。「官以寓祿秩、敘位著」，就是說「官」只是薪資多少、品級高低的標誌；「職以待文學之選」，就是說「職」是授給出色的學者或者作家；「而別為差遣以治內外之事」，是說「差遣」才是貨真價實的職務。其次又有階、勳、爵，都是虛銜。「故仕人以登臺閣、升禁從為顯宦，而不以官之遲速為榮滯；以差遣要劇為貴途，而不以階、勳、爵邑有無為輕重」，是說官員們看重的是登臺閣、升禁從以及重要的差遣，其他都不在乎，館閣校勘即屬於「臺閣」範圍。時人有諺：「寧登瀛，不為卿；寧抱槧，不為監。」此次提拔顯然已屬破格，而且專職讀書，更是司馬光夢寐以求的職位。

司馬光接連寫了兩封感謝信給恩公龐籍，其中一封信，司馬光描述了自己獲得任命後，感覺「榮耀過分，不寒而慄」；在另一封信中，司馬光說：朋友之道淪喪已經很久了，到了近世，更有甚者，早上兩人還很友好，晚上就成了死對頭。更何況生死相隔，地位懸殊？如果還能說出舊日朋友的名字、承認還曾相處得不錯，已屬難能可貴。至於還要誘導其子弟，使之成就事業，自卵而生翼，自默默無聞而至光耀顯達，普天之下能有幾人？他接著又說：我聽到這項任命，非常驚恐，不知道自己究竟憑什麼。靜下來仔細思忖，難道是先人的餘澤恩及後人嗎？不敢不早晚記著您的勉勵，日夜想著您的教導，增益己之優長，減少己之所短，希望不埋沒先人的諄諄教誨，不辜負您的鼎力舉薦，報答朝廷的破格提拔。除了這些，我不知道還能做些什麼？

如今，司馬光任職館閣，有權借閱皇家的珍本祕笈，簡直就是坐擁書城。很快，司馬光完成兩本著述：《名苑》及《古文孝經指解》。前者大約是一部詞典類的工具書，後者則是對古文《孝經》所做的注解。

孔子曾與弟子曾參論孝，《孝經》就是當時門人所作的紀錄。孔子講話簡潔，優點就是精練；壞處也很明顯，就是容易產生歧義。所以探究孔子話語的真正含義，就成了後世儒家學者的重要任務。儒家認為，治家與治國，道理完全一致，所以《孝經》學歷來是一門顯學，宋以前的研究者，歷代多時有五十多家，少時也不下十家。當時的《孝經》有古文、今文兩種。

西漢時，魯恭王毀孔府舊宅，從夾牆中發現二十二章本《孝經》，因全用先秦大篆書寫，故稱古文《孝經》；而當時學者孔安國，用漢代通行的隸書重新抄寫，稱為隸寫古文《孝經》；孔子以後，秦始皇焚書坑儒，天下儒書，掃地無遺。漢代顏芝的兒子得到《孝經》十八章，儒生相互傳抄，是為今文《孝經》。古文與今文，何者為真、何者為偽，漢代以後一直爭論不休。司馬光認為，古文《孝經》與古文《尚書》都是在夾牆中發現，現在都知道古文《尚書》為真，卻懷疑古文《孝經》為偽，這簡直就跟相信切成條狀的肉能吃，卻不相信烤熟的肉能吃一樣荒謬！

宋代皇家所藏《孝經》共有三種版本：鄭玄注《孝經》、唐玄宗注《孝經》以及古文《孝經》。司馬光此著以隸寫古文《孝經》為底本，但不排斥今文《孝經》，而是兩者互相參照。今文《孝經》舊注中未解釋透徹的，司馬光將其引申；如若今文《孝經》舊注不符合原意，就會將其更換。

宋仁宗皇祐元年（西元一〇四九年）科舉，趙概（字周翰）為侍講，知貢舉，司馬光為貢院屬官。當時有詔：能講解經義之士，可將姓名單獨奏上，應詔的有數十人。考官問以《春秋》、《禮記》要義。而其中一人的答題最為精詳：先列注疏，再引先儒異說，最後是自己的論斷，共二十問，所答都是如此。考官非常吃驚，擢為第一。此人就是劉恕，時年十八歲。司馬光因此慕重，並與相識，而司馬光編修《資治通鑑》，劉恕就是他的主要助手之一。

這一年八月，仁宗策試應賢良方正、能直言極諫科的考生及武舉進士，司馬光與范鎮受詔讎校試卷。

先說范鎮。

范鎮（西元一〇〇七年—一〇八八年），字景仁，成都華陽（今四川省成都市）人。薛奎守蜀，范鎮時年十八歲，薛奎與語，非常欣賞，讓他住在府舍，為子弟們講學。范鎮越加謙讓，常步行至府門；這樣一年有餘，大家都不知道他是長官的座上賓。薛奎任滿還朝，載以同歸。有人問薛奎，此次入蜀有何收穫，薛奎說得一奇才，當以文學名世！當時原宰相宋庠與弟弟宋祁名重一時，對范鎮也稱讚不已。宋祁與范鎮結為布衣之交，范鎮因此名揚科場。

范鎮做人十分低調，心態也很端正。宋代科舉是先由禮部初試，再由殿試複試，決定最後的名次。范鎮禮部考試第一，按照慣例，殿試後唱第過三人，禮部的第一名，必定高聲自陳，然後被置前列。歐陽脩素稱耿介，仍不免從眾；范鎮卻不，同列多次催他，他都不動，直到第七十九人，才隨呼出應，然後又平靜退回，終無一句辯解。後因參政的推薦，召試學士院，考官讀錯字，認為范鎮的押韻有問題，僅補為館閣校勘。當時專家都為他鳴不平，他卻泰然處之。

范鎮為官識大體。曾做諫官，宰相陳執中的寵妾，將一婢女鞭打至死，陳因此受到御史的彈劾。御史打算趕走陳，但找不到理由，就誣陷說陳與女兒私通，此事如果屬實，屬亂倫，性質非常惡劣。范鎮曾論陳執中不學無術，不是宰相的合適人選，此時卻上奏說：今陰陽不和，財匱民乏，盜賊猖獗，監獄充斥，執中當任其咎；而御史捨大責細，盯住人家的私生活，如果以此為進退，那是因一婢而逐宰相。國家設臺諫官員，是為了去除讒言，而不是製造讒言。若果真如御史所說，則陳某可斬；如若不然，御史也可斬。御史們大怒，又聯手彈劾范鎮，說他阿附宰相，范鎮毫不顧忌，竭力為宰相辯解。

范鎮勇敢。仁宗即位三十五年，未有繼嗣；嘉祐初突然得病，連續十幾天認不得人。范鎮說：「天下還有比這更重大的事嗎？捨此不言，只挑細枝末節塞責，是真的有負於國，那種事我不做！」於是上奏論繼嗣，接二連三，仁宗都未作批覆。范鎮因此杜門家居，自求責罰。有人對他說：「幹嘛學那些博虛名圖上進的人？」范鎮回答說：「繼嗣不定，國家將有兵變，我應死於國家的刑罰，不可死於亂兵之下。我選擇死法的時候，還要顧忌博虛名圖上進之嫌，而不作取捨嗎？」又上疏說，「臣想大臣們的意思，是怕事情發生變故，所以為身家性命考慮，畏首畏尾；可萬一兵連禍結，家小性命都將不保，他們的計畫豈不都落空？即便真有變故，為國殉職豈不強過死於亂兵？請陛下以臣此章出示大臣，使其自擇死地。」聞者為之股慄。調任兼侍御史知雜事，以言不從，堅辭。三次面陳，言辭愈加懇切。范鎮哭，仁宗也哭。上疏十九次，待命百餘日，鬚髮皆白。終於授給別的官職，仍一有機會就要提起繼嗣，並獻賦以諷。

范鎮與司馬光是同年，兩人平生相得甚歡，彼此認為不及對方；生前曾約定，生則互為作傳，後死者為作墓誌銘。兩人在許多事上的觀點不謀而合，言論如出一人，先後如左右手。司馬光常對人說「吾與景仁兄弟也，但姓不同耳」；但在論雅樂這件事上，兩人反覆爭論，終生不能統一。人們也因此知道，兩人絕非苟同者。

眾所皆知，科舉制度到了宋代已經相當成熟，為防作弊，考官閱卷期間暫時要被封閉，不許外出。司馬光和范鎮同為考官，寓值景福殿東廂，凡三日。司馬光三天內作了十三首詩，從這些詩裡我們知道，司馬光至少有一個晚上夜不成寐。仁宗曾賜酒、水果等給他們，所賜水果包括了荔枝、葡萄，但更多不知道名字，司馬光曾悄悄將吃剩的果核放在懷裡，打算帶回去種；景福宮附近有古柏、菊、怪石、木芙蓉等物。古柏很老、很高大，菊已經開放，怪石和松樹、桂樹在一起，木芙蓉還沒開；考試武舉人，除了比試騎馬、射箭以外，還要考寫文章；工作很忙，甚至晚上還要在燈燭下繼續閱卷；武人文章妙處自與文人不同，一上來先讓人感覺到勇氣，後以巧心發以新語，也頗具可觀之處。

宋仁宗皇祐二年（西元一〇五〇年）春，司馬光請求休假，很快得到了批准。這次休假是為返鄉省親，並祭掃先塋。驅馬馳出京師，司馬光即興寫下：

賤生習山野，愚陋出於骨。雖為冠帶拘，性非樊籠物。
揚鞭出都門，曠若解徽绋。是時天風惡，靈沼波蕩汩。
龍鬣互騫騰，鷗群遠浮沒。川原寖疏豁，煙火稍蕭瑟。
草木雖未榮，春態先彷彿。桑稀林已斜，柳弱條可屈。
蛛絲罥晴陽，鼠土壅新窟。徐驅款段馬，放轡不呵咄。
與爾同逍遙，紅塵免蓬勃。

（《傳家集》卷二〈出都日途中成（請告歸陝及之汾陰省兄時所作）〉）

返鄉總是件令人高興的事情。春天的時候，我們喜歡去郊遊，冬去春來，自然的景色都給人甦醒的感覺，這種感覺讓人興奮。郊野的空曠，也給人脫卻桎梏的輕鬆。

但並也不全是振奮與輕鬆。不久，司馬光就悲從中來，寫下：

昔年道經車輞谷，直上七里鹽南坡。
今年行役復到此，方春流汗如翻波。
中塗太息坐磐石，涕泗不覺雙滂沱。
我生微尚在丘壑，強若麋鹿嬰虞羅。
人逾三十只有老，後時過此知如何？
雲泉佳處須速去，登山筋力行蹉跎。

（《傳家集》卷二〈重經車輞谷〉）

車輞谷我沒去過，但當代作家、潞鹽研究專家周宗奇先生去過。它現在的名字叫車輞峪，是昔日河東潞鹽外運的主要通道車輞路的一部分，據摩崖石刻記載，它始鑿於北周大象二年（西元五八〇年）。周先生描述說：「從該村（牛家院）西南口入山，攀登約一里多路的陡坡，即進入一條盤山小道，上望懸崖摩天，下瞰幽谷深邃，路面碎石硌腳，大石擋道，艱難行走約五華里，方見到一方臺地……南臨一道深谷……」司馬光指的車輞谷，可能就是南臨的那道深谷。可惜周先生惜字如金。司馬光坐在半山腰，痛哭流涕。盛極而衰的自然規律讓人無可奈何，那是誰也沒有辦法的事情。

直到盛夏，司馬光仍在夏縣。那個夏天非常炎熱，涑水完全乾涸。

司馬光此次還鄉，建了一所新居。新居有「南齋」，可能就是坐南朝北的房子，司馬光將它當作書房。南齋前有樹，樹長得很高，綠草如茵，早晚會感到些涼意。清掃工作完成後，司馬光請人將自己的書搬進去。幫忙的人可能就是姓全和姓董的兩位秀才，以及兩位侄子司馬良、司馬富，因為司馬光安頓好書籍後寫的那首詩，就是專門贈給他們四人的。

夏縣司馬氏，此時已是一個大家族。截至這一年，十四位侄子到了取字的年齡。要給十四位侄子找到寓意深刻的字，絕非輕而易舉。司馬良和司馬富我，是司馬光兄長司馬旦的兒子。司馬良，字希祖，司馬光解釋說，詩云：「毋念爾祖，聿修厥德。」君子修德，是為了他的祖先，怎可不勉力而為；司馬富，字希道，司馬光說，智者富於道，愚者富於財，你要勉力於道。其他人有：

司馬京，字亢宗；
司馬亮，字信之；
司馬稟，字從之；
司馬元，字茂善；
司馬育，字和之；
司馬齊，字居德；
司馬方，字思之；
司馬爽，字成德；
司馬袞，字補之；
司馬章，字晦之；
司馬奕，字襲美；
司馬裔，字承之。

司馬光將每人字的含義寫進一篇文章，在那篇文章的末尾，司馬光說：「嗚呼，朝夕不離於口耳者，名字而已；爾曹苟能言其名，求其義，聞其字，念其道，庶幾吾宗其猶不為人後乎！」

這年司馬光三十二歲，他像一名家族的傑出成員那樣，對年少者寄予厚望，希望司馬氏家族長處於領先地位。

身為禮官

不久，司馬光升任同知太常禮院。太常寺主管禮樂、郊廟、社稷、壇壝（ㄨㄟˇ）、陵寢之事。禮之名有五：吉禮、賓禮、軍禮、嘉禮、凶禮。太常禮院的職責，就是研究並制訂朝廷的禮儀制度。太常禮院雖隸屬太常寺，實際相對獨立，「雖隸本寺，其實專達」；有判院、同知院，共四人。太常寺與禮院事舊不相兼；康定元年（西元一〇四〇年），設置判寺、同判寺，始並兼禮院事。

當時，宦官麥允言卒，詔贈司徒、安武節度使。司徒是最高級別的官員加銜，是「三公」（太尉、司徒、司空）之一，非常尊貴，通常只封給宰相一級的官員。又詔允言有軍功，特給鹵簿；但下不為例。仁宗皇帝與宦官麥允言關係密切，感情很深，所給其身後的哀榮逾制。

九月十四日，司馬光上〈論麥允言給鹵簿狀〉，說：孔子曾講，只有器與名，不可以隨便給人。爵位標誌尊卑，就是名；車馬服飾等表示威儀，就是器。人君以二者安撫臣子，治理國家，因此不可不重視。麥允言只是一近臣，沒有絕大的功勞，卻贈以三公級別的官，給以一品鹵簿。陛下本想示之恩寵，反而增加了他的罪過，是拖累了他。為什麼呢？三公之官與鹵簿，都不是他一個近臣應得的。陛下念他服侍多年，活著讓他享盡榮華富貴，死了又超規格給他送終，吹吹打打，煊赫道路，這是在宣揚他越禮過分的罪過，讓天下人側目恨他，這可不是什麼榮耀。又說：不要讓天下人暗暗指點，認為是朝廷的過錯。

宋仁宗是位仁義皇帝，很重感情，即便對宦官也是如此。顯然，反對的風險不小，皇帝會不高興，然而這就是司馬光。我們不難看出，司馬光的進諫很有策略，他不慍不火，徐徐道來，既溫和又堅定，站在皇帝的角度，考慮舉措的得失，這樣的進諫，自然容易接受。果然，「仁宗嘉納之」，仁宗愉快地接受了。

接著，要討論雅樂。

仁宗皇祐二年（西元一〇五〇年）十一月初二日，召以太子中舍致仕的胡瑗，赴大樂所同定鐘磬制度。此前仁宗親閱大樂，有人認為鎛鐘、特磬的大小，與古制不合，仁宗詔令改作，而太常寺說胡瑗素曉音律。

大樂，即雅樂，是指國家在祭祀或典禮時使用的音樂，就其重要性來講，一點也不亞於國歌今日的地位。周世宗曾命竇儼與王朴一同考察修訂雅樂，王朴做律準。律準，古人奏樂時用來測定聲調高低，使發音準確的樂器。宋初，太祖以雅樂聲高，詔和峴按王朴律準校正，因此宋初以來有「和峴樂」。仁宗初，太常寺上奏說樂器使用年久，已經不準了，於是再次按王朴律準校正。李照以熟知音律聞名當時，他說王朴的準高五律，與古制不合，請依古法鑄編鐘。鑄成以後改定雅樂，降低了三律，此即「李照樂」。但不久，「李照樂」接連遭到質疑，於是又逐漸廢除。

仁宗酷好雅樂，因此談雅樂的人不可勝數，仁宗也為此屢屢設置專門機構修訂制度，所費不菲。仁宗的愛好不是簡單的喜歡，他還能獨立作曲。皇祐二年（西元一〇五〇年）六月十二日，仁宗以親撰的〈黃鐘五音五曲凡五十七聲〉下太常寺練習。

此次對雅樂的考訂，司馬光與范鎮都有參與。他們反覆爭論，書信往還，達數萬言。而且，由此開始，兩人的爭論持續了一生。

當時兩人爭執不下，於是請同僚來評斷。同僚當然無法決定，於是又以下棋輸贏來決定對錯。范鎮棋下得好，贏了，爭論總算有了結果，但這並不算完。司馬光閒居洛陽時，范鎮去看他，帶著自己所著〈樂語〉八篇。兩人爭論起來，又是好幾天，當然還是爭執不下，又以投壺輸贏決定對錯。投壺司馬光擅長，自然是范鎮輸了，司馬光高興地說：「大樂還魂矣！」范鎮在洛陽待了半個月練習投壺，始終不得要領，無功而返。

接著，論張堯佐。

仁宗皇祐二年（西元一〇五〇年）閏十一月初六日，任三司使、戶部侍郎張堯佐為宣徽南院使、淮康節度使、景靈宮使。這三個使都是虛銜，但極為高貴。初七日，又加授張堯佐同群牧制置使。群牧司是宋代最高馬政機構，群牧制置使是它的副長官。初八日，再賜張堯佐的兩個兒子張希甫、張及甫進士出身，衛尉寺丞張希甫為太常寺太祝。張堯佐何許人呢？他為什麼這麼好運？

原來，張堯佐的侄女此時正受寵，所謂愛屋及烏，而執政大臣又一味迎合。初十日，知諫院包拯等諫阻，不聽。十一日，御史中丞王舉正上殿，力言擢用張堯佐不當，仍不聽。十五日退朝，王舉正留百官班廷諫，又率殿中侍御史張擇行、唐介，及諫官包拯、陳旭、吳奎，在仁宗前極力勸諫。然後，又於殿廊嚴詞指責宰相。仁宗聽到，派中使傳旨，百官才退去。十六日下詔，自今以後，臺諫官集體上殿，必須先向中書省報告。當時仁宗怒氣沖沖，大臣多不再言語。

十二月，司馬光上〈論張堯佐除宣徽使狀〉，首先說：臣聽說聖明的君主費心求諫，和顏悅色地接受，士人還戰戰兢兢不敢進，更何況鎮之以威、壓之以重？這樣還指望忠臣直言，也太難了。臣不忠，言不直，還希望天下太平，萬事致治？根本不可能。接著他打了個比喻：聽說有一瓜農，特別愛護自己的瓜秧苗，盛夏的正午，太陽當頭照，他生怕瓜秧苗被曬壞了缺水，不辭辛勞去澆水，結果瓜秧苗轉眼就蔫了。種瓜人不是不夠勤勞，只是澆水澆得不是時候，反而把它害死了。陛下提拔堯佐，已遠遠過分，天下側目恨他，對他深惡痛絕，您又打擊忠臣直諫，加重他的罪過，您這是烈日當空替瓜秧澆水。臣私下都為堯佐感到寒心，陛下卻不為他深謀遠慮嗎？您拒絕召見臺諫官的當天，陰霧彌漫，遮天蔽日，樹木結冰，終日不化。根據有關書籍，這是陰氣太盛，遮蔽了陽光，上下閉塞，疑惑不決的標誌。陛下天性純孝，嚴敬天命，容納直言，深明得失，這不是我恭維您，實在是人所共知。為什麼獨獨因為一個張堯佐，卻置天戒於不顧，棄忠言而不從，把祖宗的爵祿不放在眼裡，忽略歷史上的前車之鑑，書之史冊，使天下人議論紛紛，影響您高大完美的光輝形象呢？最後，司馬光語重心長地說：君主實在想做的事，大臣誰也攔不住，但從今往後，恐怕再有比這更大的事情，大家只有沉默不語，袖手旁觀了，這對朝廷來說可不是什麼好事。不然的話，群臣如朽木，陛下如雷霆，哪裡是您的對手？司馬光的進諫，並非一味說教，他很講究策略，站在仁宗的角度考慮問題，時時處處為皇帝著想，雖然是勸諫，聽來卻不讓人感到刺激。

仁宗皇祐四年（西元一〇五二年）七月，司馬光與禮院同僚上〈論夏竦諡狀〉。此前前宰相夏竦去世了，仁宗以夏竦曾是自己做太子時的屬官，因此特賜諡「文正」。

夏竦其人如何呢？史書上說：夏竦，字子喬，當世以為奸邪。此人天分極高，而且好學，經史、百家、陰陽、律曆，以至佛老之書，無所不通。夏竦以文學起家，文章「典雅藻麗」，有名一時，朝廷大典所需文字，多次交給他，是公認的文豪；他還認識很多戰國時期通行於六國的文字，非常刻苦，到了夜間，還拿手指在身上寫寫畫畫，是個勤奮的古文字學家；治軍極嚴，敢殺。曾有戍卒集體搶劫，各州郡都沒辦法。有人偷偷告訴了夏竦，夏竦當時在關中，等戍卒一到，夏竦召來責問，幾乎全部殺光，軍中為之大震，夏竦的威信大都是這樣樹立起來的。

但此人生性貪婪，夏竦曾派僕人經商，僕人貪污，夏竦「杖殺之」；夏竦家財萬貫，用度奢侈，生活腐化，「畜聲伎甚重」；且常暗地離間部下，使相互猜疑，以達到個人目的。跟家人也是這樣，夏竦娶妻楊氏，楊氏也擅文章。後來夏竦官做大了，身邊養了不少女人，夫妻關係就緊張起來。楊氏和娘家兄弟一起搜集了夏竦違法犯罪的事實告官；又夏竦的母親和楊氏的母親對罵，拉拉扯扯訴至開封府。夏竦急於升遷，做邊防官的時候，心不在焉，不肯盡力。顯然，「文」夏竦當得起，而「正」夏竦當不起。

司馬光在奏狀中首先說：《大戴禮》講「諡者行之跡也」，行由己出，名由人生，以此勸善抑惡，不可偏私；又說臣等身為禮官，諡有得失，職責所在，不敢默默。從司馬光的敘述中我們得以了解，贈諡通常的做法是，王公及職事官三品以上，先錄行狀報到中書省，經核實修訂，下太常禮院擬諡，然後再報中書省上奏。仁宗大概知道夏竦的名聲不大好，因此定諡於中，而後宣示於外，就是說仁宗自己就定了，沒經過中書省和太常禮院。司馬光勸道：文與正，兩個最美好的謚號，雖以周公之材，不敢兼取，何況夏竦？所謂名與實不符，謚與行相悖！傳之永久，何足效法？又說：朝士大夫畏懼夏竦子孫，不敢明說，但四方之人，耳目昭昭，必定會認為，夏竦行為如此而謚文正，這就是不把謚號當作天下公器，大概出於天子的私恩。譏評國家過失，豈是小事！

很快，司馬光又上〈論夏竦謚第二狀〉；不久，奉聖旨改謚「文莊」，皇帝讓步。司馬光的奏劄當中，引到孔子的話：器與名不可以隨便給人。又說：皇帝以二者治理國家、安撫臣子。贈謚可以歸入名的範疇，器與名乃天下之公器。在這個公器面前，皇帝也不可以隨便，不能偏私。

第四章　追隨恩師

鄆州判官

宋仁宗皇祐元年（西元一〇四九年），龐籍以工部侍郎為樞密使。皇祐三年（西元一〇五一年），龐籍升任同中書門下平章事，兼昭文館大學士，位居宰相。居高位又不肯拱手默默，自然很容易招致反對。

機會總是有的，當時齊州（治今山東省濟南市）學究皇甫淵捕盜有功，按規定應得賞錢；但皇甫淵不想要錢，想要一個官職。龐籍有個外甥叫趙清貺，是個道士，他自稱可以幫忙，與人員共同收受了皇甫淵的賄賂。皇甫淵覺得自己花了錢，底氣十足，多次跑去待漏院催促。龐籍當然很生氣，勒令他回齊州。有小吏向龐籍告發了趙清貺等收受賄賂的事情，龐籍立即將外甥及其同謀捕送開封府治罪。趙清貺被處以杖刑，然後流放嶺南，可是走到許州（治今河南省許昌市）時中途死去。

按說龐籍秉公執法，事情理應到此為止，但反對者怎肯放過？他們乘機詆毀龐籍，合力排擠他，開始說龐籍偏私清貺，到後來又說龐籍曾暗示開封府，杖殺趙清貺滅口。雖然暗示開封府一說沒有任何證據，但龐籍還是於皇祐五年（西元一〇五三年）閏七月初五日，以戶部侍郎出知鄆州（治今山東省東平縣）事、兼京東西路安撫使。龐籍被貶出京，辟司馬光為幕僚，作鄆州判官。從司馬光寫給朋友的詩文來看，當時從京師出發十分倉促，甚至來不及向所有朋友告別，而且送一位朋友去南方任職，辭別的酒還沒有喝乾，就急匆匆趕回去收拾行李。

司馬光後來作〈奉和始平公憶東平二首〉，始平公是司馬光對龐籍的尊稱，東平即鄆州州治所在；既是憶，自然是離開鄆州以後了，先看〈其二〉：

千岩秀色擁晴川，萬頃波光上下天。
委地魚鹽隨處市，蔽空桑柘不容田。
訟庭虛靜官曹樂，儒服寬長邑里賢。
不為從知方負羽，獨乘魚艇老風煙。

（《傳家集》卷九）

司馬光所說的「千岩」，包括梁山在內。司馬光所說的「萬頃波光」，是指東平湖，和它相連的，就是我們熟知的八百里梁山水泊，不過當時它叫做梁山濼，或者大野陂，橫跨鄆、濟（治今山東省巨野縣）二州。梁山屬鄆州管轄，在梁山濼的北邊。從詩中我們可以看出：鄆州風光不錯，物產十分豐饒，民風很是淳樸。司馬光甚至表示，如果不是要隨知己北上，自己將獨乘漁舟，終老於此了。不難看出，司馬光對鄆州的印象不錯。

在鄆州，龐籍曾命司馬光典州學，就是負責州學的管理工作。當時州學裡有個叫王大臨的學生，他通曉經籍，有品行，司馬光特別喜歡和器重他。後來，王大臨因為口才好善講解，做了州學的教師。多年後，王大臨的父親去世，還專門跑去京師，請司馬光為其父作墓誌銘。在司馬光登上國家相位的宋哲宗元祐元年（西元一〇八六年）八月，他特舉薦王大臨出任太學的學官，說：「臣竊見鄆州處士王大臨，通經術，善講說，安仁樂義，譽高鄉曲，貧不易志，老不變節，向嘗有詔敦遣，固辭不起。伏望聖慈，召致京師，寘（ㄓ，安置）之學官，為士類矜式。」看來，在司馬光離開後的那些年，朝廷曾有徵召，但王大臨拒絕了。因為宰相司馬光的舉薦，朝廷任王大臨為太學錄，可惜來不及等到朝廷任命，王大臨就去世了。

在給朋友的詩文中，司馬光描述了他在鄆州的工作：地方職務不比館職，事務繁多，文書山積，胥吏森列；深知吏治非己所長，但怕丟知己的臉，因此不得不努力做。

官員總是要向管官員的人自薦，這也算是古今通例。當時東阿（即東阿縣，今山東省東阿縣南）主簿張某，就寫信向司馬光推銷自己。但此人並非只是搖唇鼓舌，一味吹噓，他的主簿也做得風生水起。司馬光在給他的回信中說：「光不佞，幸蒙丞相辟署來此，官雖賤微，朝廷亦委之察舉境內賢士大夫，苟捨置賢者，而惟目前營求者之與，辜孰大焉！是以到官以來，竊觀諸縣賢士大夫，無如足下徇公愛民者；其所以奉知，固不俟足下之求也。今乃貶損書誨，自從風雨而老之歎，殊非所望。君子患不能，不患人不知；足下姑勉修所能，何患無知己。」意思是說，糾察不法舉薦賢能，本就是自己的職責所在。到任以來，已經注意到主簿敬業愛民，政績突出；但所以獲知，不是因為主簿的求告。現在主簿你卻寫信來，哀歎將隨風雨而老，這讓我感到失望。君子患不能，不患人不知。只要盡職盡責，還怕沒有知己嗎？司馬光此時的職務，權力不可謂不大，他明察秋毫、盡職盡責，不漏掉任何一個賢才。

宋太宗至道初（西元九九五年—九九七年），龐籍的父親曾做過商洛縣（治今陝西省丹鳳縣商洛鎮）主簿。當時有一位王姓朝臣，自中書舍人貶官至商州（治今陝西省商洛市）。此公文章獨步當世，因為任官已久，在朝中很有聲望，加之為人剛強嚴峻，所以這位王朝臣不輕易與當地的官員交往。但龐籍的父親以一個九品的小官，與此公往還，十分融洽，王朝臣曾有詩相贈。司馬光到鄆州的次年，即宋仁宗至和元年（西元一〇五四年），龐籍從容取出王朝臣的贈詩，說先父曾有德於商洛，官員百姓們至今懷想，當時經他手的公文，現在仍有珍藏；又說商州知州要將王公的贈詩刻石，以慰民心。龐籍身為人子，自然很樂意這樣做，對他來講，也是一種孝行。龐籍對司馬光有恩，寫序的事自然責無旁貸。文章很快完成，其中備述事情始末，然後便將序與詩一起，讓人送往商洛刻石。

前文我們已經了解，司馬光任韋城代理知縣時，曾率吏民向龍王祈雨。現在，鄆州也同樣面臨著乾旱。宋仁宗皇祐五年（西元一〇五三年）或宋仁宗至和元年（西元一〇五四年）冬，司馬光曾至鄆州諸廟祈雪。從那篇祈雪文裡我們讀到：自秋至冬，鄆州極少雨雪，麥苗本來就稀疏，經此更將枯死。司馬光請問各路神仙：是官吏不稱職嗎？是百姓未有求告嗎？為什麼讓他們這樣困苦呢？他祈求各路神仙可憐老百姓，寬恕官吏們，及時降雪，這樣麥子或許還能有些收成。可是，祈求似乎未見成效。

宋仁宗至和元年（西元一〇五四年）或至和二年（西元一〇五五年）春，司馬光又受委派，去祭祀了黃石公，向他祈雨。司馬光在祭文中敘述了當時的旱情：一冬無雪，麥苗行將枯槁；倉廩已盡，收成完全沒指望；老幼惶惶不安，瀕臨死亡。司馬光希望黃石公能上解皇帝之憂，下救黎民百姓之苦。

宋仁宗至和二年（西元一〇五五年）六月十七日，龐籍調任昭德節度使、知永興軍（治今陝西省西安市），但很快又改為河東路經略安撫使、知并州（治今山西省太原市），司馬光因此改任并州通判。

我們還記得司馬光曾作〈奉和始平公憶東平二首〉，來看〈其一〉：

相印東臨汶水陽，兩看春葉與秋霜。登山置酒延鄒湛，上馬回鞭問葛強。
溪竹低垂寒滴翠，露荷相倚淨交香。宵衣深念長城固，肯得從容傲醉鄉？

（《傳家集》卷九）

汶水自東向西蜿蜒流入鄆州，東平在汶水以北，水北為陽。從中我們可以看到，在鄆州的兩年，他們的生活相當愜意；而此去并州，是出於國安的需要。

并州通判

并州，治今山西省太原市。不過在當時，它還只是一座迫隘的城鎮，宋太宗太平興國七年（西元九八二年）匆匆建起，舊太原城位於今天太原市晉源區。

宋太宗太平興國四年（西元九七九年）五月初五日，宋軍攻破北漢的京師太原。同月，毀太原城，改為平晉縣，又以榆次縣（今山西省晉中市榆次區）為并州，並將太原城中僧、道及富戶遷往西京洛陽。五月十七日，在榆次築并州新城。五月十八日，這個起初叫趙光義、後來改名趙炅的宋太宗，跑到太原城北，登上城樓沙河門樓，要城中居民全體遷往新并州。他派人四處放火，將城中民居盡數燒毀。史書上說，老百姓扶老攜幼，來不及逃出，「死者甚眾」。太平興國七年（西元九八二年）二月，再將并州州治由榆次遷往三交寨。

從歷史地圖上看，當日的并州比今天太原市的範圍大，還包括了今天的盂縣、壽陽、太谷、祁縣、文水、交城的部分或者全部。

司馬光到達太原的具體時間，我們已經無法確知，但是在西元一〇五五年冬天無疑。他在一首〈苦寒行〉裡，描述了此次赴並的艱辛：「窮冬北上太行嶺，霰雪糾結風崢嶸。」司馬光的離開，是在宋仁宗嘉祐二年（西元一〇五七年）的六月。這樣，司馬光在太原的時間，保守估算應該有一年零六個月。

我們先來看當日太原留給司馬光的印象：

首先是冷。據研究，宋代是中國歷史上一個寒冷期，氣溫比現在低不少。翻閱司馬光那個時期的詩文，久遠的寒冷隱隱向我們襲來。先看前面已經提到的〈苦寒行〉，前面幾句是寫給太行山的，後面才是寫給太原的：

跨鞍攬轡趨上府，髮拳鬚磔指欲零。
炭爐炙硯湯涉筆，重複畫字終難成。
誰言醇醪能獨立，壺腹迸裂無由傾。

（《傳家集》卷五）

早晨騎馬去上班，頭髮凍得捲曲起來，鬍子好像快要凍斷，手指感覺似乎要掉下來。到了州府辦公，得用火爐把硯臺烤熱，這樣磨的墨才不至於凍住，毛筆要用熱水燙開；寫字很困難，不是墨凍住，就是毛筆凍住。寫一個字要重複畫很多遍；酒壺被凍裂，酒流出來。真是太冷了！寒冷使當時的司馬光甚至想到了死：

古人有為知己死，只恐凍骨埋邊庭。

（《傳家集》卷五）

司馬光所說的死，大概不是戰死，而是凍死，因為通判的主要職責不過是連署公文，並不需要衝鋒陷陣。

還有另外一首詩〈晉陽三月未有春色〉，描寫并州的春天姍姍來遲：「上國花應爛，邊城柳未黃。」可偏偏秋天還冷得很早：「仍說秋寒早，年年八月霜。」在春天就開始擔心冬天，可見當時太原的寒冷，在司馬光看來，寒冷是一件難以忍受的事情。

其次是邊城。當時的并州屬河東路，河東路的北邊就是契丹，西北則與西夏接壤。當然并州不是最北的州，但與京師汴梁相比，已經是很遙遠的邊城了。我們都知道，司馬光的長處是匡正皇帝的不足，所以最適合他的地方是朝堂，但當時的他距離朝堂很遠。司馬光為此非常鬱悶，在并州寫下這些恍惚的句子：

忽忽此何地，經時更自猜。深疑醉裡得，復似夢中來。
薄宦真何益，浮生信可咍。鵬蜩定有分，不若寸心灰。

（《傳家集》卷七〈到并州已復數日率爾成詩〉）

司馬光內心因鬱悶而起的淒清，甚至與溫度無關：

窮邊已深夏，氣色耿清秋。鮮旭開山郭，涼煙澹戍樓……

（《傳家集》卷七〈夏日〉）

這種淒清無時不在，即便是與同僚、朋友們相聚醉酒的時候。如〈陪諸君北園樂飲〉（《傳家集》卷七）前面幾句還在勸酒，要大家及時行樂、一醉方休，可最後筆鋒突然一轉：

須知會府閒時少，況復邊城樂事稀。花卉正濃風日好，今年已不負春暉。

還有一首〈和懋賢聞道矩小園置酒助以酒果副之以詩〉中，連歡喜都是淒清的：

珍果醇醪與新句，並將佳味助清歡。

再次是飲食差，至少是不合胃口。現在的太原人冬天愛喝羊肉湯、羊雜割，大概北宋就已經流行了。初到太原的人，對這種地域性的美食一時間不太容易接受。司馬光也不例外，他在一首叫作〈酪羹〉（《傳家集》卷七）的詩裡提及：

軍廚重羊酪，饗士舊風傳。

它可能當初屬於部隊上的大鍋飯。當然，跟吳越一帶飲食沒辦法比，不論是在工序繁多，還是在用料考究上：

不數紫蓴滑，徒誇素鮪鮮。

司馬光因此感到慚愧：「莫與吳兒說，還令笑茂先。」顯然，司馬光對太原印象不佳，但也絕非完全灰暗。三月以前的并州無花，但有雪：

春風不勝雪，散漫度龍沙。密映緣溪柳，爭非亂眼花。

鴟夷賒美酒，油壁繫輕車。塞下芳菲晚，聊將當物華。

（《傳家集》卷七〈柳溪對雪〉）

三月以後，終於有花。先是杏花：

田家繁杏壓枝紅，遠勝桃夭與李穠。何事偏宜閑處植，無端復向別時逢。

林間暫繫黃金勒，花下聊飛碼磂鍾。會待重來醉嘉樹，只愁風雨不相容。

（《傳家集》卷七〈和道矩送客汾西村舍，杏花盛開，置酒其下〉）

司馬光寓所的窗外有一株老杏，他專門為它寫下〈北軒老杏其大十圍，春色向晚，止開一花，予憫其憔悴作詩嘲之〉：

春木爭秀發，嗟君獨不材。須慚一花少，強逐眾芳開。

頑豔人誰採，微香蝶不來。直為無用物，空爾費栽培。

既批評了老樹，又覺得對不起它，於是又站在老樹的立場，以老杏的語氣，寫下〈杏解嘲〉：

造物本非我，榮枯那足言。但餘良幹在，何必豔花繁。

壯麗華林苑，歡娛梓澤園。芳菲如可採，豈得侍君軒？

這樣，司馬光一下是人，一下是樹，來回地嘲笑和反嘲笑，讀來感覺滿紙童心。司馬光當時的心境一定是清明的，儘管可能短暫。

然後是梨花。有詩〈和道矩紅梨花二首〉：

繁枝細葉互低昂，香敵酴醿豔海棠。應為窮邊太寥落，併將春色付穠芳。

蜀江新錦濯朝陽，楚國纖腰傳薄妝。何事白花零落早，同時不敢鬥芬芳？

詩句香豔，因為被描繪的事物香豔。他喜歡這些或紅或白的花，因此變得小心翼翼：

爛漫不解賞，飄零空慘悽。殘紅正滿地，不忍踏芳蹊。

（《傳家集》卷七〈數日不至後圃，今晚偶來，芳物都盡，率然成詩〉）

要不是這些或紅或白的精靈，在太原的那些日子裡，司馬光一定會非常寂寞。

太原之所以在司馬光的眼中灰暗，可能跟他的兒子相繼在并州夭折有關。司馬光在〈苦寒行〉裡曾說：「妻愁兒號強相逐，萬險歷盡方到并。」但與司馬光的家庭關係密切的邵伯溫卻說：「司馬溫公從龐穎公辟，為太原府通判，尚未有子。」關於這一條紀錄，曾多有爭論，有人認為是邵伯溫誤記，但無論如何誤記，基本的意思不會有問題，那就是當時的司馬光沒有兒子。蘇軾在〈司馬文正公行狀〉裡說：「（司馬光）子三人，童、唐皆早亡……」在并州夭折的，可能就是司馬童和司馬唐，或者他們當中的某一個。

中年喪子自然是人生大悲劇，在他的眼裡，整個世界一定都是灰色的。

邵伯溫又記道：龐籍的夫人為司馬光買來一妾，大概希望她能為司馬光生兒育女，但司馬光根本不予理睬；邵伯溫還說，在太原任通判的時候，司馬光除用公家按月定量供給的酒招待賓客外，不另請。這大概不僅僅因為節儉，可能還因為悲傷。

嘉祐元年（西元一〇五六年）正月初一，宋仁宗駕臨大慶殿接受百官朝賀。前一晚大雪，仁宗在宮內赤腳祈禱，次日清晨，天空終於放晴。當時百官已就列，仁宗突感暈眩，牙關緊咬，冠冕歪斜。近侍忙用手撬開他的嘴巴，流了些涎液出來，才稍好一點。仁宗的這種症狀，可能就是中風。正月初五日，在紫宸殿宴請遼國使者，宰相文彥博進至御榻前，向仁宗祝酒，仁宗突然莫名其妙地責問：「不樂邪？」——不高興嗎？文彥博知道皇帝有病，愣在那裡半天，不知怎麼回答。正月初七日，諸大臣進宮詢問病情，仁宗更是大叫著瘋跑出來。此後仁宗時好時壞，直到正月二十二日才痊癒。

左千牛衛大將軍趙宗實（即後來的英宗），從小生活在宮中，仁宗、皇后都把他當兒子撫養，後來出宮，仍問訊賞賜不斷。仁宗得病以後，宰相文彥博等請早立嗣，仁宗同意。文彥博等了解到仁宗屬意趙宗實，遂議定請立宗實為嗣。奏章已擬好，仁宗痊癒了，此事遂被擱置。五月，知諫院范鎮上疏，論繼嗣。

司馬光聞而繼之，六月十九日，上〈請建儲副或進用宗室第一狀〉：「陛下好學多聞，博覽經史，試以前古之事質之，治亂安危之幾，何嘗不由繼嗣哉？得其人則治，不得其人則亂；分先定則安，不先定則危。此明白之理，皎如日月；得失之機，間不容髮。」意思是說，皇位繼承人是國家治亂的根本，得其人則天下治，不得其人則天下亂，名分先定則社稷安，不先定則社稷危。

接著他舉了個例子：「今夫細民之家，有百金之寶，猶擇親戚可信任者使謹守之，況天下之大乎？」意思是說，老百姓家裡有值錢的寶物，都要請值得信賴的親屬妥善保管，何況是天下社稷？

然後又談到孝：「臣聞天子之孝，非若眾庶止於養親而已，蓋將慎守前人之業，而傳於無窮，然後為孝也。」——天子的孝，不是像平民百姓那樣，僅止於奉養父母，而是要謹守祖先的基業，傳之久遠。

司馬光很清楚自己在做什麼，也明白這樣做的後果：「臣誠知言責不在臣，言之適足自禍。然而必言者，萬一冀陛下採而聽之，則臣於國家譬如螻蟻，而為陛下建萬世無窮之基，救四海生民之命，臣榮多矣。」

我們過去總以為，帝王時代的臣子都是謹小慎微、戰戰兢兢，似乎已被皇權壓制得無力，完全沒有自己的思考；可現在看來不是，起碼在司馬光不是那樣。

八月初一日，司馬光又上〈請建儲副或進用宗室第二狀〉。他首先提到上次的奏疏：「臣先於六月十九日，輒以瞽言干犯聖德，伏地傾耳，以俟明詔，於今月餘，一無所聞。陛下寬仁，不加誅於狂愚之臣，然亦未賜採納。臣竊自痛人品猥細，言語吃訥，不能發明國家安危大體，致陛下輕而棄之，此皆臣之罪也。雖然，臣性誠愚，位誠賤，而意誠忠，語誠切。願陛下不以人之愚賤，而廢忠切之言，少留聖心於宗廟社稷之至計，則天下幸甚。」

帝王時代的君臣，在關係上即相當於父子。司馬光把握著適當的語氣，把不被採納的原因歸於自己，但是又強調自己良好的出發點，希望皇帝因此採納。

司馬光認為，國家政事有大小緩急，知先後，則功無不成。而當下最大最急的，無過於儲貳。他說：「以臣之愚，當今最大最急之患，在於本根未建，眾心危疑。」接著他重申前請：「現陛下雖已痊癒，但四方之人，未能盡知，心存疑懼，應趁此時早擇宗室當中賢者，使攝居儲副之位，內以輔衛聖躬，外以鎮安百姓。」

為了照顧皇帝的面子，司馬光又假設儲貳已定，只是暫時保密，不想公開。司馬光認為那也不足取：「審或如此，亦恐不可。何則？今天下之人，企踵而立，抉耳而聽，以須明詔之下，然後人人自安，又何待而密哉？」

司馬光可能擔心那樣不易辦到，又退而求其次：「若以儲副體大，非造次可定者，或且使之輔政，或典宿衛，或尹京邑，亦足以遏禍難之原，靖中外之意。」

九月初三日，司馬光再上〈請建儲副或進用宗室第三狀〉。其中，司馬光寫下他的憤懣：「臣先於六月十九日、八月一日兩曾上言，乞擇宗室賢者進而用之，蓋以上則輔衛聖躬，下則鎮安百姓，迄今未聞聖朝少垂採聽。臣誠愚昧，不達國家高遠之意。若臣所言非邪，當明治其罪以示天下；若其是邪，亦謂聖心不宜棄忽。豈可直以臣之愚賤，不察其言，若投羽毛於滄海之中，杳然莫知其所之？」意思是說，臣真的愚昧，實在不懂國家的用意。如果臣說得不對，就應當治罪，明示天下；如果臣說得對，也可以說聖心寬大。怎可只因臣性愚位賤，乾脆就不予理會，如丟一支羽毛在滄海上，杳無音信，不知所終？

司馬光擔心是自己的身分，影響了進言的效果。他解釋道，古代諫諍無官，上至公卿大夫，下至平頭百姓，無人不可；設置諫官以後，若不在其位就不許進言，下情壅蔽不通，以至路人皆知，上面卻聽不到，這樣的危害不可謂不小。司馬家三代食祿，家父又特蒙提拔，位至侍從，自己因此常思報答。而且，此前陛下因為水災，特下詔書求直言。又陛下即臣子的父親，哪有為人子明明看到危險，卻不告訴父親的？

可是，奏摺如石沉大海。司馬光擔心路途遙遠，皇帝居住深宮，奏疏在傳送過程中，丟失或者被丟棄了，根本就沒有送達。於是他又寫信給好友范鎮，並附寄所上奏章的副本，希望范鎮代為轉呈。

司馬光在那封信中談到自己的志向：「光向者不自知其賤且愚，輒以宗廟社稷深遠之計冒聞朝廷。誠知位卑而言高，智小而謀大，觸犯皆死。死者人之所必不免也，若忠於國家而死，死之榮也。」

然後，談到奏疏上呈之後的情形：「無何，自夏及秋，囊書三上，皆杳然若投沙礫於滄海之中，莫有知其所之者。」接著，是託付的緣由：「竊思當今朝廷，諫爭之臣，忠於國家，敢言大事，而又周旋日久，知光素心者，惟景仁而已。光之言不因景仁以自通，尚誰望哉？」最後說到事情本身：「伏冀景仁察其所陳，果能中於義理，合於當今之務，則願因進見之際，為明主開陳，茲事之大，所當汲汲留意，不當因循簡忽，以忘祖宗光美之業，及乞取光所上三奏，略賜省覽，知其可取、可捨、可矜、可罪，裁定其一，而明賜之，無使孤遠之臣，徒懷憤嘿嘿，而無所告語也。」

司馬光努力再三、想方設法要達到的，不過是讓皇帝讀到他的奏疏，而那些奏疏很可能會帶來危險。他這樣做的目的只有一個，就是社稷的安全。

雖然身居邊地，司馬光仍然可以就朝廷大事發聲。這次進言在司馬光的政治生涯中，具有非同尋常的意義，皇帝可能對此事的印象非常深刻。

司馬光的人生走向，將因此而改變。司馬光不可能成天沉浸在喪子之痛當中，也不可能總是飲酒作詩，身為并州通判，他有很多的事要做。在一個早春天氣，司馬光陪同龐籍，到并州城西閱兵：

滄溟浴日照春臺，組練光中玉帳開。汾水騰凌金鼓震，西山宛轉旆旌回。
逍遙靜散晴空雨，叱吒橫飛迥野雷。坐鎮四夷真漢相，武侯空復道英才。
（《傳家集》卷七〈從始平公城西大閱〉）

搖曳的旗幟、雄壯的呼號，似乎正從詩句的背後凸顯出來，隱約可以見到或者聽到。

麟州（治今陝西省神木市北）位於黃河以西，緊鄰西夏，時屬河東路管轄。據載，麟州城中無井，只有一沙泉，在城外曾打算擴展城牆，將沙泉包進來。可是沙泉附近很容易下陷，俗稱抽沙，就是流沙，根本無法築牆，只好作罷。宋仁宗慶曆年間（西元一〇四一年—一〇四八年），有人向李元昊獻計：麟州無井，若是包圍它，不消半月，兵民都得渴死。果然，李元昊圍城才幾日，城裡已經大困。有軍士建議：李元昊圍而不去，一定是拿沒水做文章；現在我們找一些溝泥，派人登高，把泥抹在草堆上，故意讓敵人看到，州將依計而行。李元昊望見泥，急招當初獻計的人詰問：你說無井，現在卻有泥草堆，怎麼回事？於是，將那人斬首，退兵而去。這次雖僥倖脫困，但麟州始終以無水為憂，自然非常危險。

麟州屈野河（今窟野河）西多良田，但與西夏接壤，彼此疆界不明。宋仁宗寶元元年（西元一〇三八年）十二月，李元昊反叛，宋對西夏宣戰。此次的宋夏之戰持續了多年，宋仁宗慶曆四年（西元一〇四四年），雙方結束戰爭狀態。仁宗天聖（西元一〇二三年—一〇三二年）間，朝廷禁止到河西耕種。其後數十年間，西夏乘機蠶食，逼近麟州，遂成河東路一大隱患。龐籍到任後，朝廷詔令邊吏遏止。邊吏多以武力擄掠，夏人因此怨恨，常聚兵萬餘在邊境，伺機報復。

龐籍現在除了并州知州，還兼任河東路經略安撫使，大致相當於軍區司令。司馬光既是并州通判，也是龐籍的助手。宋仁宗嘉祐二年（西元一〇五七年）初夏，司馬光受龐籍的委派，前往麟州視察。

麟州官吏對司馬光說：州城臨屈野河，自河西至邊界五六十里，連偵察哨所一類的設施都沒有，敵人因此肆意耕種，游騎往往直至城下，甚至繞到城東，州人都不知道。去年河西修一小堡，布置了哨兵。本州曾向經略司請示，在小堡以西，再增建兩堡。但今春以來，敵騎屯聚，遍布河西。經略司因此下令，等敵騎退去，再聽指揮。現在敵眾已全部散去，如趁此機會，迅速在城西二十里左右增築兩堡，每堡不用十天即可竣工。等夏人再次聚集，兩堡早已有備，敵人也不能如何。這樣，麟州可永免遭遇突襲，州兵出入，有了落腳的地方，堡外被侵占的田地，也可以逐漸收復。

司馬光考慮，兩堡一旦修成，即成為麟州的耳目屏障，堡外三十里，夏人就不敢來耕種，城西六十里內，就沒有了敵人。然後招募百姓耕種，能耕種麟州城西至屈野河閑田的，返其稅役的一半；能耕種屈野河以西閒田的，長期免除稅役。這樣，耕種的人一定很多。官府看似從中無所得，但糧價肯定會降低，軍隊可以就地收購；河東一路百姓，再不必長途輸送，負擔也會因此減輕。更為重要的是，如果一味聽之任之，麟州終有一天會成為孤城；有此兩堡作耳目屏障，情況就會完全不同。

回到并州，司馬光向龐籍做了彙報。龐籍遂令麟州依申請，修築兩堡，並要他們勤加偵察，嚴加防備。大概因為時間緊迫，龐籍只是向朝廷奏報，但沒等到朝廷的批覆，就下達了命令。沒料到命令下達後，敵人再次大規模聚集。

宋仁宗嘉祐二年（西元一〇五七年）五月初五日夜，麟州軍官郭恩恃勇輕敵，率千餘人出城，直奔河西；前無偵察，後無策應，中無部隊，只帶酒食，不做戰備。他們渡過了屈野河，走到一個叫「忽里堆」的地方，遭到了伏擊。管勾麟州軍馬事郭恩、走馬承受公事黃道元被俘，知州武戡逃回。後來，黃道元被放回，郭恩等行進途中，曾有人報告說敵人已在河西集結，但郭恩等不信。

當初邊吏擄掠夏人，龐籍認為西夏稱臣奉貢，未失臣禮，這樣做理虧在己，遂令邊吏加強戒備，曉之以理，不得侵犯。但夏人不肯退去，召使者重定邊界，不來，於是禁止邊境貿易。夏人大困，表示願意派使者重定邊界。送信的使者來了幾天後，就發生了此事。事後西夏因為私市的原因，仍派使者來，並請退還河西二十里的田地，龐籍概不應允。

朝廷命侍御史張伯玉調查此事，這廝當時剛剛上任，正想收拾一些大臣出名。龐籍因司馬光曾參與修築堡寨之議，恐怕此事對他不利，上交文書的時候，有意將與司馬光有關的文件隱藏。御史於是彈劾龐籍，說他擅自在邊境築堡，以致兵敗，又藏匿與案件相關的檔案。因此，宋仁宗嘉祐二年（西元一〇五七年）十一月二十六日，龐籍被貶為觀文殿大學士、戶部侍郎、知青州（治今山東省青州市），兼京東東路安撫使。而司馬光因為龐籍的保護，沒有受到任何處罰。

宋仁宗嘉祐二年（西元一〇五七年）夏六月，司馬光已奉調回京，改太常博士、祠部員外郎、直祕閣、判吏部南曹。

回到京師，朝論紛紛，以為忽里堆之敗，都是因為築堡生事。司馬光每見朝官，就要解釋一番：西夏侵我田地始末、兩堡不可不築的形勢，此前兵敗是因邊將輕敵無備，並非築堡之過。司馬光心中焦慮，以致「言之切至口幾流血」。但世俗常情，成是敗非，司馬光向數十百人陳說，竟無一人相信，索性閉口。

在〈論屈野河西修堡狀〉中，司馬光具陳事件原委，認為兵敗的原因，在於無備，不在修堡與過河。又竭力為恩公龐籍辯解，把責任全部包攬過來，說龐籍不過是錯誤地聽從了自己的建議，請求朝廷只處罰自己一人。

但朝廷未有批覆。十一月，龐籍等被責降，麟州官吏也各有處罰，司馬光又上〈論屈野河西修堡第二狀〉，再次請求處罰。他說朝廷若不認為築堡錯誤，龐籍等就不應該受到處罰；若認為錯誤，龐籍之前已下令麟州停修此堡，只因自己前去考察，才再次談起，武戡、夏倚等雖有建議，但沒有自己的轉達，也到不了龐籍那裡。由此說來，築堡之事，都因自己而起，要治罪，自己應首當其衝。現在龐籍等先受到處罰，唯獨自己沒有，內心慚愧，無地自容。況且在并州的時候，受經略司委託，負責本司重大公務，龐籍處理邊事，都要徵求自己意見；此次兵敗，完全因為採納自己建議所致，希望朝廷對自己從重懲處。

朝廷仍然沒有批覆。司馬光又到中書省、樞密院請罪，請求將自己重則處斬，中則流放，最輕也要打發到邊遠州郡任職。但兩府大臣明確答覆，並未判定其有罪，因此無能為力。司馬光再寫奏章，打算以死相請。親友們都說，這是明知朝廷不會執行，故意作秀邀名。司馬光無法辯白，只有沉默，不再上疏。參與其事的人都受到了處罰，唯獨自己一人沒有，司馬光認為這是出賣了大家，為自己開脫。一想到這些，他白天就丟掉筷子絕食，夜晚就捶打床席歎息，終生引為遺憾，感到恥辱，無法洗刷，好像胸中放了許多石頭瓦塊。

龐籍又上奏，引咎自責，並請矜免司馬光，所以司馬光最終未能如願。

在寫給朋友的信中，司馬光描述到他的憤懣與遺憾：現在只是想在自己的國土上建一小堡，已被稱作引惹生事，罪及首帥，後來者自然會引以為戒，戎狄要越加輕視我朝了。龐公垂老，孜孜為國，卻終獲欺罔之名……我應為首罪，卻不誅戮貶竄，使國家有同罪異罰之譏。這些讓我深感遺憾。由於它們，如今我雖強顏出入，但每遇有人正視，我就慚愧得不敢抬頭，因為我上累知己，下負朋友。

經過這一事件，他日司馬光再見到龐籍，就羞愧難當。而龐籍則待之如故，好像根本什麼事都沒有發生，而且終生再未提及。

求去虢州

司馬光判吏部南曹不到一年，又被任命為開封府推官。得到消息，司馬光立即上〈乞虢州第一狀〉：

右臣不避斧鉞，傾瀝危懇：臣本貫陝州夏縣，丘壟、宗族俱在。彼中自先臣亡歿，及臣服闋以來，十有餘年，守官未嘗得近鄉里；止曾一次請假焚黃得展省墳墓。中心念此，朝夕不忘。近日方欲上煩朝廷，陳乞家便一官，又為自判吏部南曹未及一年，及陝州側近州郡俱未有闕，所以未敢陳請。今竊知已降敕命，授臣開封府推官，於臣之分，誠為榮幸，然臣有此私懇，須至披陳；加以稟賦愚暗，不閑吏事，臨繁處劇，實非所長，必慮不職以煩司寇。伏望聖慈特賜矜察，除知虢州或慶成軍一次。情願守待遠闕，庶得近便灑掃先塋；或上件處所無闕，乞且歸館供職，候有闕日，特賜差除。

（《傳家集》卷十九）

開封府推官，是京師的第三把交椅，主管司法，當然是個不錯的差使，升遷的機會也肯定也比任職地方大很多。請求到虢州（治今河南省靈寶市）等夏縣左近州郡任職，表面上的理由，一是就便灑掃先塋，二是不閑吏事。但我們已經知道，不久前的「屈野河事件」後，參與的人除司馬光外，其餘全部遭到貶黜。司馬光為眾人辯解，沒人肯聽，請求責罰，又不可得。此番請求去地方上任職，在司馬光本人，大概應算一種自我放逐，當然沒人要求他那樣做，但那樣做可能會稍稍減輕他的負罪感。人在受到委屈的時候，總會想到父母與故鄉，即「人窮則返本」，夏縣左近的州郡因此成為他的目的地。夏縣左近的州郡很多，所以首選虢州，可能因為父親司馬池曾任虢州知州。

可是，請求未獲批准。

任開封府推官半年後，司馬光聽說虢州知州空缺，於是再次自請虢州：

右臣先蒙恩授臣開封府推官，臣為久不曾到鄉里，及自知才性疲駑，不任劇職，曾奏乞知虢州或慶成軍一次，奉聖旨不許辭免。就職以來，已逾半歲，體素多病，牽強不前。竊知虢州即今有闕，臣欲乞依前來所奏，差知虢州一次；或已除人，即乞候主判登聞鼓院、尚書省閑慢司局，有闕日差除一處，庶幾守官不致曠敗。

（《傳家集》卷十九〈乞虢州第二狀〉）

此次陳請的理由增加了身體不好，素來多病，最好的去處還是心儀已久的虢州，但上次作為備選的館閣，此次已改為主判登聞鼓院及尚書省的閑慢司局。館閣藏書豐富，讀書治學，自是不二之選；但館閣也是國家的儲才之地，他日升遷的希望還是很大。此次備選的兩個職位，則完全是閒職，升遷的可能性可以說非常渺茫。司馬光此時的心情，大概不是求上進，而是求不上進，最好是哪裡最不可能升遷，他就去哪，但仍然未獲批准。

舊傷未去，又添新痛。仁宗嘉祐四年（西元一〇五九年），石昌言猝然辭世，這一年司馬光四十一歲，石昌言六十四歲。事情來得極為突然，石昌言去世的前幾天，司馬光還曾去看他。當時石昌言得病已久，但日常起居尚無大礙；忽然一天就有人來告司馬光，說昌言昨夜得病很急。而還未及趕去問訊，又有人接踵而至，說昌言已經辭世，問訊遂成弔唁。前年司馬光從并州回京，昌言曾邀至家中小飲，親自為司馬光斟酒；現在祭奠的地方，正是當日擺酒的地方。生人已成畫像，睹物思人，如何不痛？

昌言曾向司馬光討詩，司馬光作〈昌言見督詩債戲呈絕句〉贈他：

> 學才貧杼軸勞，逾年避債負詩豪。倒囊不惜償虛券，未敢瓊瑤舊價高。
>
> （《傳家集》卷九）

當日戲笑已成往事。陰陽兩隔，無路可通。讓人頓覺人生不過是一場幻夢。

仁宗嘉祐四年（西元一〇五九年），司馬光又被任命為判三司度支勾院，司馬光第三次上奏，再次請虢州：

> 右臣伏自去歲聖恩除開封府推官以來，臣以久不到陝州鄉里，及資性駑下，不任劇職，兩曾奏乞知虢州，或主判登聞鼓院，及尚書省閑慢司局，不蒙聽許。臣以開封府重難之處，不敢更有陳請。今竊知已降敕命，除臣判三司度支勾院，竊緣臣稟賦愚鈍，素無才幹，省府職任，俱為繁劇，去此就彼，皆非所宜；若貪榮冒居，必致曠敗，內省僥忝，誠不自安。欲乞依前來所奏差知虢州，或主判登聞鼓院及尚書省閑慢司局；若俱無闕，則乞知絳州、乾州，或在京閑慢差遣一次。干冒宸嚴，臣無任懇切戰汗屏營之至。

（《傳家集》卷十九〈乞虢州第三狀〉）

此次的請求，作為備選的又新增了絳州（治今山西省新絳縣）、乾州（治今陝西省乾縣）以及在京的閑慢差遣。司馬光的意圖很明白——只要不被提拔，在哪裡任職、任什麼職，都無所謂。正如我們所料，此次請求的結果跟以往一樣，還是未獲批准。三次求去，官職卻一升再升；高官厚祿誰不喜歡，但現在卻成了折磨：

嗟予仕京邑，苟祿自羈紲（ㄒㄧㄝˋ，束縛）。丘壟翳荒松，三年灑掃缺。
求歸未能得，朝莫腸百結……

（《傳家集》卷二〈和張仲通追賦陪資政侍郎吳公臨虛亭燕集寄呈陝府祖擇之學士〉）

這種情況下，又有朋友相繼死於瘟疫。仁宗嘉祐五年（西元一〇六〇年）五月初一日，京師汴梁發生瘟疫；五月初二日，京師地震。

一個月內，司馬光的三個朋友江鄰幾、梅聖俞、韓欽聖相繼故去。他們也是吳沖卿的朋友。吳沖卿作〈三哀詩〉，司馬光以詩相和：

天生千萬人，中有一儁傑。奈何喪三賢，前後才期月。
鄰幾任天資，浮飾恥澡刷。朝市等山林，衣冠同布褐。
外無涇渭分，內有淄澠別。逢時敢危言，慷慨誰能奪。
聖俞詩七千，歷歷盡精絕。初無追琢勤，氣質稟清潔。
負茲驚世才，未嘗自標揭。鞠躬隨眾後，側足畏蹉跌。
欽聖渥窪駒，初生已汗血。雖有絕塵蹤，不失和鸞節。

宜為清廟器，儼雅應鐘律。眾論誠共然，非從友朋出。
群材方大來，軼軋扶帝室。誰云指顧間，聯翩化異物。
弔縗哭未已，病枕氣已竭。同為地下遊，攜手不相失。
紳紱頓蕭條，相逢但嗟咄。誦君三哀詩，終篇涕如雪。
眉目尚昭晰，笑言猶髣髴。肅然來悲風，四望氣蕭瑟。

（《傳家集》卷三〈和吳沖卿三哀詩〉）

江鄰幾與梅聖俞是邵不疑和司馬光的共同朋友。邵不疑此前奉命送契丹使節歸國，返回的路上得到江鄰幾、梅聖俞的死訊，賦詩當哭。司馬光收到那首詩，又是一番唏噓：

昨夕郵吏來，叩門致書函。呼奴取以入，就火開其緘。
不疑賦長篇，發自燕之南。痛傷江與梅，繼踵良人殲。
噫嗟知其二，尚未知其三。請從北轅後，覼（ㄌㄨㄛˊ）縷為君談。
鄰幾雖久病，始不妨朝參。飲歠寖衰少，厥逆生虛痰。
逮於易簀辰，皮骨餘崆嵌。遺書屬清儉，終始真無慚。
聖俞食寒冰，外以風邪兼。愚醫暴下之，結轖候愈添。
愊愊氣上走，不復容針砭。自言從良友，地下心亦甘。
欽聖體素強，藥石性所諳。平居察舉措，敢以不壽占？
一朝暫歸臥，簿領不廢簽。訃來眾皆愕，未信猶窺覘。
與言念三子，舉袂涕已沾。英賢能幾何，逝者跡相銜。

君疑天上才，難得帝所貪。我疑人間美，多取神所嫌。
茫茫幽明際，著蔡難窮探。憂來不可忘，終日心厭厭。

（《傳家集》卷三〈和邵不疑送虜使還道中聞江鄰幾梅聖俞長逝作詩哭之〉）

司馬光請求去虢州任職，這是在求懲罰。有了這個懲罰，他才可以和恩師龐籍，以及諸位受懲罰的同僚，心安理得站在一起。可是三次請求，三次都不准。在這個關鍵時刻，朋友們又接二連三地去世。司馬光當時可能死的想法都有：既然活著這麼痛苦，倒不如死了來得乾淨。可是司馬光對瘟疫，偏偏有免疫力。

四個好友

司馬光和王安石，曾經是親密無間的好朋友。詩人陸游在他的筆記裡寫下「嘉祐四友：王荊公、呂申公、司馬溫公、韓少師」；宋人徐度《卻掃編》中也說「王荊公、司馬溫公、呂申公、黃門韓公維，仁宗朝同在從班，特相友善。暇日多會於僧坊，往往談燕終日，他人罕得而預，時目為『嘉祐四友』」。司馬溫公即司馬光，王荊公即王安石。另外兩位，呂申公指呂公著，韓少師指韓絳。

司馬光判度支勾院，是在仁宗嘉祐四年（西元一〇五九年）。而王安石隨後也於仁宗嘉祐五年（西元一〇六〇年）五月二十二日，任度支判官。

歷史上有名的包公，也在這一時期出現在司馬光與王安石的生活當中。權御史中丞包拯，於仁宗嘉祐四年（西元一〇五九年）三月二十五日，出任樞密直學士、權三司使，正是司馬光與王安石的頂頭上司。

王安石，字介甫，撫州（治今江西省撫州市）臨川（時為撫州州治所在）人。少時好讀書，過目終生不忘；寫文章動筆如飛，一開始好像不經意，完成後，讀者無不服其精妙。朋友曾鞏把他的文章拿給歐陽脩看，歐陽脩大加稱讚。後擢進士上第，任判官。依照當時慣例，任職期滿可以獻文以求試館職，就是說可以透過提交論文的方式，謀得進館閣任職的機會，那是個非常體面、頗有前途的職務。王安石卻沒有這樣做，他堅決要求繼續留在地方，後調任鄞縣（今浙江省寧波市東南）知縣。在鄞縣任上，他「起堤堰，決陂塘，為水陸之利」，又「貸穀與民，出息以償，俾新陳相易，邑人便之」。意思是說他大興農田水利基本設施建設，青黃不接的時候，又把公家的糧食借給農民，使出利息，當地百姓認為此舉甚好，這實際就是後來青苗法的雛形。他出任舒州（治今安徽省潛山縣）通判，因宰相文彥博的舉薦，召試館職，不久，歐陽脩又舉薦他為諫官，王安石卻以祖母年事已高為由拒絕。歐陽脩再次傾力舉薦，遂授任群牧判官，而王安石請知常州（治今江蘇省常州市）。任滿，調提點江東刑獄。

史書上說王安石「議論高奇，能以辯博濟其說，果於自用，慨然有矯世變俗之志」。意思是說王安石標新立異，口才特別好，旁徵博引；十分自信，以天下為己任，立志要糾正不良的世風民俗。這種性格曾促使他向仁宗皇帝上萬言書。史家認為：「後安石當國，其所注措，大抵皆祖此書。」萬言書基本就是王安石日後改革時的施政綱領。

王安石人望頗高。之前，館閣之命屢下，館閣任職的機會有多次，而王安石一辭再辭。士大夫以為他無意世事，恨不識其面，以不能見王安石一面為憾；朝廷每次授以美官，都唯恐他不肯就任。

宋代的三司，是主管全國財政的最高機關，它的長官三司使，地位略低於宰相與樞密使，是直接對皇帝負責的朝廷重臣。三司下面有三個部，即鹽鐵、戶部、度支。鹽鐵主管工商收入、兵器製造等；戶部主管戶口、賦稅、榷酒等；度支主管財政收支和漕運等。三司使地位崇高，有「計相」之稱，下設三個副使分管三部。判官的職權，大體相當於主持該部日常工作的祕書長，地位略低於副使。據載，一天群牧司內牡丹盛開，包拯擺酒，召諸同僚賞花。後來司馬光回憶，當時包公舉酒相勸，自己向來不喜歡飲酒，還是勉強喝了幾杯；而王安石任憑包公如何勸，始終滴酒不沾，包公也拿他沒辦法。司馬光說：「某以此知其不屈。」

仁宗嘉祐五年（西元一〇六〇年）十一月二十六日，以直祕閣、判度支勾院司馬光，度支判官、直集賢院王安石，同修起居注。王安石推辭不受，皇帝只好命令閤門吏，將任命的敕告直接送去三司。王安石「避於廁」，閤門吏把敕告放在書案上抬腳就走，王安石派人追上去退還。上疏多達八九次，才接受任命。

司馬光接到敕告，當即上疏辭讓，說：「記注之職，士林高選。若以敘進，則先達尚多；若以才升，則最出眾下。豈敢不自揣度，貪冒榮寵？內猶愧怍，人將謂何？承命震恐，殆無容措。」疏三上，不許，司馬光只好接受；但很快就聽說，王安石辭到七八次的時候，得到了准許。司馬光非常後悔，認為是自己態度不夠堅決，於是立即又上〈辭修起居注第四狀〉，說：「況王安石文辭閎富，當世少倫，四方士大夫，素所推服，授以此職，猶懇惻固讓，終不肯為，如臣空疏，何足稱道，比於安石，相去甚遠，乃敢不自愧恥，以當非常之命乎？」意思是說，像王安石那樣富有才華的人，都不肯就職，我與王安石相比，差得太遠了，怎敢毫不慚愧，不顧羞恥，接受特別的提拔？又說：「使臣之才，得及安石一二，則臣聞命之日，受而不辭。」意思是說，假如臣的才能，及得上王安石的十分之一二，臣在受到任命的當時，就會立即接受。可見，司馬光對當時的王安石是何等推重。可是得到的批覆還是不許。前後五次辭讓，始終不許，司馬光只得接受。

司馬光的堂伯父司馬沂早逝。司馬沂的妻子李氏生司馬詠、司馬里及一個女兒，但不久，司馬詠與女孩早夭。當時李氏才二十八歲，立誓不再嫁人，含辛茹苦，讓司馬里四方求學。後司馬里中第，官至尚書都官郎中。李氏有一姑媽，年老多病，生活完全不能自理，「常臥一榻，扶然後起，哺然後食」，李氏左右侍候，為她養老送終。仁宗嘉祐五年（西元一〇六〇年）九月，李氏在京師去世，享年八十三歲。十一月，夫婦合葬。司馬光作〈故處士贈都官郎中司馬君行狀〉，其中說：「請於今之德行文辭為人信者，以表其墓，庶幾傳於不朽，而子孫有所法則焉。」所謂「今之德行文辭為人信者」，不是別人，就是王安石。在〈宋故贈尚書都官郎中司馬君墓表〉中，王安石最後寫道：「雖非其家人所欲論著，吾固樂為道之；又況以起居之賢，嘗為吾僚而有請也。」

顯然，司馬光與王安石的關係非同尋常。此時的王安石，極受司馬光的欣賞，而司馬光也極受王安石的推重。我們有理由相信，如果不是因為後來的政見分歧，司馬光與王安石可能會當一輩子的好朋友。不僅司馬光對王安石評價甚高，當時舉朝上下，幾乎無不交口稱讚。

但也有例外，蘇軾的父親蘇洵，早已表示懷疑。一次司馬光請吃飯，客人們大都走了，唯獨蘇洵沒走，他問司馬光：「適坐有囚首喪面者何人？」意思是說，王安石髮不梳如囚犯，面不洗似居喪。司馬光回答：「王介甫（王安石字介甫）也，文行之士。子不聞之乎？」蘇洵不以為然，說：「以某觀之，此人異時必亂天下，使其得志立朝，雖聰明之主，亦將為其誑惑。內翰何為與之遊乎？」蘇洵回去即作〈辯奸論〉行於世。

我們無法設想司馬光當時的反應。現在，他與這個「囚首喪面」的人是好友，對他推崇備至。蘇洵老先生的判斷，是否使他感到震驚？是否會因此想到彼此日後的反目？

蘇轍試卷

嘉祐六年（西元一〇六一年）八月二十五日，仁宗皇帝御崇政殿，選拔敢於直言批評朝政的人才，選拔對象是在職的官員。參加此項考試的人很少，包括著作佐郎王介、福昌縣（今河南省宜陽縣西）主簿蘇軾以及澠池縣（今河南省澠池縣）主簿蘇轍。蘇軾的試卷是第三等，王介的是第四等，蘇轍的試卷該是第幾等，意見有了分歧。

史書上說，蘇轍的對策切要而率直，講話直率，一針見血，大意是：自北方停戰以來，陛下就棄置了憂懼之心，已二十年。古代的聖人，無事時常心存憂慮，預先有所防備，所以有事時就不懼怕。而無事時的憂慮，是為了有事時的不懼。現在陛下無事就無憂，一旦有事，又大懼失措，臣以為有失其宜。臣聽說近年來，後宮的嬪妃，至以千數。陛下坐朝時不再徵詢、謀劃，在便殿也不再諮詢利弊，都是受女寵糟害的。內則伐性傷和，外則蠹國敗政。陛下不能說這只是好色於內，而不妨外事。如今海內困窮，生民怨苦，而宮中賜予，毫無節制。想要就給，宰相大臣不敢進諫，財政部門不敢論爭。國家內有養官、養兵之費，外有給契丹、西夏的歲賜，現在陛下自己又另挖一個無底洞，消耗其餘，臣恐怕陛下因此遭受詬病，民心將不歸。

蘇轍的批評直指皇帝的私生活，真是夠率直、夠大膽！

蘇轍的試卷，身為諫官的司馬光定為第三等。宋代的制科考試分五等錄取，但一般都是從第三等開始，前兩等形同虛設，從未錄取過，第三等此前也只錄取過一人；司馬光定蘇轍試卷為第三等，對蘇轍是很高的評價。翰林學士范鎮提出質疑，認為應該降等。蔡襄說：「我身為三司使，愧對『司會』（司會，古官名，主管財政）之名，不敢有怨言。」只有胡宿認為蘇轍所答非所問，而且，引唐穆宗、唐恭宗以喻當今盛世，非所宜言，力請黜罷。

司馬光在〈論制策等第狀〉是這樣說：

右臣近嘗差赴崇政殿後，覆考應制舉人試卷，其中囮（蘇軾）與铓（蘇轍）兩號所對策，辭理俱高絕出倫輩。然而铓（蘇轍）所對，『命秩之差、虛實之相養者一兩事，與所出差舛』，臣遂與范鎮同議，以囮（蘇軾）為第三等，铓（蘇轍）為第四等。詳定官已定從覆考，竊知初考官以為不當，朝廷又差官重定，復從初考，以铓（蘇轍）為不入等。臣竊以國家置此六科，本為取才識高遠之士，不以文字華靡、記誦博雜為賢。铓（蘇轍）所試文辭，臣不敢復言；但見其指陳朝廷得失，無所顧慮，在四人當中，最為切直，今若以此不嘗甄收，則臣恐天下之人皆以為朝廷虛設直言極諫科，而铓（蘇轍）以直言被黜，從此四方以言為諱，其於聖王寬明之德，虧損不細。臣區區所憂，正在於此；非為臣已考為高等，苟欲遂非取勝而已也。伏望陛下察臣愚心，特收铓（蘇轍）入等，使天下人皆曰，所對事目雖有漏落，陛下特以其切直收之，豈不美哉！

（《傳家集》卷二十二）

宋時，為防止透過筆跡作弊，考生的試卷在進入評卷程序之前，先要謄錄，然後以某字作為此試卷副本的代號。從司馬光的奏疏我們可以看出，當時的考試已有初考官、覆考官及詳定官；如果對詳定官的裁定有異議，朝廷會另派官員重定。司馬光與范鎮當時同為覆考官，兩人經過商議，達成一致，以蘇軾所對為第三等，以蘇轍所對為第四等，蔡襄和胡宿可能同為初考官。

司馬光的奏疏上呈以後，執政大臣也將蘇轍的試卷進呈，打算黜落。仁宗說：「求直言而以直棄之，天下其謂我何！」——求直言卻因其率直不取，天下人怎麼說我！於是降一等錄取，入第四等次。我們剛才說過，宋代的制科分五等錄取，第四等次算是為蘇轍特別設立的。

顯然，司馬光的堅持發揮了作用，授任官職的時候，知制誥王安石懷疑蘇轍尊宰相而專攻皇帝，將他比作谷永，不肯擬寫任命文件。宰相韓琦笑說：「他的對策中說宰相沒用，要找婁師德、郝處俊這樣的賢相來代替呢，你還懷疑他是谷永啊？」於是改命沈遘擬寫。據《漢書》卷八五〈谷永傳〉記載，谷永是漢成帝時人，漢成帝寵愛趙飛燕、合德兩姊妹，但當時掌權的是王太后的兄弟；谷永先後勸諫多次，表面上是對皇帝一片忠心，但骨子裡是為了王氏家族的利益。王安石將蘇轍比作谷永，將宰相韓琦比作王氏家族。事後諫官楊畋去見仁宗，說蘇轍是他推薦的，陛下赦免了蘇轍的狂直，予以錄用，此乃盛德之事，請通報史館，載入史冊，仁宗高興地同意了。

司馬光並不認為此事已經結束，其後，他又上〈乞施行制策劄子〉，說國家當初設置六科，大概要上觀朝政得失、下知黎民疾苦，非為士人設此，作為升官的階梯。臣昨受差覆考應制舉人所試策，竊見上等三人所陳國家大體、社稷至計，有很多可以採納的內容，伏望陛下取正本留於禁中，常置左右，數加省覽，以為儆戒；副本下之中書省，選擇與當今政務切合的，奏而行之。以此使四方之人知道，朝廷求直言之士，並非為飾虛名，而是要取其實用的。

大概認為前一奏疏不夠明確，不久，司馬光又與同僚王樂道一起，上〈論燕飲狀〉，說臣等竊見今年以來，災異屢臻——日食、地震、江淮氾濫，風雨成災，百姓多有菜色。這正是陛下反躬自省、克制自己的時候。而道路傳言，都說陛下近來宮中宴飲，稍為過分，賞賜之費，動以萬計，耗散府庫，徵斂小民；何況酒這種東西，擾亂性情，敗壞品德，為禹、湯所禁，為周公所戒。總而言之，大概都不是上承天意、下憂黎民、頤養聖體的做法。陛下恭敬儉約的品德，為萬民所周知。輿論以為後宮奢侈放縱，互相攀比，左右近臣貪圖賞賜，陛下不願駁回他們的請求，曲意允從。天以剛健為德，人君務求堅定，為什麼要遷就後宮及左右的欲望，上忽上天的警戒，下忘百姓的疾苦，中不為宗廟社稷深自珍重呢？臣等愚惑，竊以為陛下不應如此。伏望陛下當此之際，盡罷宴飲，安神養氣，後宮妃嬪，進見有度，左右小臣，賞賚有節，厚味臘毒之物對身體無益的，都不宜多吃損傷體內大和。這樣才可以解除上天的譴責，安慰萬姓的期望，保全承自上天的無窮年壽。天下眾生，不勝幸甚。

此疏上呈，史書上說：「帝嘉納之。」皇帝表示讚許，愉快地接受了。

我們注意到，司馬光的奏疏與蘇轍的對策，其實在內容上十分接近，都指出了皇帝的性生活過度、賞賜過濫等等。蘇轍的對策，遭到了眾多的質疑；而司馬光等人的建議，仁宗愉快地接受了。一個時代有一個時代的潛規則，你若忽視它，得到的結果與初衷可能就會相去甚遠。大約在司馬光看來，雖有不可以明確說出口的話，卻沒有不能明確表達的意思。

婦人裸戲

正月十五元宵節可謂源遠流長，起碼在宋代，人們已經在過這個節日了。不過，那時人們更多地稱作「上元節」，據說，這是因為道家以正月十五日為上元。

上元節掛燈，各地都是三夜，只有京師是五夜——自正月十四日至正月十八日。京師多出的兩夜，據傳是因為後蜀歸降，正當乾德五年（西元九六七年）的正月，宋太祖趙匡胤因為年豐時平，讓軍民狂歡，詔令開封府特增兩夜，從此成為慣例。

宋代的宮城，即皇宮大內，位於皇城的東北角；宮城周長五里，南三門：中為宣德，東為左掖，西為右掖。自宣德樓一直南去，就是「御街」，寬約二百餘步；兩側為「御廊」，曾允許生意人於其間買賣，後來禁止。

自前一年的冬至之後，開封府就開始在皇宮前結縛「山棚」，即「燈山」，用木頭搭建而成，極高大，以彩綢纏繞，極結實，可站樂隊；「山棚」正對著宣德樓；民間藝人則雲集御街，「御廊」下奇術異能、歌舞百戲，鱗次櫛比，樂聲嘈雜達十餘里：「擊丸蹴鞠，踏索上竿，趙野人倒吃冷淘，張九哥吞鐵劍，李外寧藥法傀儡，小健兒吐五色水，旋燒泥丸子，大特落灰藥榾柮兒雜劇，溫大頭、小曹嵇琴、黨千簫管，孫四燒煉藥方，王十二作劇術，鄒遇、田地廣雜扮，蘇十、孟宣築毬，尹常賣五代史，劉百禽蟲蟻，楊文秀鼓笛，更有猴呈百戲，魚跳刀門，使喚蜂蝶，追呼螻蟻，其餘賣藥賣卦，沙書地謎，奇巧百端，日新耳目。」至正月初七日，燈山上彩綢，金碧輝煌，交相輝映；面北全以彩綢結「山遝」，上繪神仙故事，或坊市賣藥、算卦之人；燈山左右用彩綢紮成文殊、普賢二位菩薩，分別跨坐著獅子、白象，菩薩各於手指出水五道，其手搖動。用轆轤絞水至燈山頂上，儲存在木槽子裡，逐時放下，如瀑布狀。又在左右門上，各以草把紮製草龍，再用青色的帳幕遮住，草上密密麻麻放置燈燭數萬盞，遠望如兩條飛龍蜿蜒。自燈山至宣德樓之間的橫大街，約寬百餘丈，以棘刺圍繞，叫作「棘盆」，內設兩長竿，高數十丈，以彩綢纏繞，又以紙糊百戲人物，懸於竿上，風起，宛若飛仙。「棘盆」內設樂棚，差衙前樂人奏樂表演，其中還有左右軍百戲，即樂舞雜技。

皇帝和嬪妃們在宣德樓上觀看，嬪妃們的嬉笑聲，下面都能聽到。宣德樓下用檀木壘成露臺一所，圍欄束彩綢，兩旁禁衛排立，錦袍襆頭簪賜花，各手執骨朵子（古兵器，後用作儀仗，俗稱「金瓜」），面向此樂棚；教坊鈞容直、露臺弟子輪番表演；靠近宣德門的地方，也有「內等子」（皇帝的貼身保鏢）班值（宋代御前當值的禁衛軍：分行門班、殿前左班、殿前右班、內殿直班、金槍班、銀槍班、弓箭班等二十四班，總稱諸班直）排立。老百姓都在露臺下觀看，樂人時引百姓，山呼萬歲。

開封府選各種身懷絕技的藝人，在「棘盆」中「飛丸、走索、緣竿、擲劍」之類，皇帝按例，都要賞賜。

仁宗嘉祐七年（西元一〇六二年）正月十二日，司馬光等上〈論上元遊幸劄子〉，談到當年的上元節。司馬光等說，上元觀燈，本非典制禮儀，只因天下太平，年歲豐登，欲與百姓同樂，乃盛世之繁榮景象。而去年四方諸州，多罹水旱災害，鰥寡孤獨，流離失所，輾轉道路。伏計陛下念此，未曾稍忘。臣等只是擔心，有關部門不明大體，必循慣例，未有減損，不能領會陛下慈愛萬民之意，又連日遊幸，這對陛下的聖體來講，也是繁瑣辛苦的事。伏望陛下在往年的基礎上，特減去些遊覽的地方，以憫恤下民，安養聖神。如此，天下幸甚。

少遊覽的地方不必掛燈，自然就節省了費用。當然，當時皇帝的身體狀況，也頗令人堪憂。司馬光的用意，就是要厲行節約，以減少不必要的浪費。

正月十四日，仁宗駕臨宣德門觀燈，回過頭對隨從的大臣們說：「此因歲時與萬姓同樂耳，非朕獨肆遊觀也！」意思是說只是藉節日與民同樂，並非自己貪圖享受、恣意遊觀，這些話是專門講給司馬光等人聽的。

所謂「婦人裸戲」，既不是三級片，也不是床上戲，而是指女子相撲運動。

現在號稱日本國技的相撲，其實早在中國的宋代就早已流行。據說此項運動的有力推動者，正是宋太祖趙匡胤。據史書上說，趙匡胤還在後周軍隊的時候，就曾制訂過一套讓軍卒角力鬥毆，勝者漸增俸緡、遷隸上軍的「聖訓之法」。北宋建國後，皇宮經常要從各地選拔強勇之人，訓練成專業的相撲手。當時，皇帝的貼身保鏢「內等子」也都由相撲手充任，選拔制度非常嚴格，他們的升級比賽，往往由皇帝親自主持。此外，相撲運動幾乎已成為招待外國使節的保留節目；那些使節大概吃飯都吃得戰戰兢兢，提心吊膽。甚至在皇帝的生日派對上，也要傳喚相撲手們集體呼喝，以活躍氣氛。

在皇帝的大力推動下，這項運動得到空前的發展，由軍隊迅速向民間普及，成為一項真正的全民體育運動。《水滸傳》中燕青與任原在擂臺上的一場搏鬥，正是宋代相撲運動的真實反映；南宋名將岳飛，據說也常在軍中舉行相撲比賽，他的親隨軍都由相撲高手組成。

從出土的宋墓壁畫來看，當時相撲手的上身，毫無疑問完全赤裸；下身除用於遮羞的一點可憐的織物，可以說一絲不掛。值得一提的是，從壁畫上看，當時的相撲手是穿鞋的，這一點與今天的日本相撲不同。這是指男子相撲。但據此推斷，所謂「婦人裸戲」的裸，可能也並非全裸，只是赤裸上身，即腰際以上的部分。

由正月二十八日司馬光所上的〈論上元令婦人相撲狀〉我們知道，本月十八日，仁宗曾駕臨宣德門，召各色藝人進獻技藝，並分別賜給銀兩絹帛；各色藝人中，就包括了女子相撲。司馬光直言不諱：

臣愚，竊以宣德門者，國家之象魏（古代宮廷外的一對高大建築，用以懸示法令），所以垂憲度、布號令也。今上有天子之尊，下有萬民之眾，后妃侍旁，命婦縱觀，而使婦人贏（通「裸」）戲於前，急非所以隆禮法、示四方也。陛下聖德溫恭，動遵儀典，而所司巧佞，妄獻奇技，以汙瀆聰明，竊恐取譏四遠，愚臣區區，實所重惜。若舊例所有，伏望陛下因此斥去，仍詔有司嚴加禁約，今後婦人不得於街市以此聚眾為戲；若今次上元始預百戲之列，即乞取勘管勾臣僚，因何致在籍中，或有臣寮援引奏聞，因此宣召者，並重行譴責，庶使巧佞之臣，有所戒懼，不為導上為非禮也。

（《傳家集》卷二十三）

女子相撲即便放在今天，恐怕也很難接受。據報導，在視相撲為國技的日本，曾有人宣導女子相撲，但後來不了了之。想像一下兩個女人撕扯的情形，我們就不難明白，為什麼女子相撲無法發展，更何況還是赤身裸體。今天尚且如此，在以禮樂治國的古代，其影響可想而知。

談論財政

仁宗嘉祐七年（西元一〇六二年）三月，司馬光被任命為知制誥。接著，又令兼任侍講，司馬光九辭。四月十五日，改為天章閣待制。五月初一日，又命司馬光仍知諫院。

七月，司馬光上〈論財利疏〉，專門談財政問題。上此奏疏的起因，是這年春天曠日持久的乾旱。這場乾旱讓皇帝「憂勞於內」，公卿「惶恐於外」，國家財政已經到了崩潰的邊緣。

司馬光在奏疏中認為，之所以如此，都是公私的積累一向不充實，因此一遇饑饉，就無法應對。司馬光問：「即不幸有大水大旱，方二三千里，戎狄乘間而窺邊，細民窮困而為盜，軍旅數起，久未有功，府庫之蓄積已竭，百姓之生業已盡，陛下當此之時，將以何道救之乎？」

那麼如何解決？用司馬光的原話表述就是：「然則為今之術奈何？曰在隨材用人而久任之，在養其本原而徐取之，在減損浮冗而省用之。」解決的辦法有三：第一，隨材用人，使久於其任；第二，培養財源，徐徐取用；第三，裁減冗費，節約開支。

何謂「隨材用人而久任之」呢？司馬光解釋說，人的才性，各有所宜，所以國家應就其所長使用他。現在國家用人卻不這樣，不問材性所宜，只問出身和資歷。國家所以用度匱乏，就是沒找對管財政的人。官員要長期從事某項職業，才能清楚適合與否，業績也要長時間從事，才能做得出來。陳恕在先朝任三司使十多年，至今大家談論擅治財賦的，仍首推陳恕。是陳恕才智多麼超常嗎？大概不是，而是因為他能夠長期擔任那個職務。至於三司副使、判官，只要能夠勝任的，當時也沒有多加更換。因此先帝屢行大禮，東封泰山，西祠汾陰，廣修宮觀，但用度仍有盈餘，這都是用人專一、任職時間久的緣故。近年來，三司使、副使、判官，多用文辭之士，文辭之士通曉財政的，固然是有，但往往不能專心；而且調動太過頻繁，臣曾判三司度支勾院，前後才兩年，而上自三司使，下至檢法官，都換了個遍，更有甚者，已換了好幾任。

朝廷應精選懂財政的官員，不問其出身，或進士，或諸科，或門蔭，都可以，先讓他從小事做起，有成績就讓他「權發遣三司判官事」；滿三年考核，成績顯著，再讓他「權三司判官事」；再三年又有成績，才得任正三司判官；沒有成績的，就退回常調，按常規晉升，不再破格使用。各路轉運使，使他們久於其任，有成績的，或自權轉正，或自轉運副使升轉運使；沒有成績的，也退歸常調，不再破格。

三司副使有缺，就從三司判官及各路轉運使當中，選擇功效卓著的補充；三司使有缺，也從副使中選人補充。三司使久於其任，能使用度寬裕、公私富足的，增其品級，與兩府官員相同，但職任不變，這樣，將來的用度盈虧，都由他負責，不得推諉，他自然要做長遠規劃了。

顯然，在司馬光看來，國家財政之所以出現危機，根源之一是沒有找到合適的人才，而且不能讓合適的人才長期擔任相關職位。這裡還有一句潛臺詞：司馬光認為自己不是這樣的人才。這個無可厚非，人才各有所長，不必都是全才。

何謂「養其本原而徐取之」呢？司馬光解釋說，善理財的人，養其所自來，而收其所有餘，因此用之不竭，上下富足；不善於理財的人，正好與此相反。農工商賈，財之所自來，農民盡力耕耘，土地就會高產，糧食就會有餘；工匠竭力製造，生產的器物就會結實耐用，器物就會有餘；商賈盡力流通，互通有無，錢幣就會有餘。彼有餘而我取之，多點也無妨。若讓勤於稼穡的逸樂，讓遊手好閒的困苦，農民自然就會竭盡全力；讓結實耐用的產品獲利，偽劣侈靡的虧本，工匠自然就會盡其所能；公家的利益，抓大放小，近散遠收，商賈自然就會竭力流通。農工商賈皆樂其業、安其富，那公家要什麼而不得呢？

農民在租稅之外，國家不應再有干擾。最重的衙前役，應募人去做，使輕重互補，不足部分由城鎮的上等人戶承擔；其餘輕役，再給農民去做。豐年政府應平價收購，使餘糧有所歸；凶年應按名冊優先賑濟農民。有能自力開荒、多產糧的，不計入家庭財產，國家不徵稅。這樣，糧食就會受到重視，自然就會起到鼓勵的目的。

工匠們以時俗的好惡為好惡，時俗重實用、輕偽劣，工匠們就會變而從之。時俗以在上者的好惡為好惡，在上者好樸素、惡淫侈，時俗就會變而從之。隸屬官府的工匠們，也應擇人監督，以工致為上，以華靡為下，器物上鐫刻工匠的姓名，以優劣定賞罰，取其實用不取其數量，則器物無不精美。

商賈無非逐利而已。現在朝廷想盡辦法變更法令，自食其言，奪其利益，使其無利可圖，商賈們當然要棄此而從彼，朝廷如何擋得住？商賈拋棄茶鹽，國家的稅收減少，都是因為這個。朝廷最終能得到什麼？善理財的人絕不這樣，他將取之，必先予之，將斂之，必先散之，因此雖日計之不足，而年計之有餘。這是白圭、猗頓都明白的道理，國家選擇賢能理財，難道還不如白圭和猗頓嗎？問題就出在不能久任，他們只求短期效應，不做長遠打算。

司馬光所說的「養其本原而徐取之」，在意思上與「殺雞取卵」、「竭澤而漁」正好相反，非常像是現代推行的市場經濟：政府只是總體管制，不過多干預經濟活動，充分發揮市場對資源的分配功能。司馬光認為只要這樣，社會財富就會源源不斷地湧現出來，而政府只要適當取用就可以了。

何謂「減損浮冗而省用之」呢?司馬光解釋說，過去太祖初得天下時，只有一百一十一個州，江南、兩浙、西川等富饒之地，皆為異域，又上承五代戰亂，府庫空竭，豪傑棋布海內，戎狄窺伺，戎車歲駕，四方多虞，而當時內給百官，外奉軍旅，掃除殘餘，賞賜巨萬，也未曾聽說用度不足，如今天這樣緊迫。以開國之初的狹隘艱難，用度應不足而有餘，以今日的廣大安寧，用度應有餘而不足，為什麼會這樣呢?因為浮費太多。司馬光歸納為以下幾種:

浮費一，賞賜過濫。這倒不是說皇帝本人生活多麼奢侈，相反，仁宗非常儉樸。仁宗去世前的一個月，中書省、樞密院在福寧殿西閣奏事，大臣們看到仁宗用的帷幄、褥墊，都很破舊，很久沒有換了。仁宗看著宰相韓琦等人，說:「朕居宮中，自奉正如此耳。此亦生民之膏血也，可輕費之哉?」——朕在宮中，就這麼艱苦樸素。這些都是天下百姓的膏血呀，我能隨隨便便耗費嗎?人之將死，其言也善，仁宗的表現，不像是政治作秀。

但左右、宗戚、貴臣，往往「請求無厭，丐貸不恥，甚者或依憑詔令以發府庫之財，假託供奉以靡縣官之物，真偽莫辨，多少不會」。就是說他們請求不斷，更有甚者，憑藉詔令攫取國庫，假託供奉浪費公款，真假不辨，多少不計。而仁宗「聖度寬容，不欲拒塞，惡聞人過，不加案詰，至於頒賜外廷之臣，亦皆逾溢常數，不循舊規」。意思是說，仁宗稟性寬容，不願拒絕，也不喜歡聞人之過，不加追究，甚至對外臣的賜予，也都超越舊規。

浮費二，人口繁衍，閒人眾多，風俗奢靡。宮中及貴臣的奢侈自不必說。內自京師士大夫，外及遠方之人，下至軍中士卒、畎畝農民，衣服飲食器具用度，與數十年前相比，都變得華靡不實了。過去的一切，在人們眼裡，都以為鄙陋可笑了。司馬光說：「夫天地之產有常，而人類日繁；耕者寖寡，而遊手日眾；嗜欲無極，而風俗日奢，欲財力之無屈得乎哉？」——天地的出產是一常數，而人口越來越多；農民日漸減少，而遊手好閒的人越來越多；嗜好欲望無窮，風俗越來越奢靡，指望財富無窮盡？當然不可能。

浮費三，雜吏侵吞。府史胥徒之類，「居無廩祿，進無榮望」，既沒有俸祿，又不能晉升，都靠盤剝為生，凡有大小事情經他們的手，非賄賂不可。百姓紛紛破產，不僅是官府的徭役使然，這些雜吏也是罪魁禍首。

浮費四，貪污橫行。國家近年來政令寬鬆，百職隳廢，上面簡慢倨傲不加審查，下面侵奪盜竊恣意攫取，因此國家每有營造購買，所費財物往往十倍於前，而所收功效卻不及一二。

浮費五，冗官。自古百官都有常員，而現在國家用磨勘之法，夠年限就要升遷，日積月累，沒有窮盡，以致一個官位就有數百人，俸祿自然有增無減。

浮費六，冗兵。近年養兵，務多不務精。兵多而不精，用處少卻多費衣糧。衣糧多則府庫耗，府庫耗則賜賚稀，因此不足的豈只是百姓？兵卒也同樣窮困潦倒。國家失策，莫過於此。

對策只有一個字，就是「省」。司馬光說：「凡此數者，皆所以竭民財者也，陛下安得熟視而無所變更邪？」——凡此種種，都在侵吞著百姓的財產，陛下怎能熟視無睹，無所變更呢？又說：「臣愚伏願陛下觀今日之弊，思將來之患，深自抑損，先由近始。」——願陛下看到今日的弊病，想到將來的禍患，厲行節約，先從身邊的人開始。

具體如何做呢？針對浮費一，司馬光提出，凡宗室、外戚、後宮、內臣，以至外廷之臣，俸祿及賜予一切都照祖宗舊規辦理。超越常規，一律杜絕，分毫不許；若祈請不已，應嚴加懲罰，以警其餘；針對浮費二，司馬光提出，凡文思院、後苑作所做一切奇巧珍玩之物，不急的、無用的，全部罷省；內自嬪妃，外及宗戚，下至臣庶之家，敢以奢麗之物誇耀攀比、貢獻賄遺以求悅媚的，公開治罪，並當眾焚毀物品，專以樸素為天下表率，以矯正風俗；針對浮費六，司馬光提出精兵；浮費三、四、五都是用人問題，司馬光提出，任用廉良，摒退貪殘，保佑公直，消除奸蠹，澄清庶官，選練戰士，不祿無功，不養無用，如此實行，持久不懈。

宋代有三冗：冗官、冗兵、冗費。冗費不用說了，冗官與冗兵，最終也要歸結到經濟上。「三冗」壓得國家喘不過來氣，入不敷出，瀕臨崩潰。「減損浮冗而省用之」就是我們所說的節流。在傳統社會當中，生產技術沒有突飛猛進的發展，社會財富不可能大幅增加，這種情況下，要解決財政危機，改變入不敷出的狀況，如果不是增加稅收或與民爭利，節流就是唯一可行的辦法。

針對財政管理的各自為政，司馬光提出統一管理，他說：「如今天下窮乏如此，而宰相不以為憂，恐怕是以為不關自己職責的緣故。請另置總計使，由宰相統領。凡天下金帛錢穀隸於三司的，及不隸三司的，如內藏庫、奉宸庫之類，總計使都可以總管。小事官長專達，大事與總計使商議後施行。年底將出入數目向總計使彙報。總計使量入為出，若入少出多，總計使應查明究竟，找出可省的費用，奏聞省去；保障每年有三分之一的節餘作為儲備，以應付不時之需。凡三司使、副使、判官、轉運使及掌內藏、奉宸等庫的官員，都交由總計使考核，奏聞賞罰。若總計使久試無效，請罷退，另擇他人。」

當時的宰相只管行政，財政主要由三司負責，而內藏庫和奉宸庫，不在三司的管轄範圍之內。統一管理，無疑可以提高效能。

宋朝的財政危機，不是到王安石改革時才出現的，它由來已久。我們已經看到，司馬光對此早有考慮，並提出了自己的解決辦法。

再論繼嗣

在帝王時代，如果皇位的繼承人不能確定，將會帶來腥風血雨。我們還記得，司馬光在并州的時候，曾接連上疏，談繼嗣問題。仁宗嘉祐六年（西元一〇六一年），司馬光舊事重提。

這一年的閏八月二十六日，司馬光上〈乞建儲上殿劄子〉說，臣在至和三年（即嘉祐元年，一〇五六年）任并州通判的時候就曾三次上奏，請陛下早定繼嗣，以遏亂源。那時臣疏遠在外，仍不敢隱忠愛死，數陳社稷大計，何況今日侍從陛下左右，又任職諫官。國家最急的事情，無過於此，如捨而不言，專以冗雜瑣細來煩瀆聖聽，應付塞責，那就是心懷奸邪，罪不容誅。伏望陛下取臣當時所進三狀，稍加省察，如有可取，請早下決斷，早賜施行。如此，天地、神祇、宗廟、社稷、群臣、百姓，全都受益。這只在陛下的一句話而已。

司馬光擬好劄子，又上殿當面陳奏。仁宗當時可能因為久病體虛，常常緘默不言，執政大臣奏事，也只是點頭首肯而已，但聽了司馬光的話，沉思良久，問司馬光：「是挑選宗室子弟作繼嗣的事吧？那是忠臣之言，只是他人不敢談及罷了。」司馬光說：「臣談這些，以為必死無疑，沒想到陛下會採納。」仁宗說：「那有什麼？古往今來都有這種事情。」然後就讓司馬光把劄子交到中書省。司馬光說不可，希望陛下親自將這個意思告訴宰相。

當天，司馬光又談到江淮的鹽務，因為要彙報，就到了中書省。宰相韓琦問司馬光今天還說了些什麼，司馬光思忖，這是大事，不能不讓宰相知道，正好藉此宣傳皇帝的意思，就說是宗廟社稷大計。但不等司馬光開口，韓琦就表示，自己已經明白，因此不必再說。

談到太子問題，韓琦心有靈犀，因為他也有相同的主張。

仁宗自至和末得病以來，朝臣多請早立繼嗣，但仁宗都沒有答應。這樣過了五六年，進言的人也日漸懈怠。韓琦曾建議在宮中設立「內學」，選宗室子弟恭謹樸實、好學上進的，升入「內學」讀書，希望選到仁宗親近的賢能，將來好託付國事。韓琦想以此打動仁宗，一有機會就說應早立繼嗣。可仁宗說後宮有嬪妃即將生產，還是等等再說吧，但後來生下的都是皇女。一天，韓琦又進讀《漢書．孔光傳》，說漢成帝無子嗣，就立了弟弟的兒子，他不過一中才之主，仍能如此，何況陛下呢？如果以太祖之心為心，那就無所不可。我們都知道，宋太祖沒有將帝位傳給兒子，而是傳給了弟弟，韓琦這樣說，是要仁宗早下決心。

當時，韓琦已經明白司馬光要說什麼。十天以後，就有詔書，令司馬光與殿中侍御史裏行陳洙共同考察「行戶」（加入商行的商戶）的利弊。避開眾人，陳洙對司馬光說：「日前陛下大饗明堂，韓琦代理太尉，我為監察，韓琦隨口跟我講：『聽說你與司馬君實關係不錯，君實近曾建議立嗣，可惜沒把劄子送來中書省，我想重提此議，但苦無憑借。行戶的利弊，不麻煩先生，只想你見到先生，轉達此意。』」

於是，司馬光再上〈乞建儲上殿第二劄子〉，說漢孝成帝即位二十五年，年僅四十五歲，因為沒有繼嗣，就立弟弟的兒子定陶王劉欣為太子。現在陛下即位的年頭和歲數都超過了他，怎可不為宗廟社稷而深謀遠慮？況且，也不是讓他正太子名分，只是希望陛下自擇仁孝聰明的宗室子弟為養子，官爵與住所，與眾人略有些不同，使天下人都知道，陛下已經意有所屬。等將來有皇子出生，再讓他退歸本宅，又有什麼妨害？這實在是天下安危的根本，希望陛下果斷施行。

劄子上呈之後，司馬光又當面陳奏，說：「臣上次進言，陛下欣然採納，本以為很快就會施行，結果卻沒有任何動靜。一定是有小人說陛下春秋鼎盛、年富力強，何必急著做這種不祥之事。小人無遠慮，只想倉促之際，扶立和自己關係密切的人，『定策國老』、『門生天子』之禍能說盡嗎？」仁宗恍然大悟，說送中書省。司馬光到了中書省，對韓琦等人說：「諸位不趁此機會解決，他日半夜宮中傳出一小紙條，說以某人為繼嗣，天下沒人敢不聽！」韓琦等拱手，說：「敢不盡力！」——怎敢不盡力！

當時，陳洙也有上奏，請選宗室中賢者立為後。奏狀發出去後，陳洙就對家人講：「今天我進了一奏狀，論社稷大計的，如獲罪，重則處死，輕則貶謫，你們要有心理準備。」可是，送奏狀的人還未返回，陳洙就暴病身亡了。九月二十三日，司馬光上〈乞矜恤陳洙遺孤狀〉，說陳洙天性忠誠果決、憂公忘私，彌留之際，仍上奏章，朝廷應予嘉獎，異於諸臣，請依例任陳洙一子為官，並詔令靈柩所經諸州，靈柩到時，派人護送，以示朝廷褒直勸忠、善始善終之恩。

此時，江州（治今江西省九江市）知州呂誨也有進言，論繼嗣事。司馬光的奏章已交中書省，宮內又傳出呂誨的奏章。一天，宰相韓琦與同僚在垂拱殿奏事，韓琦把司馬光、呂誨的奏章讀了一遍，還沒說別的，仁宗就說：朕有此意已久，只是沒有合適的人選。接著問左右：宗室中誰比較合適呢？韓琦說：此事非臣等可議，當出自聖擇，得聖上親自定奪。仁宗說：宮中曾養二子，小的很純樸，但近於愚笨；大的可以。韓琦請問名字，仁宗說：叫宗實，今年三十餘。商議已定，正要退下，韓琦又奏：此事甚大，臣等不敢就施行，陛下今晚再考慮考慮，臣等明日聽旨。第二天垂拱殿奏事，韓琦再問，仁宗說：已確定無疑。韓琦說：此事應循序漸進，容臣等商議授予的官職。當時趙宗實正為父守孝，於是商議「起復」（官員遭父母喪，守制尚未滿期，而應召任職）為秦州防禦使知宗正寺。仁宗很高興，說：甚善！韓琦又說：事情不可中斷，陛下既已決斷無疑，請從內批出。韓琦的意思，此事應徵得皇后的同意。仁宗說：這事哪能讓婦人知道，中書省執行就可以了。

十月十三日，起復前右衛大將軍、岳州團練使趙宗實，為秦州防禦使知宗正寺。趙宗實，就是後來的英宗皇帝，明道元年（西元一〇三二年）正月初三日生人，四歲時，仁宗養於宮內，寶元二年（西元一〇三九年）豫王出生，趙宗實退歸濮王府邸，只是豫王後來夭亡了。

據說英宗出生前，父親曾夢見兩條龍，龍在太陽旁嬉戲。轉眼，龍與太陽一起掉下來，父親慌忙用衣服接住，才一寸多一點那麼大。剛要放進佩囊，忽然又不見了。好半天才發現，已在雲中。其中一條龍像人一樣說：「我非汝所有。」出生的當晚，又見有黃龍三四次出入臥室。

聽起來相當荒誕吧？當故事聽聽好了。范鎮在他的書裡記下以上內容後，也說：「豈不神異哉！」

荒誕歸荒誕，但仁宗的態度，已有實質性改變。但問題又來了，趙宗實不肯就職。十一月初八日，趙宗實上表，請守孝至期滿；表四上，乃從其請。仁宗嘉祐七年（西元一〇六二年）正月二十三日，又命皇侄趙宗實為秦州防禦使知宗正寺。但三月初六日，大宗正司說右衛大將軍、岳州團練使趙宗實，請交還秦州防禦使知宗正寺的告敕。五月十四日，大宗正司又說右衛大將軍、岳州團練使趙宗實，已經繳還秦州防禦使知宗正寺的告敕。七月二十二日，右衛大將軍、岳州團練使趙宗實，辭秦州防禦使知宗正寺。仁宗的答覆很堅決：詔不許。

七月二十七日，司馬光上〈乞召皇侄就職上殿劄子〉，說臣伏見陛下以皇侄宗實知宗正寺，宗實辭讓多日，不肯就職，陛下兩次遣使者召令受敕，朝廷內外，無不欣喜，以為要不是陛下睿智聰明、深謀遠慮、自我決斷、施行不疑，哪能做到這樣。君王以庇護百姓為仁，以穩固基業為孝，仁孝之道，莫大於此。如今陛下可謂一舉兩得，天下人聽到，怎能不高興？而且，爵祿，人所貪戀，往往斤斤計較，趨之若鶩，甚至不顧廉恥。現在宗實特受陛下選拔，恩寵有加，而宗實以榮為懼，辭讓懇切，前後十個月，不肯接受，其見識操行，一定較常人為賢，更加證明了陛下的知人之明，天下人也因此尤為高興。但陛下之於宗實，論輩分是父，論尊卑是君，按禮，父親召喚，不存在答應不答應的問題；君命召見，應當立即出發。如今陛下兩次遣使宣召，宗實即便不受恩命，也應入宮覲見，當面陳述，怎能躺在家裡不起來？陛下應當再遣身邊內臣往傳聖意，責以禮法，他應當不敢不來；來了以後，陛下再當面敦促，使他知道聖心懇惻，發於至誠，應當不敢不接受。這樣，陛下仁孝之德，純粹光大，始終如一，無以復加。這些本是陛下正在做的事情，臣區區進言，只想陛下守之益堅，行之不倦。

由此推斷，因為趙宗實的不肯接受，仁宗可能曾有動搖。那正是司馬光所擔心的。

八月初二日，右衛大將軍、岳州團練使趙宗實，辭秦州防禦使知宗正寺。詔許之。當時韓琦跟歐陽脩等人商量，以為宗正之命既出，立為皇子是遲早的事情，不如乾脆正名。歐陽脩也認為如果立為皇子，可以省去不少麻煩。並向仁宗彙報，仁宗似乎更心急，當即表示同意。八月初五日，詔立趙宗實為皇子。八月初九日，賜皇子名曙。但趙曙稱病不肯進宮。

八月二十七日，司馬光上〈請早令皇子入內劄子〉，認為負責傳達詔命的內臣徒然往返，已是失職，應予責降。而皇子的名分，不是官職，不容避讓；趙曙既為陛下之子，依禮應朝夕問訊，身為人子，不宜久處宮外。

八月二十七日，趙曙乘肩輿進宮。史書上說，此前，身邊的人問趙曙為什麼不願意進宮，趙曙說只為避禍罷了。那人說：「您現在可能已經大禍臨頭了！如果您堅決不肯接受，大臣們肯定會請選別人代替，到那時候，您還能平安無事嗎？」趙曙急忙爬起來，說：「吾慮不及此。」

從整個過程中我們看到，司馬光很為皇帝的繼嗣著急，大概因為他熟讀歷史，歷史上不缺這樣的前車之鑑。為了避免危險的後果，必須未雨綢繆，早立繼嗣。司馬光的出發點是國家的長治久安，為了這個目的，他自知必死還是要說，而且接二連三，不厭其煩。這是公而忘私：為了公事，連自己的性命都顧不得了。

上疏帝后

嘉祐八年（西元一〇六三年）三月二十九日，仁宗駕崩；四月初一日，皇子趙曙即位，是為英宗，宋朝的第五任皇帝。新皇帝現在三十多歲，老練而穩重。輔臣奏事，英宗都要詳細詢問，然後裁決，無不合理，朝廷內外異口同聲，皆稱明主。四月初四日，英宗即位的第四天，詔令天下官名、地名及人的姓名，與皇帝名字相同的，改換；部署，也改稱總管。看來，國家按部就班，一切正在步入正軌。

可就在四月初四日夜，新皇帝突然得病，不認得人，語無倫次。不得已，又把前一天剛剛責降的部分太醫重新召回；這些太醫當時獲罪，是因為救治仁宗不力。初五日，尊皇后為皇太后。初八日，仁宗大殮，英宗病情加重，大喊狂奔，不能成禮。宰相韓琦連忙扔掉手杖，掀起簾子，抱住英宗，又喊來侍從，囑咐留意服侍。然後，韓琦與同僚一起，請皇太后下詔，處理政務之日，太后暫同處置。太后推辭不肯接受，過了很長時間，才勉強答應下來。

四月十三日，司馬光有〈上皇太后疏〉，說：如今殿下初攝大政，四方無不觀望，臣以為凡名體、禮數，關乎自己的，都應嚴自裁減，不可盡依章獻明肅皇太后（真宗皇后，仁宗即位之初，曾垂簾聽政）舊例，以保全您謙遜和順的美德，與四海之厚望相稱。大臣忠誠寬厚如王曾、清廉質樸如張知白、剛嚴正直如魯宗道、誠實直率如薛奎，殿下當信用他們，與其共謀天下大事；鄙陋猥瑣如馬季良、讒間阿諛如羅宗勳，殿下當疏遠他們，不可寵以祿位，聽信其言。臣聞婦人以夫家為內，以父母家為外，何況后妃與國家同體，休戚與共。若趙氏安，則百姓安，曹氏也將世代永享富貴無疑；若趙氏不安，則百姓塗炭，曹氏雖欲獨安，可能嗎？所以政者正也，為政之道，莫若至公。臣願殿下詳察群臣，有賢才就提拔，有功績就獎賞，不稱職就廢黜，有罪惡就懲治。等皇帝聖體平寧，再把安定太平的基業交還給他，然後自居長樂之宮，坐享天下奉養，則殿下聖善之德，將冠絕往古，光照後世。

武則天我們都不陌生，司馬光擔心的，大概就是再出現個「曹則天」。當時，朝臣們中間普遍存在這種戒備。現在英宗有病，太后主政，這是不得已的事情，可又不得不提防，挺矛盾的是吧？所以司馬光的奏疏裡，既有建議，又有告誡。

可問題還是來了。四月十六日，翰林學士王珪上奏，說聖上病情已經好轉，請皇太后還政。皇太后令王珪草擬還政詔書，但過後卻因故沒有實行。這自然很容易為別有用心者留下發揮的餘地。

四月二十七日，司馬光有〈上皇帝疏〉，說當初先帝的歲數並不是很高，就以宗廟社稷之重，高瞻遠矚，決斷不疑，知道陛下仁孝聰明，可守大業，即擢於宗族之中，立為嗣子，授以天下，其恩德隆厚，逾於天地，固非微臣所能稱述。如今先帝不幸，奄棄萬國，陛下哀慕泣血，夜以繼日，過於禮制，以至成疾；朝廷內外，無不感泣，知道先帝能為天下得人，太平盛世，旋踵可致，群臣百姓，不勝大幸。眼下聖體痊平，初臨大政，四海之人，拭目而視，傾耳而聽，舉措言行，不可不慎。為政之要，在於用人、賞善、罰惡而已。三者運用得當，則遠近翕然，聞風而化，可以不勞而成，無為而治；運用不當，則流聞四方，無不解體，綱紀不立，萬事隳頹。安危的根源、治亂的關鍵，全在於此。臣願陛下難之慎之，精心審慮，就好比射箭，必須確定已完全瞄準，才可射出。陛下思念先朝，欲為報答，奉事皇太后孝謹，慰撫諸公主慈愛，這當然仁厚之至，遠過常人，臣願陛下雖天性如此，再加聖心，夙夜不懈，慎終如始，以結萬民之心、垂四方風化，則福祿流於子孫，美名傳之久遠。古代人君嗣位，一定要到次年才行改元，臣願陛下嚴格遵循，年內不作變更。為過世的父母守孝三年，從天子到庶人，都是一樣的，漢代以來，才從權宜，以日易月。臣願陛下雖仰遵遺詔，俯徇群情，二十七日而除服，但宮中音樂遊宴吉慶之事，皆等三年，然後復常，以盡慎終追遠之義。

英宗得病一定不是因為悲傷過度，畢竟不是親生，即便悲傷，也到不了那個程度，要不也不會有後來的「濮議」。司馬光所以那樣說，大概是為了拉近英宗與太后的感情。其中又強調仁宗的恩德，然後談到報答、改元、守孝等等，說到底，目的只有一個，就是要英宗對皇太后好一點，這樣容易處好關係。司馬光可能已經聽到或者預感到什麼，因此要提前做此提醒。

四月二十九日，立英宗的原配夫人京兆郡君高氏為皇后。高氏的母親曹氏是光獻太后的親姐，當然，高氏就是光獻太后的親外甥女，英宗就是光獻太后的外甥女婿。英宗是仁宗的親侄子。皇后四歲時，與英宗一起寄養在宮裡，長大後又各自出宮。一天，仁宗對光獻說：我們夫婦老而無子，十三（英宗排行第十三）、滔滔（高氏的小名）都長大了，朕為十三、你為滔滔主婚，使相娶嫁。仁宗慶曆七年（西元一〇四七年），高氏與英宗在濮安懿王府完婚，封京兆郡君。當時宮裡人都說，這是天子娶婦、皇后嫁女。

英宗和光獻太后原本算是親戚，現在名義上又是母子，關係近到不能再近，可再近的關係，也難以抵擋讒言。史書上說，英宗得病以後，舉止時有失常，對待宦官尤其刻薄，因此左右有很多人不高興，於是紛紛挑撥離間，帝后遂生嫌隙。

六月二十二日，司馬光有〈上兩宮疏〉，說奸邪之人，專窺上意，若有嫌隙，因而乘之，離間君臣，離間父子，使上下相疾、內外相疑，然後施展詐謀，盜取大權，奪取重利。自古以來，喪國敗家，無不由此。如今雖睿聖在上，朝廷清明，中外之臣，皆懷忠良，但禍福的源頭，往往極微小，因此舉措聽納，不可不慎。臣以為今日之事，皇帝離了皇太后，無以君天下，皇太后離了皇帝，無以安天下，兩宮相恃，猶如頭目與腹心。皇帝聖體平寧時，奉事皇太后，遵奉順從，無不依禮；若因治療未能見效，因而問安侍奉有不到之處，皇太后也應寬容。萬一奸人有傳言，牽涉離間的，應立即誅戮，以明示天下，使都知道，讒佞之徒不能迷惑聖明。

但兩宮的矛盾，還是迅速加劇。太后曾派人將一封文書交給宰相韓琦，韓琦打開一看，是皇帝寫的詞，以及在宮中的種種過失。等簾前應對時，太后嗚咽流淚，具道所以，並說：「老身殆無所容！」意思說自己快受不了了。其後，韓琦等覲見英宗，英宗又說：「太后待我無恩。」意思說太后對他不好，刻薄寡恩。

十一月二十六日，司馬光在〈上皇太后疏〉中，講到漢明德馬皇后與漢章帝的故事，說如今仁宗新逝，皇帝又久病不起，天下之勢，危於累卵，太后應當包容，不可像普通人那樣，爭執誰說了什麼這種小事，影響到宗廟社稷的安危。

同一天，司馬光在〈上皇帝疏〉中，又把那個故事講給英宗聽，勸英宗痊癒之後，親至皇太后處，克己自責，為之前的過失道歉。

英宗治平元年（西元一〇六四年）三月後，司馬光又集中勸諫英宗，連上四個劄子，談奉養問題。

三月十三日，司馬光上〈言奉養上殿劄子〉。從這個劄子我們知道，當時兩宮關係有所緩和，英宗已能奉事皇太后如禮。司馬光列舉皇太后的大恩德三：一、先帝立陛下為嗣，皇太后有居中之助；二、先帝晏駕之夜，皇太后決定大策，迎立陛下；三、陛下即位數日，得病不省人事，朝廷內外，惶惑失措，皇太后為陛下攝理國政，鎮安中外，以待陛下痊癒。司馬光說：有此一德，陛下子子孫孫都報答不盡，何況三德兼而有之？

在〈言奉養上殿第二劄子〉中，司馬光說皇太后為為母，陛下為子，皇太后母儀天下已三十年，陛下卻新自藩邸（藩王的宅第）入承大統，若萬一兩宮有隙，陛下以為誰逆誰順、誰得誰失？陛下奉事皇太后，當一如奉事濮王。今日回心轉意，仍為時不晚，否則，只怕天長日久，嫌隙愈深，將不可彌合。

讀〈言奉養上殿第三劄子〉我們得知，司馬光此前以父母墳墓久無灑掃，請求到家鄉左近的州軍任職，即意見不被採納，因而提出辭職。英宗不准，讓宰相轉告說，卿過去所說諸事，大體都已施行；暫且還在諫院供職，不可求任外官。司馬光說陛下奉事皇太后，還是趕不上當初奉事濮王，儘管如此，兩宮仍無由融洽。臣聞為人子，奉事其親而親不悅，不敢怨恨，退而自責：是我敬愛不夠嗎？敬愛已極，還是不悅，就說：是禮節不夠謙恭嗎？禮節已足夠謙恭，還是不悅，就說：是我不夠真誠嗎？已足夠真誠，則大孝之名，達於四海，通於神明，神明尚且助他，何況是人。

不久，司馬光再上〈言奉養上殿第四劄子〉。從中可知，當時任守忠等已被降逐出外。起初外界傳言，都說任守忠等本不高興英宗為嗣，在皇太后面前，就說皇帝和皇后的不是，在皇帝和皇后的面前，又說皇太后的過錯，使兩宮互相猜疑，遂成嫌隙。司馬光建議皇帝與皇后，親至皇太后處叩首謝罪，稟明以前為任守忠等所誤，而致屢有違忤，如今任守忠等既已逐去，願與皇太后母子之恩，一如舊日。

五月十三日，皇太后出手書，付中書省，還政。之前，英宗病情稍有好轉。自去年秋天以來，英宗就隔日至前後殿臨朝聽政。兩府大臣每次退朝，再入內東門小殿，向皇太后覆奏如初。

韓琦曾一天拿十多件事，稟報皇帝裁決，全都恰當。韓琦向太后覆奏皇帝裁決的十多件事，太后連連稱讚。同僚既退，韓琦獨留，向太后求去。太后說：相公哪能走？我本應居住深宮，卻每天在這裡操勞，都是不得已的。韓琦說後漢的馬太后、鄧太后非常賢德，還是不免貪戀權勢，太后如能還政，實在為馬、鄧所不及，說完再拜向太后道賀。又說臺諫官員也有奏疏，請太后還政，不知決定哪天撤簾？太后立即起立，韓琦則厲聲命儀鑾司撤簾，簾已落下，御屏風後還能見到太后的衣角。我們還記得，當初請太后垂簾聽政的就有韓琦。韓琦此舉的動機自然沒錯，但具體做法，顯然有失厚道。

五月十七日，詔皇太后的命令稱聖旨，出入唯不鳴鞭（鞭，宋代儀仗中的一種，鞭形，揮動發出響聲，使人肅靜），其他儀仗護衛，照章獻明肅太后舊例；凡有索取，本使臣錄聖旨付有司，其屬中書省、樞密院辦的，使臣呈文，皆覆奏，即施行。

五月十九日，司馬光上〈論皇太后取索劄子〉，說臣竊聞兩府議定，皇太后於諸處索取物品，令本使臣以皇太后旨意呈報各處，有司再將旨意奏聞，見到御印，立即供應。臣熟思此一節，事情恐怕不太穩妥：萬一使者懈怠輕慢，有司拘泥文字，皇太后急需的藥、日用雜物等，不能當時拿到，有傷慈母之心，與陛下以四海奉養皇太后之意不符。事情雖小，當此之際，小有不足，所繫甚大。

矛盾都因小事而起，司馬光認為即便是小事，也必須慎重。外界的傳聞可能有些誇大。聖旨是說要兩府辦的，使臣通知有關部門的同時，才要向皇帝上奏，批准後施行；而傳聞卻說凡是太后需求，都要皇帝批准。

五月二十八日，司馬光又有〈上皇太后疏〉，說竊聞道路傳言，未知虛實，都說近日皇帝與皇后奉事殿下，恭勤之禮，大過往日，而殿下待他們太嚴，禮節太過簡慢，有時進見，殿下雖然賜座，但情形如待關係疏遠的客人，交談不過數句，就打發他們離去。這樣，母子之恩，如何得達？婆媳之禮，如何得施？凡皇帝、皇后進見之際，殿下應溫顏相待，從容挽留，隨時往來，不加限制，或置酒談笑，高高興興，相待如一家人。如此，則殿下坐享孝養，何樂如之？

沒錯，司馬光確實是在調解家庭糾紛。但我們知道，在帝王時代，帝王的家事就是國事，皇帝與太后的糾紛，自然就是國家最大的大事。換個體制，換個時間，這樣的糾紛，就好比總統與國會之間的摩擦，誰敢說那是小事？

談論民兵

英宗治平元年（西元一〇六四年）秋，西夏數次出兵，侵入秦鳳路（包括今天甘肅省的大部及青海省、寧夏回族自治區、陝西省等的一部分；北鄰西夏）的涇州（治今甘肅省涇川縣北）、原州（治今甘肅省鎮原縣），劫掠熟戶（歸附宋方的少數部族），襲擾邊寨弓箭手，殺掠人畜數以萬計。

西夏此次進犯，可能跟前一年的使節受辱有關。前一年，仁宗駕崩、英宗即位，西夏國主趙諒祚遣使致祭，並賀新皇帝登基，延州派指使高宜，押伴進京，既是陪伴，也是押送。到了順天門，使者要佩魚，要帶著儀仗，高宜不許，使者不從，高宜就把他們關在馬棚裡待了一個晚上，而且不給飯吃；使者出言不遜，高宜就斥責他，使者只得同意仍照舊例。過了很久，高宜才答應讓他們進宮。等到殿門賜食，使者提出申訴，詔回延州與高宜辯明。當時司馬光與呂誨上奏，請將高宜治罪，但朝廷沒當回事。此事後由延州通判處理，當時使者質問：高宜說發兵一百萬，遂入賀蘭穴，是什麼話？通判答：聽說使者視國主為少帝，高宜才說那些話的；錯在你們使者，不在高宜。治平元年（西元一〇六四年）九月二十八日，又賜趙諒祚詔書，告誡他今後精選使者，勿使生事。

不管以前怎樣，現在畢竟是兩個國家，使者往還就應當慎重。平心而論，這個高宜太過狂妄，而當時朝廷對此事的處理，也有失恰當，說得不客氣點，就是太託大了。

我們都清楚，北宋素號「積弱」，正規軍規模龐大，數量驚人，但戰鬥力幾乎為零，一有戰事，就連吃敗仗。正規軍靠不住，於是想到了義勇，就是民兵。英宗治平元年（西元一〇六四年）十一月十四日，命刺陝西諸州軍的百姓為義勇，主意是宰相韓琦出的。起初，宰相韓琦說：「古代登記百姓為兵，數量雖多，國家花費卻極少，唐代置府兵，與此最為接近。如今的義勇，河北（包括河北東、西二路）將近十五萬，河東路（約相當於今山西省，但不包括夏縣）將近八萬，勇敢剽悍、質樸忠誠，出於天性，又有財產、父母、妻兒所繫，如果稍加挑選和訓練，與唐代府兵何異？陝西（包括永興軍路及秦鳳路，夏縣時屬陝州，陝州隸屬永興軍路）在西部戰事之初，也曾三丁選一丁為弓手，後來刺為保捷正軍，西夏稱臣後，朝廷揀放，至今已所剩無幾。河北、河東、陝西三路，皆西北要衝之地，應一視同仁。請於陝西諸州，也點義勇，只刺手背，一時可能不無小擾，但終成長利。」詔從之。於是登記陝西百姓為義勇，共得十五萬六千八百七十三人。

宋代的正規軍即正軍，分為禁軍和廂軍。禁軍負責皇帝和京師的安全，以及征伐與戍邊，平時多駐紮汴梁周邊；廂軍就是些老弱病殘，常駐地方，起初只做些工程之類，後來也訓練一部分參戰。保捷軍屬禁軍。所謂義勇，屬鄉兵，就是民兵。弓手或者鄉弓手是警察，不過那時的警察除了長官，基本都是義務的。

十一月二十二日至十二月初五日，在半月不到的時間裡，司馬光接連六次上疏，請朝廷罷刺陝西義勇。

在〈乞罷陝西義勇劄子〉中，司馬光說他的消息是聽來的，不知是實是虛；如果真的如此，就極不恰當。如今提議的人只奇怪陝西獨無義勇，卻不知陝西的百姓三丁之內已有一丁充保捷軍了。自西部戰事以來，陝西困於徵調，與景祐（西元一〇三四年—一〇三八年）以前相比，民力減耗三分之二。加之近年屢遭災荒，今年秋天小有豐稔，本指望能喘口氣，可又值邊鄙有警，人心已亂，若再聽到此詔，必定大為恐慌，人人愁苦。況且眼下陝西正軍甚多，不至缺乏，為何遽做此有害無益之事，重蹈覆轍呢？

在〈乞罷陝西義勇第二上殿劄子〉中，司馬光說臣前次上殿，請陛下留意備邊，所謂備邊，不是僅僅添屯軍馬積蓄糧草而已，更在於擇將帥、修軍政。如今陝西沿邊的正軍，動輒數以萬計，朝廷若能擇有方略、膽識之人，任為將帥，使淘汰疲弱，選取精銳，勤加教習，明行賞罰，「則雖欲取銀（銀州，屬西夏，治今陝西省榆林市南）夏（夏州，屬西夏，治今內蒙古自治區烏審旗南）而稅其地，擒趙諒祚而制其命，有何所難」，何況只是禁其劫掠！顯然，在司馬光看來，官軍所以一再失利，不是數量不夠多，而是治軍無方。

然後，司馬光提到朝廷康定（西元一〇四〇年—一〇四一年）、慶曆（西元一〇四一年—

一〇四八年）年間的作為。他說當時因為李元昊犯邊，官軍失利，朝廷曾登記陝西百姓為鄉弓手。起初明出敕榜說，只是守護鄉里，肯定不刺充正軍、屯戍邊境；可是敕榜還未收起，朝廷就全部刺充保捷，命令去邊州屯戍了。百姓都生長於太平之世，不識兵革，一旦調發為兵，自陝州以西，閭閻之間，如人人有喪，戶戶被掠，號哭之聲，彌天亙野，「天地為之慘悽，日月為之無色」，往往逃避在外，官府就控制他們的父母妻兒，急加追捕，又出售他們的田產，充作贖金或者賞金。刺面之後，教頭等貪圖他們的家產，百般搜刮，衣糧不夠，要到自家去取，屯戍邊境之後，更要千里供送。祖輩、父輩的積累，日銷月鑠，以至於盡。況且平生所習，只是桑麻耒耜，至於甲胄弩槊，雖日日教習，仍不免生疏，又資性戇愚，加之怯懦，臨敵之際，得便就想退走，不僅自己丟了性命，而且影響整個戰陣。後來官府也知其無用，遂大加淘汰，發給「公憑」，任其自便。可是這些人遊手好閒慣了，不肯再辛苦下田，而且田產已空，即便想重操舊業，也再無可能，只能流離失所、受餓受凍，不知所終。老人們至今說起，仍長歎落淚，此為失策，明明白白，足以為戒。

次日，司馬光又上〈乞罷刺陝西義勇第三劄子〉。從中我們知道，司馬光昨日上殿呈遞劄子，又當面陳奏，之後，皇帝令送中書省、樞密院商議。司馬光到了中書省、樞密院才知道，此事其實擬議已久，敕下本路，也已近十日。司馬光說如今雖敕命已下，如果撤銷，還是要勝過繼續施行。百姓一經刺手（手背上刺字），則終身羈縻，不得自由，人情畏懼，不言可知。料想今日的陝西，已是困窘慌亂、民不聊生了。若朝廷晏然坐視，毫不憐憫，為民父母者就該這樣嗎？又說登記一路百姓為兵，可謂大事，而兩府之外，朝臣中沒有一個知道。臣身為諫官，聽到以後，不避死亡，為陛下力言，若棄忽不顧，不為變更，今後朝廷號令再有過錯，就無法挽回了。如此恐非國家之福。

在〈乞罷刺陝西義勇第四劄子〉中，司馬光說臣連日以來，熟思此事，確於民有世世之害，於國無分毫之利。河北、陝西、河東，景祐以前本無義勇，凡州縣各類雜役，都由上等有財力人戶承擔，鄉村的下等人戶，除夏、秋二稅之外，再無大的差徭。如今當差點之際，教頭等怎能不搜刮？這是在平常雜役之外，又添一種科徭！而且今日登記之後，州縣義勇皆有常數，每有逃亡病死，州縣必定補充，則義勇自身已羈縻以至老死，而子孫若有進丁，又不免刺為義勇，這是使陝西百姓，子子孫孫，常有三分之一為兵。所以說於民有世世之害。太祖、太宗時，未有義勇，至於正軍，也不及今日的十分之一；然而太祖取荊湖，平西川，下廣南，克江南，太宗取兩浙，克河東，一統天下，如振槁拾遺，此豈義勇之力？大概因為當時政治清明、軍令嚴肅、將帥得人、士卒精練。康定、慶曆間，三路新置鄉兵共數十萬，國家何曾得一人之力？義勇雖也有軍員、節級之名，但不如正軍上下級那麼嚴格；若聽說敵寇大舉入侵，義勇必將都望風而逃，自顧且不暇，哪有一人能為官府率卒迎敵？以臣觀之，正如兒戲而已。所以說對國無分毫之利。

在〈乞罷刺陝西義勇第五上殿劄子〉中，司馬光說如今主張義勇有利的，必定說河東、河北不費衣糧，就可得勝兵數十萬，皆教習精熟，可以迎敵，又兵出民間，合於古制。臣請言其不然：數十萬，不過是虛數；教閱精熟，只是外表；兵出民間，名與古同而實相異。憑什麼這樣說呢？河北、河東的州縣，既承朝廷旨意，各揀刺義勇，只求數多，據帳冊而言，確有數十萬之眾；但若萬一敵寇逼近，官府急欲點集之時，就一個都不見了。豈不是虛數？平常無事，州縣訓練之日，觀者只見旗號鮮明、鉦鼓齊全、行列有序、進退應節，就讚歎不已，以為真的能戰鬥，殊不知那全屬隊舞、聚戲之類；若聞敵寇已來，則瓦解星散，不知所之了。豈不是外貌？古代兵出民間，百姓耕桑所得，全作了家庭衣食之費，所以不出則富足，出則精銳。如今既已賦斂農民之粟帛，供養正軍，又登記農民為兵，這是讓一家人擔了兩家人的事，百姓如何不窮困？豈不是名與古同而實相異？

從〈乞罷刺陝西義勇第六劄子〉我們知道，昨日上殿奏對，皇帝說命令已行，因此不可更改。退朝以後，司馬光不勝鬱悶，一夜無眠，次日即上此疏。司馬光說：「陛下，萬民之父母；萬民，陛下之赤子。豈有父母誤墜其子於井中，卻說我已經誤了，就忍心不去救他出來？臣願陛下勿以先入之言為主，心平氣和地看看臣前後五次所言，到底為是為非。若其是，即請早日施行，罷刺陝西義勇；若其非，即請依臣之前所奏，特賜降黜，另擇賢才來代替。所有命令已行的話，伏望陛下自今往後永以為戒，不可使天下人聽見，堵塞善言之路。」

司馬光在上疏皇帝的同時，又去中書省與韓琦辯論。韓琦說：「兵貴先聲，諒祚正桀驁，聽說陝西突然增兵二十萬，還不被震服嗎？」司馬光反對：「所謂兵貴先聲，是沒有事實，只能騙得一時而已。稍後，敵人探得實情，就沒用了。如今我們雖然增兵二十萬，實際不可用，過不了十天，西夏人就清楚了，還會再怕嗎？」

韓琦答不上來，又說：「君只見慶曆間陝西鄉兵開始只刺手背，後來皆刺面充正軍，擔心這次又會這樣罷了。如今朝廷已降敕榜，與百姓約定，永不充軍戍邊。」

司馬光不以為然：「朝廷曾經失信於民，都不敢再信了；就是我，也不能不懷疑。」

韓琦保證：「有我在這，你放心好了！」司馬光質疑：「相公永遠在這裡，那當然沒問題；可萬一您走了，別人在這，有相公現成之兵在，派去運糧戍邊，不過易如反掌。」

韓琦沉默不語，但終究沒有停止。史書上說，其後十年，義勇運糧戍邊，率以為常，司馬光不幸言中，宰相不為所動，皇帝也不為所動。

英宗治平元年（西元一〇六四年）十二月五日至治平二年（西元一〇六五年）正月九日，司馬光又六次上疏，自劾求去，不許。

司馬光身為諫官，進諫是他的職責。即便詔令已經頒行，如果他認為有問題，也要向皇帝和宰相再五再六據理力爭，而諫議不被採納，他寧願辭職。司馬光再五再六力爭，不是為了個人私利，而是為了一路百姓，他急百姓之所急，儼然是百姓的代言人。司馬光之所以得人心，原因其實是在這裡。

談論國防

西北是西夏，北邊是契丹——兩個令北宋國家君臣上下時常耿耿於懷、顏面掃地、備感羞辱的敵國。

先說西夏。

英宗治平二年（西元一〇六五年），司馬光上〈言西邊上殿劄子〉，從中我們可以讀到西夏的狡黠：近年來，趙諒祚雖然表面上仍遣使稱臣奉貢，實際卻心懷叵測，窺伺我邊境；暗地裡用官爵、金帛招誘宋朝不得志者，有熟戶蕃部叛逃而去，他就暗中勾結，如此已有不少，而朝廷不能一一盡知。熟戶藩部有違抗不從，諒祚就點發兵馬，公然殺掠；弓箭手住在沿邊的，諒祚皆迫使遷入內地。將帥之臣，只是坐視，不能救援，遂使其餘熟戶皆畏憚其淫威，怨恨中國，人人有離叛之心。朝廷遣使詰責，諒祚就拒而不納，即便有所答，皆侮慢欺瞞之辭，朝廷也隱忍包容，不再追究。諒祚又屢屢虛張聲勢，驚動邊鄙，而將帥之臣，大都怯懦，沒有才幹退敵禦侮，只知多聚兵馬保衛自己。一路有警，三路皆悚，腹地州軍下一撥換防的士兵，盡皆抽去，置於麾下，使虛耗糧草，數月之後，又沒有根據，然後遣還，未及休息，又忽聞有警，再次抽去。如此往還，奔走道路，卻終無一事。

然後是司馬光的分析。他認為趙諒祚所以依舊遣使稱臣奉貢，一則貪圖每年所賜金帛二十餘萬，二則趁機進京商販貿易，三則要使朝廷不做防備。招誘不得志者，是為刺探虛實，平時用為參謀，入侵則為嚮導。所以誘脅熟戶，驅逐弓箭手，大概以為漢人軍隊皆不足懼，只有熟戶、弓箭手生長邊塞，勇悍善戰，若先行解決，邊人就會失去憑借，進犯的時候，就可以暢通無阻。所以屢屢虛張聲勢，驚動邊鄙，是要使宋疲於奔命，耗費儲備，公私匱乏，既而邊吏習以為常，不再設防，然後乘虛而入。

接著是他的告誡。凡此諸事，若不早作打算，使其奸謀得逞，竊恐其為國家之患，未可小覷。朝廷當宵衣旰食，深以為憂。不可只見其遣使奉貢，就以為臣節未缺，得其侮玩之語，就以為恭順，得其欺瞞之語，就以為誠實。朝廷並非不知其本心，只是僥倖尚未暴露，只求目前暫時的安寧，不顧他日長遠的禍患。司馬光不禁感慨，戎狄謀劃之深而當朝君臣慮事之淺。於是諫言皇帝於邊鄙之事，常留聖心，特降詔書，諭知內外，凡文武臣僚有久歷邊任，或曾經戰陣知曉軍中利害，及戎狄真偽的，都准許上書自陳，勿以其官職疏賤，及語言鄙惡，一一略加鑑察，選擇道理較好的，都賜召對，從容詢問：「目前治兵禦戎之策，何得何失？如何處置，即為恰當？」若其言無可取之處，遣還而已；若有可取之處，即付諸實施，並記錄姓名，置於左右。然後選其中勇略出眾的，擢為將帥，若能稱職有功，給以爵位賞賜作為獎勵；昏懦壞事的，給以刑罰殺戮作為懲戒。加以選練士卒，留精去冗，申明尊卑等級之法，遏止驕惰之氣。果能如此，行之不懈，數年之後，「俟將帥得人，士卒用命，然後惟陛下之所欲為，雖北取幽薊，西收銀夏，恢復漢唐之疆土，亦不足為難，況但守今日之封略，制戎狄之侵侮，豈不沛然有餘裕哉」！

顯然，司馬光對西北的這個敵國，保持著相當的警惕。在司馬光眼裡，這個敵國陰險狡詐，難以駕馭。對付的辦法只有一個，就是軍事上強大；而軍事上要強大，關鍵是要選好將帥。

我們都還記得，英宗治平元年（西元一〇六四年）秋，西夏因為使節受辱，頻頻進犯。當時司馬光曾上〈言備邊劄子〉，談到與敵國的相處，他說《周書》稱述文王之德：「大邦畏其力，小邦懷其德。」大概是說諸侯桀驁不馴，就討伐它；順從柔服，就保全它。不避強，不凌弱，王者以此治理天下。而我們讓西夏使節怨懟歸國，一國之人，皆以為恥，今年以來，誘詐招誘亡命之徒，點集兵馬，窺伺邊境，攻圍堡寨，驅脅熟戶八十餘族，殺掠弓箭手數千人，悖逆如此，而朝廷卻又派遣使臣，攜詔撫諭。順從就侮辱它，桀驁就畏懼它，恐怕不是文王號令諸侯的方式吧。

其中又談到國防。司馬光說，如今公私困竭，士卒驕惰，將帥乏人，而戎狄犯邊，可憂之事，孰大於此？朝廷卻上下晏然，若無其事，什麼原因呢？難道是朝廷已有準備，而疏外之臣不得與知嗎？實在令人困惑！所謂有準備，不是僅僅添屯軍馬、積貯糧草而已，而是擇將帥而修軍政！二者皆無，怎能說有準備？司馬光希望皇上召見群臣，詢問禦邊之策，擇其善者力行之。「方今救邊之急，宜若捧漏甕沃焦釜，猶恐不及，豈可外示閒暇而養成大患也！」

問題還是出在軍事上。順服了要保全，這個好說；但桀驁了要征討，談何容易。北宋國家素稱「積弱」，該硬的時候，他硬不起來。其實哪有什麼準備，不過是司空見慣、麻木不仁罷了。

再說契丹。

嘉祐八年（西元一〇六三年）九月前後，司馬光曾設法阻止趙滋的連任。由〈言趙滋劄子〉我們知道，此前司馬光已曾多次彈劾趙滋，說他剛愎狂妄，不可領兵，守邊必定壞事。可朝廷對趙滋喜歡得不得了，越加寵任，命再知雄州（治今河北省雄縣，北接契丹）。

由〈言趙滋第二劄子〉我們了解到趙滋的狂妄：對契丹使者，驕橫倨傲，不遵舊例；本路帥臣也上奏，說趙滋任意行事，恐怕會招惹事端。司馬光談到澶淵之盟：「先帝親屈帝王之尊，與契丹約為兄弟，每年拿些金帛給它，往來致意，以敵國之禮相待，陛下即位，盡遵故約，難道不以為恥嗎？是因為心繫百姓啊！因此兵革不用，百姓阜安，將近六十年。」然後又談到相處之道：「如今契丹奉事中國，禮節未有不備。作為邊臣，應訓練軍隊，修繕器械，以防不測；厚致饋贈，檢點禮節，以待使者。內不失備，外不失好，以副朝廷之意。如今趙滋卻一再意氣用事，傲慢使者，為爭小勝恣意挑釁，狂妄自大，求一時聲名，卻不顧國家的長久禍患。臣擔心嫌隙一開，朝廷將不得高枕。禍患常起於細微，而事端時生於所忽。凡兩國相交之道，不可不慎。雄州要地，平時使者往來，有事兵馬出入，典州之將，不可不精選。」

朝廷的態度起碼說明，北宋君臣希望國家強大起來，這個願望非常迫切。壓抑了太久的情緒，總要找到出口，但這種表達方式，實在太過危險。相比之下，司馬光的態度要理智得多，也現實得多，他清楚國家的家底，因而也知道趙滋的狂妄可能給國家帶來怎樣的窘境。

英宗治平二年（西元一〇六五年）六月二十八日，司馬光在〈言北邊上殿劄子〉裡專談契丹。他首先提到國家外交上的缺陷：「竊見國家禦戎狄之道，似未盡其宜。當其安靜附順時，好與之計較細枝末節；及其桀驁暴橫之後，又從而姑息，不能征討，使戎狄更加輕視中國，因此皆厭倦柔服，而樂於背叛。近來西戎之禍，生於高宜，北狄之隙，起於趙滋。而朝廷至今終未醒悟，仍然認為他們做得正確，而以循禮守分者為錯誤。因此，邊鄙武臣皆銳意生事，或以開拓荒棄之地十數里為功勞，或以殺掠老弱之擄三五人為勇敢。朝廷誇他們有才能，驟加提拔，既而虜心憤恨，前來報復，屠殺熟戶，劫掠邊民，傷亡動輒千計，而朝廷只知驚駭，增兵聚糧。招來敵寇的人，朝廷不予追究，守邊之臣，也不予譴責。如此還希望戎狄賓服、疆埸無虞，好比添柴煽火，卻要水不開一樣。竊以為真宗皇帝親自與契丹約為兄弟，仁宗皇帝赦免趙李元昊背叛之罪，冊封為國主，每年拿出百萬之財，分送二虜，豈是樂此不疲、高興那樣嗎？實在是因為委屈自己事小，而愛民以仁事大。」

然後才是契丹：「近來聽說契丹有平民在界河裡捕魚，及在白溝以南砍伐柳樹，這都是些邊鄙小事，何足介意！而朝廷因為前任知州李中祐不能禁止，沒有才幹，另選州將代替。臣擔心新將到任之後，必定會以中祐為戒，而以趙滋為法，妄殺虜民，戰爭將無休止。況且如今民力凋敝，倉庫虛竭，將帥乏人，士卒不練，夏國既有憤怨，屢來侵擾，禍根已成，若又加上契丹失歡，臣恨國力將不支。伏望陛下嚴戒北邊將吏，若契丹不循慣例，小小相侵，如漁船、柳樹之類，只可以文牒照會，以道理曉諭，讓對方官府自行禁止，不可輕以刀兵相加。若再三曉諭不聽，則上奏朝廷，即便專遣使臣至其王庭，與之辯論曲直，也無妨害。若又不聽，則莫若廣求賢才，增修德政，等公私富足，兵強馬壯，然後奉辭征討，可以驅逐漠北，恢復漢唐疆域，與爭執漁柳勝負相比，不是相去甚遠嗎？」

司馬光的意思大概是說，和西夏的戰爭肯定是在所難免。以宋朝的軍力和國力，對付一個都吃力，何況兩個？因此與契丹如果只是些小摩擦，最好透過外交手段解決，不要把矛盾激化，引起戰爭，那樣國家會吃不消。

宋與契丹、西夏，像極了三國時代的魏蜀吳：三方鼎立，此消彼長。司馬光把英宗皇帝比作周文王，又把契丹和西夏稱作虜，可見他心氣有多高！可偏偏宋朝那麼孱弱。翻閱史料，我們會驚奇地發現，國家設計者的初衷完全不是這樣。

據史書上說，宋太祖既定天下，召趙普等二三大臣，要他們說說已施行的法令當中，哪一項可以利及子孫後代。趙普等歷言大政數十，太祖都讓大臣再說些更重要的。趙普等想了半天，終是不得要領，只好請太祖自己說。太祖道：「吾家之事，唯養兵可為百代之利，蓋凶年饑歲，有叛民而無叛兵，不幸樂歲變生，有叛兵而無叛民。」趙普等頓首，說：「此聖略，非下臣所及。」太祖的意思是說，萬一遇到饑荒，就招募饑民當兵，可避免饑民作亂；平常年景，即便軍隊作亂，百姓也不會參加。這實際是把軍隊作為收留饑民的難民營，以求得社會的暫時安定。事實證明，這項法令不僅沒有利及子孫後代，而且恰恰相反，簡直就是貽害無窮。那樣做的結果是，軍隊的數量越來越大，而品質卻越來越差，遂形成宋代的痼疾之一——「冗兵」。

不僅如此。有一次，宋太祖聽到國子監集合諸生講書，很高興，遣使賜給大家酒和水果，說：「今之武臣，亦當使其讀經書，欲其知為治之道也。」這當然是個不錯的主意，但由此卻畸形地演變出一項國策——以文制武。

「冗兵」再加上以文制武的國策，就形成了宋朝的「積弱」。英明神武的太祖皇帝，大概做夢都不會想到，他親手締造的這個國家，竟會是這麼一副弱不禁風的文弱樣。

成立書局

如果說英宗還有可稱道的地方，就是《資治通鑑》這部大書的編纂。治平三年（西元一〇六六年）四月十八日，英宗命龍圖閣直學士兼侍講司馬光，編歷代君臣事蹟。此前，司馬光進呈《通志》八卷。在〈進通志表〉中，司馬光說：

臣光言，臣聞治亂之原，古今同體，載在方冊，不可不思。臣少好史學，病其煩冗，常欲刪取其要，為編年一書，力薄道悠，久而未就。今茲伏遇皇帝陛下丕承基緒，留意藝文，開延儒臣，講求古訓，臣有先所述《通志》八卷，起周威烈王二十三年，盡秦二世三年，《史記》之外，參以他書，於七國興亡之跡，大略可見。文理迂疏，無足觀采，不敢自匿，謹繕寫隨表上進。

（《傳家集》卷十七）

可以看出，司馬光做一部編年體通史的想法，其實由來已久。司馬光現在兼任侍講，負責為皇帝講解典籍。在這種情況下，他進呈了《通志》八卷。

接到詔令，司馬光又奏：「臣自小以來，略涉群史，竊見紀傳體史書文字繁多，即便專門的學者，也往往不能盡讀，何況帝王日理萬機，要遍知前世得失，實在不是件容易的事。臣不自量力，常想上自戰國，下至五代，正史之外，旁採他書，凡關國家盛衰，繫生民休戚，善可為法，惡可為戒，帝王應知道的，略依《左傳》的體例，修成一部編年體史書，名叫《通志》；其他多餘的文字，全都刪去不載。這樣一來，或聽或讀都不辛苦，就可以聞見廣博。可是僅憑一人之力，無力辦到，空有此志，而無所成。臣近曾以戰國時八卷呈進，幸蒙賜覽。今所奉詔旨，不知是令臣續成此書，還是另外編集？若續成此書，請仍以《通志》為書名。此書上下貫串千餘載，肯定不是愚臣所能獨修，翁源縣令、廣南西路經略安撫司勾當公事劉恕，將作監主簿趙君錫，均以史學為眾所推，請特差二人與臣同修，大概可以早日成書，且不至疏略。」

詔從之，令接續所進呈八卷編寫，書成後，再賜給書名。後來趙君錫因為父親去世，不能赴任，於是命太常博士、國子監直講劉攽代替。

從司馬光的奏章裡我們可以看到，他編這樣一部書的目的，實際上很明確，就是要為帝王編一部教科書。至於編輯方法以及體例，都有相當成熟的設計，又因為工作量太大，申請了兩個助手，皇帝很快答應。我們今天不得不說，皇帝真是英明，要不是英宗，我們不可能讀到《資治通鑑》。

這樣書局就成立了，設在崇文院。崇文院大致相當於國家圖書館。按規定，書局的編輯可以借閱龍圖閣、天章閣、三館以及祕閣的所有書籍。皇帝又賜給親筆題字、御筆、御墨、御用繒帛，還有御前錢——大家可以拿來隨意買些水果、點心之類的東西。另外，又以內臣為承受，就是辦事人員，負責處理一些日常的雜務。司馬光說這樣的待遇，「眷遇之榮，近臣莫及」。

來認識書局的最初成員吧，他們都是司馬光的重要助手。

先說劉恕。

劉恕，字道原，筠州（治今江西省高安市）人。父名渙，字凝之，曾任潁上縣（今安徽省潁上縣西北）縣令，因剛直不能奉事上司，於是棄官而去，隱居廬山，時年五十。歐陽脩與劉渙為同年進士，讚賞其高節，為作〈廬山高〉詩。劉渙居廬山三十多年，家徒四壁，天天喝粥，但精神生活很充實，神遊八極，超然物外，無疾而終。劉恕年少聰穎，過目成誦。八歲，有客人說孔子沒有兄弟，劉恕應聲道：「以其兄之子妻之。」著實把客人震了一下；十三歲，打算應考制科，向人借閱《漢書》及《唐書》，一個月就看完歸還了；曾去拜謁宰相晏殊，提問題並反覆詰難，直至晏殊答不上來。劉恕在巨鹿（今河北省巨鹿縣）的時候，晏殊把他召到府上，隆重地接待他，請他講《春秋》，晏殊自己則親率官屬認真聽講。

司馬光認識劉恕是在那年的貢舉上。前文提過，當時劉恕十八歲，是考生，司馬光是貢院的屬官。這年劉恕所作的賦、詩、論、策也入高等，但殿試不中格。又下國子監試講經，再次第一，遂賜進士及第。

劉恕初任巨鹿主簿，遷和川縣（今山西省安澤縣北）縣令，打擊豪強，揭發隱祕，一時能吏自以為不及。劉恕為人重情義，守承諾。郡守因為得罪上司而遭彈劾，屬吏也都連坐下獄，劉恕獨自周濟他們的妻小，如同自己的骨肉；又當面指責轉運使，說他利用法律條文的苛細，加罪於人。

劉恕篤好史學。自太史公所記，至後周顯德（西元九五四年—九五九年）末年，紀傳之外至私記雜說，他無所不讀，上下數千年間，事無巨細，瞭若指掌。司馬光編修《資治通鑑》，英宗命自擇館閣英才同修，司馬光說：「館閣當中，文學之士，確實不少，至於專精史學，臣知道的，只有和川縣令劉恕一人。」即召為局僚。後來書成，司馬光又說：「凡數年間，史事之紛錯難治者，則以諉之道原，光受成而已。」——史事紛繁錯雜不易弄清楚的，就交給劉恕處理，我不過坐享其成罷了。這不完全是客氣話。劉恕對於魏、晉以後的史事，考證最為精詳。

劉恕和王安石是舊交，王安石打算讓他參與制訂三司條例，劉恕以不熟悉財政為由謝絕了，並說天子委公國政，應發揚堯、舜之道，輔佐明主，不應以利為先。王安石雖不答應，但也不怒；但後來朝廷內外對新法多有議論，劉恕去見王安石，條陳不得人心的變更，勸他恢復，王安石大怒，臉色鐵青，劉恕絲毫不退讓。有時左右都是王安石的人，劉恕高聲論其過失，毫不避諱。王安石遂與之絕交。當時王安石執掌朝政，眨眼成禍福。初持異論最終附和、當面讚譽背後毀謗、口是心非的人，比比皆是，而劉恕全然不顧，直論其事，得失無所隱。

司馬光出知永興軍後，劉恕以老母年邁，求監南康軍酒，以就近侍養。朝廷准他在任上繼續修書。司馬光判西京御史臺，奏遷書局至洛陽。後數年，劉恕請往洛陽，與司馬光討論修書事，獲得朝廷的批准，在洛陽留數月後南歸。還沒到家，聽說母親去世，就得了「風疾」，右手右足癱瘓，非常痛苦，但呻吟的間隙，就爬起來修書，病危才把書稿捆好，託人送回書局。神宗元豐元年（西元一〇七八年）九月卒，官至祕書丞，年僅四十七歲。

劉恕治學，自曆數、地理、官職、族姓，甚至前代的官府公文，都拿來研究，以為佐證，求書不遠數百里，且讀且抄，廢寢忘食。在洛陽的時候，與司馬光同遊萬安山，路旁有碑，是五代一列將的，不知名，劉恕即能說出他的生平事蹟。回來查驗舊史，果然絲毫不差。宋次道曾任亳州知州，家中藏書頗富，劉恕特地繞道去借閱。宋次道為盡地主之誼，每天讓人做很多好吃的招待他，劉恕說：「此非吾所為來也，殊廢吾事，願悉撤去！」——我來不是為了這個，太耽誤我了，都撤掉吧！他把自己關在房間裡，夜以繼日，口誦手抄，留了十天，「盡其書而去，目為之翳」，連眼睛都讀壞了。劉恕好著書，計畫中的書很多，可惜不幸早逝。已完成的有《十國紀年》四十二卷、《包羲至周厲王疑年譜》一卷、《共和至熙寧年略譜》一卷、《資治通鑑外紀》十卷，其他都未及完成。

劉恕家裡窮，但絲毫不妄取於人。從洛陽南歸，當時已是十月，相當冷，司馬光見他沒有禦寒的衣物，就拿出自己的衣、襪一兩件，以及一件舊貂褥送給他，劉恕堅辭，司馬光強給他，才勉強接受，但走到潁州（治今安徽省阜陽市），又全部封還。司馬光說：「於光而不受，於他人可知矣。」

劉恕「好攻人之惡」，喜歡批評人，每自省平生有二十失、十八蔽，又作文自警，但終不能改。

劉恕死後七年，《資治通鑑》書成，追錄其勞，以其子羲仲為郊社齋郎。

再說劉攽。

劉攽，字貢父，臨江新喻（今江西省新餘市）人。此人最大的特點，就是特別詼諧幽默。《澠水燕談錄》卷十說：當時士大夫好談水利，有人就建議把梁山泊排乾，改作農田。其他人就問：

梁山泊就是古代的巨野澤，方圓數百里，排乾改為農田，夏秋之交雨水四集，怎麼辦？劉攽正好在場，慢悠悠地說：「在旁邊再鑿個大池子，大小正好相同，不就得了！」在場的人全體笑倒。

劉攽與王汾兩人同在館閣供職，都喜歡開玩笑。一天，劉攽去拜訪王汾，跟他說：「您已改賜章服（標誌官階品級的禮服），所以特來道賀！」王汾很驚訝，說沒接到詔命！劉攽說：「今天早上剛聽到的傳報，你去問問好了。」王汾派人私下打聽，確實是有聖旨，但內容是：諸王墳得用紅泥塗之。——諸位王爺的墳墓，可以用紅泥抹一下。

顯然，這樣容易得罪人。性格即命運這句話，可以在劉攽身上得到驗證。劉攽在州縣做了二十年的地方官，才得任國子直講。因歐陽脩等人的推薦，召試館職，但他與御史中丞王陶有舊怨，王陶率侍御史蘇宷一起排擠他，劉攽官都做到員外郎了，才任館閣校勘。

王安石在講筵時，請求坐下來講。劉攽說：「侍臣講論於前，不可安坐，避席立語，乃古今常禮。君使之坐，所以示人主尊德樂道也，若不命而請，則異矣。」意思是說站著講是古今常禮，君主賜座，那是君主表示尊德樂道，如果沒有賜座自己請求，就不一樣了。禮官一致贊同，於是成為定制。

劉攽曾做考官。當時，另一考官呂惠卿，把阿諛時政的都列在高等，而直陳時政缺失的都列其下；劉攽覆考，全都倒過來。他還曾寫信給王安石，說新法不好，王安石大怒，於是新帳老帳一起算，將劉攽貶為泰州（治今江蘇省泰州市）通判。後以集賢校理、判登聞檢院、戶部判官知曹州，曹州當時盜賊橫行，重法不能禁，劉攽說：「民不畏死，奈何以死懼之！」到任後行政尚寬平，盜賊卻漸漸銷聲匿跡。出任京東轉運使的時候，屬吏執行新法不力的，劉攽竭力保全。另一人繼任，能奉行法令，羅致財賦。於是劉攽被追究廢弛之罪，貶為監衡州（治今湖南省衡陽市）鹽倉。

哲宗即位，劉攽起知襄州（治今湖北省襄樊市）。然後，入朝任祕書少監，以病求去，遂加直龍圖閣、知蔡州（治今河南省汝南縣）。中書舍人蘇軾等奏：劉攽博聞強記能文章，從政直追古代循吏，多才多藝，堅韌不拔，朝廷應多准他點假，使留京師。因此到蔡州僅數月，又召拜中書舍人。不久一病不起，年六十七而卒。

劉攽著書百卷，尤精於史學。所著《東漢刊誤》，為人稱道。司馬光修《資治通鑑》，劉攽負責漢史。

司馬光打算做一部通史，如果這件事由他獨力來做，那性質就屬於私修；幸而英宗皇帝很有歷史眼光，給予司馬光大力支持，使私修變成了官修。司馬光再不是單槍匹馬，他有了兩個助手，都是一時之選。這裡有個有趣的現象：兩位助手都姓劉，而且都與王安石同鄉；司馬光與王安石政見不同，但與王安石的兩個同鄉相處得卻十分融洽。

第六章　東京夢華（下）

堅辭翰林

治平四年（西元一〇六七年）正月初八日，英宗駕崩；二十歲的皇太子趙頊（ㄒㄩˋ）即位，是為神宗。

英宗剛剛晏駕的時候，急召太子，太子還沒到，英宗的手突然又動了一下。曾公亮愕然，慌忙告訴韓琦，要他等一下，別急著召太子。但韓琦斷然拒絕，說先帝要是復活，就是太上皇了！

英宗只活了三十五歲，可謂英年早逝，在位的時間也很短，只有三年多。為什麼呢？有人認為，問題出在仁宗的陵寢上。仁宗永昭陵的所在，地名「和兒原」（在今河南省鞏義市），當時就有人說：「地名和兒原，非佳兆。」果然，三年後英宗就晏駕了。這大概算是華人獨有的思維習慣吧，對一些無法解釋的現象，追根溯源，總會找到祖先的墳墓上。

神宗，英宗長子，母親宣仁聖烈皇后高氏。慶曆八年（西元一〇四八年）四月，生於濮王宮，即位時實際年齡十九歲不到。慶曆八年八月，賜名仲鍼。嘉祐八年（西元一〇六三年），侍英宗入居慶寧宮。英宗即位，授安州觀察使，封光國公。五月，於東宮聽授經籍。

神宗天性好學，終日勤苦，廢寢忘食，英宗不得不經常派遣內侍去制止他。侍講王陶進講，神宗率弟弟趙顥拜之。九月，加授忠武軍節度使、同中書門下平章事，封淮陽郡王，改名為趙頊。治平元年（西元一〇六四年）六月，進封潁王。治平三年（西元一〇六六年）三月，娶前宰相向敏中的孫女為夫人。十二月，立為皇太子，神宗此前的經歷大致如此。

治平四年（西元一〇六七年）閏三月二十六日，龍圖閣直學士兼侍講司馬光被授官為翰林學士，同時升任此職的，還有龍圖閣直學士知蔡州呂公著。

司馬光的此次升遷，可能跟此前參知政事歐陽脩的舉薦有關。當時歐陽脩上奏：「臣伏見龍圖閣直學士司馬光，德性淳正，學術通明，自列侍從，久司諫諍，讜言嘉話，著在兩朝。自仁宗至和（西元一〇五四年—一〇五六年）服藥之後，群臣便以皇嗣為言，五六年間，言者雖多，未有定議。最後光以諫官，極論其事，敷陳激切，感動主聽。仁宗豁然開悟，遂決不疑。由是先帝選自宗藩，入為皇子。曾未逾年，仁宗奄棄萬國，先帝入承大統。」

歐陽脩接著說：

以人心先定，故得天下帖然。今以聖繼聖，遂傳陛下。由是言之，光於國有功為不淺矣。而其識慮深遠，性尤慎密。光既不自言，故人亦無知者。今雖侍從，日承眷待，而其忠國大節，隱而未彰。臣忝在政府，詳知其事，不敢不奏。

（《盧陵文鈔》）

歐陽脩主要表達了兩層意思：一是司馬光德才兼備，任諫官已久，成績突出；二是司馬光最後促使仁宗下定決心，將皇位傳給了英宗皇帝，因此陛下現在才能繼承大統。總結出來感覺很枯燥，不像歐陽脩的言辭，古文家就是古文家。而且，歐陽脩的表達很含蓄，不過，神宗肯定能領會到這些內容。

前面已經看到，「濮議」當中，司馬光與歐陽脩針鋒相對，水火不容，互稱對方為奸邪。但事情過去之後，歐陽脩對司馬光又能誠心舉薦，不遺餘力，這當然是一種政治胸懷的表現。

翰林學士隸屬翰林院。翰林院設翰林學士承旨、翰林學士、知制誥、直學士院、翰林權直、學士院權直。翰林學士承旨是翰林院的長官，「不常置，以學士久次者為之」，常常空缺，是個論資排輩的職位。凡以別的官職入院又未授任學士，叫作直院；學士俱缺，以別的官職暫行院中文書，叫作權直。翰林學士「掌制、誥、詔、令撰述之事」，皇帝「乘輿行幸，則侍從以備顧問，有獻納則請對，仍不隔班」，相當於皇帝的高級祕書兼顧問。

翰林院可以說是宰相的搖籃，宋人葉夢得在《石林燕語》中寫道：「祖宗用人，多以兩省（中書省與樞密院）為要，而翰林學士尤號清切；由是登二府者，十常六七。」由翰林學士進入兩府的，十人當中就有六七人。經學士院而任宰相的人數，宋人李心傳在《朝野雜記》中曾有專門的統計，他說自建隆至熙寧，在翰林院的共一百零九人，而做到宰相的，就有二十一人。其中，太祖時九人，一相；太宗時二十三人，四相；真宗時十五人，四相；仁宗時五十二人，九相；神宗時十人，三相。

提拔誰不喜歡？何況宰相的位子，已經遙遙在望。可是，三天後的閏三月二十九日，司馬光上〈辭翰林學士第一狀〉：

右臣竊聞已降敕告在門，除臣翰林學士者。臣聞人臣之義，陳力就列，不能者止。臣自從仕以來，佩服斯言，不敢失墜。頃事仁宗皇帝，蒙恩除知制誥，臣以平生拙於文辭，不敢濫居其職，瀝懇固辭。仁宗皇帝察其至誠，遂賜開許。今翰林學士比於知制誥，職任尤重，固非愚臣所能堪稱，聞命震駭，無地自處。

況臣於先皇帝時，以久宦京師，私門多故，累曾進狀，乞知河中府，或襄、虢、晉、絳一州，後值國有大故，及所修《君臣事蹟》，並未經奏御，以此未敢更上文字。日近方欲再有陳乞，不意忽叨如此恩命，臣雖頑鄙，粗能自知，非分之榮，必不敢受。伏望聖慈察臣非才，不堪此任，特賜哀矜，遂其微志，許以舊職知河中府，或襄、虢、晉、絳一州，若此數處未有闕，即乞於京西、陝西路，除一知州差遣。如此則上不累公朝之明，下不失私家之便，誠為大幸。干冒宸嚴，臣無任惶恐懇切之至。

（《傳家集》卷三十七）

「陳力就列，不能者止」，就是說如果你自覺能夠勝任，就盡職盡責，努力把事情做好；但如果自覺不行，那就乾脆別做。這是司馬光堅守的原則。以前本著這個原則，司馬光辭掉了知制誥，此次翰林學士的任命，自然也不能接受。

不久，司馬光又上〈辭免翰林學士第二狀〉，談到翰林學士這個職位，他說：「唐室以來，士人所重清要之職，無若翰林，自非天下英才，聲稱第一，詳識典故，富有文章，雖欲冒居，豈厭眾意？」也就是說唐代以來，清要的官職，知識分子最看重的，就是翰林學士了，要不是天下英才，聲譽第一，詳知典章，富有文采，即便他想濫竽充數，又如何能夠服眾？然後說到自己：「臣稟賦頑鈍，百無所堪，在於屬辭，尤為鄙拙，安敢強顏，輒為此職？人雖不言，能不內愧？」這是司馬光的自我評價，但別人理解，當然是些自謙的話，不能信以為真，起碼神宗皇帝不信。

因此，仍然不許。

四月十三日，司馬光再上〈辭免翰林學士上殿劄子〉，說：「臣不是不知道美官難得、詔旨難違，所以再三煩擾，實在因為人的材性，各有短長，人君當量能授官，人臣當盡職盡責，這樣就無事荒廢，上下合宜。臣自幼以來，雖稍曾讀書，但稟性愚鈍，拙於文章，若使解經述史，或者略有所長，至於代言草詔，最為所短。如今若貪圖榮寵，妄居此職，萬一朝廷有重大詔令，或者任命稍多，臣才思枯竭，必至擱筆；即便勉強草就，必定極為鄙惡，宣布四方，使共傳笑，豈只彰微臣之醜，恐怕也是朝廷之恥。這就是臣所以寧犯譴怒，而不敢當清要之選的原因所在。陛下若察臣至誠，知非矯飾，特賜憐憫，收回成命，就是掩臣所短，全臣所長。況且臣自通判并州歸來，居留京師十有餘年，去年堂兄司馬里過世，孤兒遺孀無人照管，臣曾多次奏乞先帝，於家鄉近便處任一官，也蒙恩獲准，等修書略成規矩，就授外任。不久先帝駕崩，臣哀痛慌亂，就沒再提起，近日正要將所修《前漢紀》三十卷進呈，然後再行請求，不料忽然有此恩命，實在不是愚臣本心所願，憂愁惶恐，不知如何。伏望聖慈依臣前奏，只以原職於晉州、絳州，或京西路、陝西路，授一知州差遣。」

與神宗的問答，可能就在這次上殿時。神宗對司馬光說：「古代的君子，有的有學識但缺乏文采，有的有文采但缺乏學識，只有董仲舒和揚雄兩人，兼而有之。卿既有文采，又有學識，還推辭什麼？」

司馬光答：「臣不能作駢文。」神宗寬容：「那就像兩漢那樣制詔好了！」司馬光很為難：「本朝無此先例。」神宗表示疑惑：「卿能舉進士取高等，卻說不能作駢文，為什麼？」

司馬光疾步出殿，神宗派內侍追至門，硬要司馬光接受敕告。司馬光下拜，但不接受。內侍催司馬光入謝（接受任命後，向皇帝表示感謝），說聖上正等著先生呢！司馬光進至廷中，仍堅辭。神宗讓內侍將敕告塞進司馬光懷裡，司馬光不得已才接受。

後來有一天，神宗問王陶：「呂公著、司馬光任翰林學士，合適嗎？」王陶答：「兩人臣都曾有舉薦啊！這樣用人，還愁治理不好天下嗎？」

押班問題

治平四年（西元一〇六七年）四月初八日，御史中丞王陶彈劾韓琦、曾公亮不押常朝班，甚至說韓琦跋扈，並引漢代霍光、梁冀的專橫故事，作為比喻。所謂押班，是指百官朝會的領班，管理百官朝會的位次。宋代兩省官員及文武百官，每日在文德殿朝見皇帝，叫作常朝。

此前，御史臺曾申報中書省，說查閱了《皇祐編敕》（就是仁宗皇祐年間的敕令彙編），常朝日，應輪流由一名宰相押班，但現在沒有，竊慮此編敕另有黜降官職的懲戒條款，請明示。中書省沒有答覆。王陶又申報宰相，仍然沒有答覆。

公正地說，王陶明顯有找茬的意思，但中書省及宰相置之不理，也過於傲慢了。

史家認為，王陶的彈劾其實醉翁之意不在酒。當初，王陶對韓琦十分恭敬，韓琦也特別器重他。神宗做太子的時候，因為韓琦的舉薦，王陶做了太子的屬官。神宗即位後，對大臣專權很不高興，王陶估計人事上必將有所調整，就想取宰相而代之，所以視韓琦為仇敵，拼命攻擊。王陶做事，顯然太急功近利了。

四月十七日，韓琦、曾公亮上表待罪。神宗把王陶的奏章給韓琦看，韓琦說：「臣不是跋扈的人，陛下遣一小宦官來，就可以把臣綁去！」神宗聽後，為之動容。可是王陶依舊連連上章，彈劾不已。神宗問知制誥滕甫，滕甫說：「宰相固然有罪，但指為跋扈，臣以為就屬於欺騙和誣陷了。」

四月十九日，為迴避矛盾，神宗讓司馬光和王陶調換了職務，王陶改任翰林學士，而司馬光權御史中丞。

四月二十日，司馬光入謝，說近來宰相權重，如今王陶因論宰相而被免職，那麼將來的御史中丞，就只有拱手了。希望等宰相押班，然後就職。神宗答應了。

當時，司馬光任御史中丞的敕告已進呈，而王陶任翰林學士的敕告，中書省卻遲遲沒有下文。二十一日，吳奎、趙概上朝，堅決請求把王陶貶到地方上去，神宗不許；又退而求其次，請求讓王陶去做群牧使，許之。既而神宗又改變了主意，直批下中書省，任王陶為翰林學士。當時韓琦請假在家。吳奎立即上奏，說唐德宗懷疑大臣，寵信一幫小人，斥退陸贄而以裴延齡等為心腹，天下稱為昏君。如今王陶恃舊恩，排擠正直，像韓琦、曾公亮不押班，大概從來相承，並非由他們廢止，現在如果又行內批，任王陶為翰林學士，就是他因有錯，反獲美遷，天下人會怎樣看待陛下呢?王陶不黜降，陛下無法要求內外大臣盡忠竭誠。二十二日，吳奎即稱病，請求免職。

從司馬光四月二十二日所上的〈乞王陶只除舊職劄子〉我們得知，前一天皇帝召見了司馬光，給他看過吳奎的劄子，又講了吳奎與王陶的種種情形，司馬光依據見聞，作了陳奏。神宗起初打算讓王陶仍任舊職，後來又打算讓他任侍讀學士，徵求司馬光的意見，司馬光一時倉促，未有答對。回來之後，司馬光想了一夜，並寫下這個奏劄。司馬光說，侍讀學士與翰林學士的資級基本一樣，若授予王陶這個職位，恐怕吳奎還是不肯就職。陛下新即位，屢有大臣不安其位，吳奎素有樸直之名，萬一因此刺激，再有過火的舉動，若當即罷免，士大夫會很失望；若屢詔不肯就職，更有損陛下的威嚴。況且，王陶本因論事不聽，辭免御史臺的職務，待罪之際，若又授以美官，竊料王陶也不敢接受。希望只還給王陶做御史中丞前的舊職。這樣，吳奎已有商量，不敢不就職；王陶既是舊職，受之也心安。如此可免再起紛爭，重創朝廷大體。

可是，神宗把吳奎的劄子也給王陶看了。王陶於是又彈劾吳奎依附宰相、欺瞞天下等六大罪狀。侍御史吳申、呂景也上疏請留王陶，繼續做御史中丞，並彈劾吳奎有無君之心，歷數其五大罪狀。神宗以手劄賜知制誥邵亢，催他進呈王陶任翰林學士的敕告，邵亢於是說御史中丞的本職就是彈劾，陰陽不和，錯在執政；吳奎顛倒是非，有失大臣之體。神宗因此有逐吳奎之意。龍圖閣直學士韓維說，宰相跋扈，按律當誅。若王陶所言為是，宰相怎能無罪；若王陶所言為非，怎能僅僅免職而已？任翰林學士，是升遷啊！希望讓群臣當廷辯論，分清是非。

二十三日，神宗批示中書省：王陶、吳申、呂景詆毀大臣，王陶出知陳州（治今河南省淮陽縣），吳申、呂景各罰銅二十斤；吳奎位居執政卻彈劾中丞，又把手詔當作內批，並扣留三天，罷相出知青州（治今山東省青州市）。神宗這樣做，等於各打五十大板。

四月二十四日，司馬光上〈留吳奎劄子〉，說：「外界議論紛紛，都認為吳奎不應被貶，所以如此，大概因為吳奎的名望，向來重於王陶。雖然他如今封還詔書，徑歸私第，舉動語言，頗有過失，但朝廷之外，不知原委，只見陛下因為王陶，就免了吳奎，懲罰太重，能不驚駭？臣擔心其他大臣們，因此皆不自安，紛紛求去。陛下新登大寶，先帝梓宮（棺材）在殯（待葬），若舉朝大臣紛紛盡去，於四方視聽，似乎不大合宜。希望陛下收回青州敕告，且留吳奎在政府，以慰士大夫之望，安眾大臣之意。這樣，陛下以吳奎違詔而黜之，威令已行；嘉吳奎率直而留之，用意尤美。吳奎初受嚴責，為陛下英斷懾服；終蒙開釋，對陛下感恩戴德。上下歡悅，實無所損。陛下素知臣不是朋附大臣的人，所以敢不避嫌疑，極意盡言，只求顧全朝廷大體。」

此前神宗讓張方平接替吳奎的位置，張方平拒絕了，並說韓琦長期休假，如果吳奎被免，韓琦一定不肯出來。韓琦對王室有功，希望陛下恢復吳奎的職務，並手詔韓琦，使善始善終。

二十四日，曾公亮入對，也請留吳奎。神宗許之。

二十五日，皇帝召吳奎至延和殿，安撫一番，使官復原職，說：「成王豈不疑周公邪？」

王陶到了陳州，在謝上表中繼續攻擊宰相，中書省擬再貶王陶。司馬光說王陶的確有罪，但陛下要廣開言路，屈己愛陶，唯獨宰相不能相容嗎？中書省才作罷。

此前，司馬光曾上〈乞更不責降王陶劄子〉，說：

臣竊聞政府因為王陶謝上表，言辭狂率，恣為詆毀，多過其實，欲有敷奏乞重，加責降審或如此，恐不可許，何則？自仁宗皇帝以來，委政宰輔，宰輔之權，誠為太重；加上臺諫官被貶者，多因指大臣之過失，少因犯人主之顏色，是威福之柄潛移於下。陛下方將乾剛之盛德，伸元后之威斷，收還利器，以就其弊今者王陶肆其褊心，失於詳審言語，不密流遠近，雖實有罪，然陶前者出之陳州。陛下蓋以先帝梓宮在殯，特為大臣屈意行之。今若又以表文詆毀大臣，重加責降，臣恐人主之權益去，大臣之勢遂成。興衰之機於此乎在，不可不察也。

（《傳家集》卷三十八）

五月初四日，韓琦、曾公亮請下太常禮院詳定：宰相到底該不該押常朝班？

在〈乞罷詳定宰臣押班劄子〉中，司馬光說：「如今王陶既補外官，宰相已赴押班，臣以為朝廷可以沒事了，而宰臣又有此奏，萬一禮官迎合，以為宰相不該押班，御史中丞若沉默不言，朝廷儀制遂廢，若辯論是非，與前日情形又有何異？爭議必將無休無止。如今災異屢降，饑饉接踵，官多用寡，兵眾不精，冗費日滋，公私困竭，戎狄桀驁，邊鄙無備，百姓流亡，盜賊將起，朝廷夙夜所憂，應以此數者為先，而以餘事為後。伏望陛下特降詔旨，令宰臣依國朝舊制押班，所有下禮院文字，乞再不令詳定。」

初六日，詔自今往後，晝刻辰（上午七點至九點）正，垂拱殿奏事未畢，宰相可以不去文德殿押班，令御史臺散朝退下；未及辰正，都要按祥符敕令，去文德殿押班，永為定制。

當月司馬光又上〈論宰臣押班劄子〉，認為從來垂拱殿議事，中書省、樞密院及其他臣僚奏事畢，少有不過所定時辰的，那麼從今往後無事之日，宰臣就永遠不去文德殿押班了。請詔宰臣依國朝舊制押班，或更改所定時辰。司馬光的奏摺沒有得到批覆。雖不圓滿，但似乎也只好如此了。可事情還不算完。不久，韓維、呂景相繼求去，請求到地方上任職。

五月十二日，司馬光又上〈留韓維、呂景劄子〉，說：「韓維沉靜方雅，在陛下舊日宮僚當中，最有美譽，如今無故稱病求去，外人都不知究竟。呂景渾厚剛正，今日言事之臣當中，亦為難得，身為臺官，坐言事罰銅，確使他羞辱，難以立朝，不如貶竄來得痛快。二人都是陛下腹心耳目之良臣，一旦俱從外補，對二人自然方便，只是臣為陛下感到可惜。伏望陛下且留之左右，使拾遺補闕，定有所裨益；若必不可留，臺官請再莫推舉他人，只在舊臺官呂大防、郭源明、馬默等數人中，選擇一人以補其闕。」司馬光最後說：「所貴得質直之人，克厭眾心。」當然，這是選擇御史的根本原則。

宋制兩府大臣常朝日要押班，但到了治平四年（西元一〇六七年）的時候，這項制度很久沒執行了。王陶無事生非，要找兩府大臣的茬，而兩府大臣大權在握。一邊是兩府大臣，一邊是自己的東宮舊臣，神宗皇帝左右為難。司馬光說自己不是依附大臣的人，他是以獨立的姿態發言，想皇帝之所想，急皇帝之所急，是皇帝的好參謀。司馬光說眼下國家大事很多，相比較而言，押不押班就是細枝末節，他的大局觀特別強烈。就整個事件處理來看，司馬光的建議無不公允。

農民可憐

治平四年（西元一〇六七年），河北大旱，饑民源源不斷，流入京師。六月十三日，待制陳薦請將便糴司的陳米貸給百姓，每戶兩石。皇帝從之。

六月十七日，司馬光上〈言賑贍流民劄子〉。從中我們可以讀到當時的情形：朝廷派遣官員，支撥粳米，在永泰（京師汴梁北四門之一，其餘為通天、長景、安肅）等門，遇有河北路流民經過，就按大人一斗、小孩五升的標準支給（不再是每戶兩石），並耐心勸說，京師難以容納，速往附近豐稔州軍謀生。

司馬光說，「欲以為恤民之名、掩人耳目則可矣，其實恐有損無益」。為什麼呢？此前聽說河北訛傳京師散米，於是饑民源源而來，現在這樣做，正好使傳言得到證實，只會招來更多的流民。京師的米有限，而河北流民無窮；既而無米可給，饑民將不免聚集而餓死。今年秋天很可能歉收，一斗五升米，只能維持數日，怎能應付饑饉？且趨利避害，人之常情，如果京師可以活命，就是驅趕，老百姓也不肯離開，如果外州可以活命，就是強迫也不肯留下，絕對不是憑口舌就能說服得了的。

所以有流民，司馬光認為問題出在平時。他說：民之本性，懷土重遷，難道他們就願意背井離鄉、捨棄親戚田園、流離道路、向人乞討嗎？只因豐收年景，糧食山積，公家既不肯收糴，私人也不敢積蓄，糧食隨手散盡，春天指望著夏收，夏天又指望著秋收，上下偷安，不做長遠打算，因此稍遇天災，就糧食已絕，公私索然，無以相救。指靠官府，不能周遍；向富戶借貸，又借不到。錯在無事之時，不在凶荒之年。加之地方長官，多不得其人，看到百姓窮困，卻毫不憐憫，增收沒名頭的賦稅，徵調不緊急的勞役，官吏因緣為奸，蠹弊百出，百姓困窮，無以為生，不免有四方之志，以為他處必有饒樂之鄉、仁惠之政可以安居，於是砍伐桑棗，拆毀房屋，宰殺耕牛，典賣良田，累世之業，一朝破產，然後相攜上路。若所到之處，又無所依，進退失望，老弱不轉死溝壑，壯健不起而為盜，還有其他歸宿嗎？

司馬光認為，解決問題的關鍵，在於得人：「以臣愚見，莫若謹擇公正之人，去做河北監司，使察訪災荒州縣，長官不勝任的，就撤換掉。然後多方籌集糧食，賑濟本州縣災民。若糧食少，不能周遍，就先救土著農民；根據戶籍，先從下等開始，依次賑濟。這樣供給的糧食有限，可以預先節制。若富戶有積蓄，由官方擔保，任其貸出，適當收取利息；等豐收後，官府代為收繳，示以必信，不可誆騙。如此，將來百姓必定爭相蓄積。饑民知道本地有活路，自然不會拋棄舊業流落他鄉；居者已安，出外的人就會考慮返回。每個縣都這樣，哪還會再有流民？」

司馬光的建議很快被採納：皇帝下詔河北轉運使司約束所轄州縣，備加存恤。流民當然都是不得已。每逢荒年，很多農民不得不輾轉道路，客死他鄉，充滿了辛酸。而且對社會來講，流民也是個很大的不安定因素。司馬光的方法，是要從源頭上解決問題。

說過了流民問題，再來說農民的負擔。

治平四年（西元一〇六七年）六月二十五日，詔天下官吏，有能知差役利弊，並可以寬減的，條分縷析，密封奏聞。

此前，三司使韓絳說，害農之弊，無過於差役法。最重的衙前役，往往導致農民破產；其次是州役，也花費不菲。曾聽說京東有父子二丁，要服衙前役了，父親對兒子說：「我應去死，好使你們母子免於凍餓。」於是上吊自盡。又聽說江南有人嫁祖母，及與母親分家，以逃避差役。又有人出賣田地以降低戶等，田地歸了官戶，它們不用負擔差役，而差役則分攤給現存的同等人戶。希望令中外臣庶，條陳利弊，由侍從臺省官員集議裁定，使力役沒有偏重的毛病，農民可以安居樂業。

神宗採納了韓絳的建議，因此有以上的詔令。關於役法的討論，由此開始。

我們都知道，五代以來，以衙前負責官物的供給或運輸；以里正、戶長、鄉書手催收賦稅；以耆長、弓手、壯丁抓捕盜賊；以承符、人力、手力、散從供官府差遣，負責跑腿。此外，縣曹司至押錄，州曹司至孔目官，下至雜職、虞候、揀掐等，各以鄉戶，按戶等差充，都由百姓充當。百姓不勝其苦，其中尤以衙前為甚。

九月，司馬光上〈論衙前劄子〉。司馬光首先讚歎：「此誠堯舜之用心，生民之盛福也！」從此劄子我們得知，約在十年以前，國家實行的是里正衙前，就是由里正承擔衙前役，後來民間苦於里正，里正遂被廢除。繼而置鄉戶衙前，就是以各鄉的上等人戶，輪流承擔衙前役。接著，又因各鄉貧富不同，於是確定衙前人數，有缺就從縣中諸鄉選家產最多的一戶補充。如此實行十多年，民間反而越加貧困。當時有論者認為，一州一縣，利弊不同，如今統一立法，未必最好；而里正只管催稅，人們都願意做，衙前會導致破產，當然都不願意做，百姓所苦在衙前，不在里正，今廢里正而存衙前，是廢其所樂而存其所苦；又過去每鄉只有里正一人，假如有上等十戶，一戶服役，其餘九戶還可以休息，專心營生。

司馬光認為，所以勞逸不均，「蓋由衙前一概差遣，不以家業所直為準。若使直千貫者應副十分重難，直百貫者應副一分重難，則自然均平。今乃將一縣諸鄉，混同為一，選物力最高者差充衙前，如此則有物力人戶，常充重役，自非家計淪落，則永無休息之期矣」。意思是說，要承擔的重役（比如衙前）比例，應當與家庭資產多少掛鉤，資產千貫的，承擔十分；資產百貫的，承擔一分，這樣就平均了，不至於讓人破產了。現在的做法，使資產多的人戶總承擔著重役，除非家庭敗落，資產減少，永遠也別想休息。

「有司但知選差富戶，為抑強扶弱，寬假貧民，殊不知富者既盡，賦役不歸於貧者，將安適矣？借使今日家產直十萬者充衙前，數年之後，十萬者盡，則九萬者必當之矣。九萬者盡，則八萬者必當之矣。自非磨滅消耗，至於困窮而為盜賊，無所止矣」！誰富誰倒楣，因此富戶反不如窮戶，富的要設法變窮，窮的要設法維持。司馬光認為，因此置鄉戶衙前以來，老百姓更加貧困了。

接著司馬光說：「我曾在村裡行走，見農民都很窮。詢問原因，都說是不敢富，想多種一株桑，多買一頭牛，儲存兩年的口糧，藏十匹帛，鄰里已視你為富戶，選你去充衙前了，哪還敢再增加田畝、修葺房屋？臣聽了特別傷心，哪有聖明帝王在上，四方無事，卻立法讓老百姓不敢為長久之計的？凡治國，就怕只看眼前利益，不考慮長遠危害，所以當初置鄉戶衙前，大家都沒看出危害，到今天了才發現。若因循不改，時間越久，積患越深。希望特降詔旨，下諸路州縣，比較上述里正衙前與鄉戶衙前，各具利弊奏聞，各隨所便，另立條法，一定要讓老百姓敢營生計。」

司馬光的方法，概括地說，就是因地制宜。從奏劄中我們看到，司馬光對農民很有感情，他提出那些建議，固然是為國家長治久安，同時也是為農民的安居樂業。

誘降多患

治平四年（西元一〇六七年）六月二十五日，陝西轉運使薛向上奏：知青澗城（今陝西省清澗縣）种諤招降的西夏人朱令陵，是橫山（今陝西省橫山縣一帶）最有勢力的酋長，已給田十頃、住宅一所，乞再授予一官職，使誇示諸羌，以誘降橫山其他部族。皇帝詔增給田五頃。种諤在英宗時，曾獻〈西陲利害〉十五篇，去年冬天又上疏陳禦邊五策。當時邊臣屢有上奏，稱橫山部族可以招降。當天，召薛向入朝。凡薛向所陳計策，神宗要他別跟兩府講，只聽自己手詔直接指揮。

神宗所以這樣做，大概為了保密；再者，可能擔心公開後，會招致反對。薛向的計策中，就包括了誘降嵬名山。

西夏將領嵬名山的部落在綏州，他的弟弟夷山歸降了种諤。种諤派人經過夷山，去誘降嵬名山，用金盂賄賂他。嵬名山手下一小吏李文喜，接受了金盂，答應投誠，而嵬名山根本就不知道這回事。种諤立即上奏，說趙諒祚連年用兵，人心離叛，諒祚曾打算將橫山部族全部遷往興州（治今寧夏回族自治區銀川市，時為西夏京師所在），部族懷土重遷，他們的首領嵬名山，打算以橫山部族，擒趙諒祚來降。神宗信以為真。延州知州陸詵，以情況真假尚未搞清，告誡种諤切勿輕舉妄動。但种諤堅信不疑，言之鑿鑿。詔陸詵召种諤詢問，並與轉運使薛向，共同商議招降事宜。經商議，設計出三種方案，派幕佐張穆之入奏。張穆之行前曾接受薛向的授意，就說事情一準能成。神宗認為是陸詵不合作，就把他調到秦鳳路任職了。

雖是單線聯繫，相當隱祕，可那麼大的事情，怎麼隱瞞得了？九月十七日，司馬光上〈言橫山劄子〉，表示反對：

臣竊聞陝西邊臣，有上言欲招納趙諒祚國內人戶，漸圖進取者。臣竊惟諒祚驕僭之罪，宜伏天誅，為日固久，今國家新遭大憂，陛下初承寶命，公私困匱，軍政未講，恐征伐四夷之事，未易輕議也。況諒祚雖內懷桀驁，而外存臣禮，方遣使者，奉表弔祭，尚未還國，而遽令邊臣誘納其亡叛之民，臣恐未足以虧損諒祚，而失王者之體多矣。伏望陛下且以拊循百姓為先，以征伐四夷為後，速詔邊臣，務敦大信，勿納亡叛，專謹斥候，防其侵軼而已，俟諒祚咎惡既熟，中國兵穀有餘，然後奉辭伐罪，不為晚也。

（《傳家集》卷四十一）

劄子很簡短。反對的理由有二：一，無備，皇位剛剛完成新舊交替，公私匱乏，軍政未修；二，理屈，諒祚雖內懷桀驁，但外表仍奉臣禮，誘其叛臣，有失王者之體。

神宗沒有批覆。司馬光以為是劄子太過簡短，道理沒講清楚，九月二十四日，又上長逾兩千言的〈論橫山疏〉。

司馬光首先說：「臣聞王者之於戎狄，或懷之以德，或震之以威，要在使之不犯邊境，中國獲安，則善矣，不必以逾蔥嶺，誅大宛，絕沙漠，禽頡利，然後為快也。」我們都清楚，後者正是漢武帝的選擇。後世往往只稱道漢武帝如何開疆拓土，如何英雄神武，卻很少有人提及，當時的國家是怎樣的民不聊生、一塌糊塗，那是開疆拓土的代價。相比之下，彼此相安無事更理智，尤在素以「積弱」著稱的宋代。

然後談到西夏的民風：「臣聞夷狄之俗，自為兒童，則習騎射，父子兄弟，相與群處，未嘗講仁義禮樂之言也，唯以詐謀攻戰相尚而已。故其民習於用兵，善忍飢渴，能受辛苦，樂鬥死，而恥病終。此中國之民所不能為也。是以聖王與之校德，則有天地之殊，與之校力，則未能保其必勝也。」北宋之所以「積弱」原因很多，但我們得承認，民風是一個基礎性因素。

接著，司馬光又談到北宋開國以來，對西夏作戰的蒼白紀錄以及征伐與懷柔的利弊：太宗時討伐李繼遷，戰爭持續十餘年，結果終不能克，「發關中之民，飛芻輓（用車運送）粟，以饋靈州及清遠軍，為虜所鈔略，及經沙磧飢渴死者什七八，白骨蔽野，號哭滿道，長老至今言之，猶嘘唏酸鼻」。真宗即位，當時李繼遷被殺，真宗遂弔撫其孤，賜之節鉞，「訖於天聖（西元一〇二三年—一〇三二年）、明道（西元一〇三二年—一〇三三年），四十餘年，為不侵不叛之臣，關中戶口滋息，農桑豐富」。

後來李元昊反叛，「國家發兵調賦，以供邊役，關中既竭，延及四方，東自海岱，南逾江淮，占籍之民，無不蕭然，苦於科斂。自其始叛，以致納款，才五年耳，天下困敝，至今未復。仁宗屈己賜以誓詔，冊為國主，歲與之物，凡二十五萬，豈以其罪不足誅，而功可賞哉？計不得已也！」國家窮於應付，最後不得已，冊封李元昊為西夏國主，又賜給歲幣每年二十五萬。

因此，不宜主動挑起爭端。「王者之於諸侯，叛則討之，服則撫之，是以諸侯懷德畏討，莫不率從」。去年諒祚攻大順城（今甘肅省華池縣東北），殺掠吏民，今年春天朝貢又未按時送來，當時不能征討，「今朝廷既赦其罪，與其賜物，受其使者，納其貢獻，又從而誘其叛臣，激其忿心，是常欲其叛，而不欲其服也！信義賞罰，將安在乎？」

有人或許以為，他誘我百姓，我誘他臣子，以牙還牙，以眼還眼，有何不可？但司馬光說：「是特閭閻小人之語，非知國家大體者也！」接著打了個比方：「譬如鄰人竊己之財，己以正議責之可也，豈可復竊彼之財以相報邪？」聽說諒祚常有據關中、窺河東之心，而我新遭大喪，國庫空虛，關中百姓，自經西部戰事，財力凋敝，熟戶屢經殺掠，損失大半，即便現存的，也往往存有二心，「當此之際，陛下深詔邊吏，敦信誓，保分界，嚴守備，明斥候以待之，猶懼諒祚狼子野心，不識恩義，乘我釁隙，侵噬疆埸，又況彼不動而擾之，不來而召之乎？」此種情形之下，自然不宜多事。

即便真的來降，也無益處。名山所以歸降，「蓋亦私有忿恨，或別負罪惡，反側不安，欲倚大國之威，以逼其主，其所部之民，未必肯盡從也」。他聲稱自己如何有權勢，士卒如何多，如何多謀善戰，又如何為民擁戴之類，恐怕都是吹牛，為求自售而已。退一步講，「借令實能舉兵以與諒祚為敵，戰而勝之，則是滅一諒祚，生一諒祚也」！若不勝，必引餘眾來投，「諒祚悉起境內之兵以追之，怒氣直辭，長驅入塞，當是之時，非口舌文移所能解也！臣恐朝廷不惟失信於諒祚，又將失信於嚷側也」！到時候「若嚷側餘眾無幾，猶可以縛而送之，以緩諒祚之兵，然形跡已露，諒祚必叛無疑也；若嚷側餘眾尚多，還北不可，入南不受，窮無所歸，必不肯如山遇束手就死，將突據邊城，以救其命，更為中國之患，未有涯也」！不論哪種結果，都是後患無窮。

欲立功於外，必先治其內。「為今之計，莫若收拔賢俊，隨材受任，以舉百職；有功必賞，有罪必罰，以修庶政；慎擇監司，澄清守令，以安百姓；屏絕浮費，沙汰冗食，以實倉庫；詢訪智略，察驗武勇，以選將帥；申明階級，剪戮桀黠，以立軍法；料簡驍銳，罷去羸老，以練士卒；完整犀利，變更苦窳，以精器械」。現在八者未有其一，「臣恐不能得其降者數百，而虜騎大至，覆軍殺將，邊城晝閉，朝廷乃為之宵衣旰食，焦心勞思，興兵運財，以救其急」。終將無可奈何，「然後忍恥以招之，卑辭以諭之，尊其名以悅之，增其賄以求之，其為損也，不亦多乎？」這樣的結果，所失大於所得。

九月二十七日，司馬光再上〈言橫山上殿劄子〉：

臣近曾上言，趙諒祚即今稱臣奉貢，朝廷不宜納其叛臣，以興邊事，未審聖意以為如何？臣

> 之所言，非謂諒祚無罪，不可討也，又非能保其不叛也，但以國家今日內政未修，不可遽謀外事故也。伏望陛下察臣所言八事，舉百職，修庶政，安百姓，實倉庫，選將帥，立軍法，練士卒，精器械，然後觀四夷之釁，亂者取之，亡者侮之，何患不能復大禹之故跡，雪祖宗之宿憤也！
>
> （《傳家集》卷四十一）

司馬光語言背後的意思是說，誘降雖然可以獲得某些利益，但很可能因此導致戰爭，以國家目前的狀況，損失必定遠遠大於所得，那麼，我們最好還是捨棄這些利益吧。他的建議多少有點讓人洩氣，但我們不得不承認，他說的都是事實。

據史書上說，司馬光奏罷，神宗卻矢口否認：「這是外人訛傳。」司馬光不相信：「陛下可知薛向的為人？」

神宗答：「自然不是正人君子，只因他懂財政及邊防。」司馬光不以為然：「財政確實懂，邊防卻未必！」

神宗還想繼續保密，他準備同意誘降嵬名山，但种諤已等不及神宗的同意。十月二十八日，知青澗城种諤攻取綏州。當時种諤不等朝廷批覆，就率部長驅直入，包圍了嵬名山的營帳。嵬名山大驚，提槍欲戰，弟弟夷山大喊：「兄長答應投誠，為什麼還這樣？」名山反問：「我何時答應投誠？」夷山說：「兄長已接受金盂！」名山問：「金盂何在？」李文喜才拿出金盂給他看。嵬名山把槍扔到地上，失聲痛哭，遂率眾隨种諤降宋。共得部落首領三百人、一萬五千戶、士卒萬人。但據當事人講，路上就不斷有人逃走，等到入塞，僅剩四千餘人。种諤計畫在當地築城，陸詵以無詔出師，召种諤返回。到達懷遠（今寧夏回族自治區西吉縣附近），西夏四萬人集結城下，种諤出兵擊退，於是築城綏州。种諤攻取綏州，花費六十萬，西部用兵，從此開始。

种諤攻取綏州後，西夏詐稱談判，誘殺知保安軍（治今陝西省志丹縣）楊定等。朝廷打算征討，終以財力匱乏，又擔心契丹乘機出兵而作罷。接著，打算放棄綏州，知延州郭逵反對，神宗不聽。十二月二十五日，二十一歲的趙諒祚病死，兒子趙秉常即位，時年七歲，梁太后攝政。當月，判永興軍兼陝西路經略安撫使韓琦到任，詔韓琦斟酌綏州是否可留，韓琦上奏說，賊人已誘殺楊定等，綏州不可放棄。等諒祚病死，秉常即位，韓琦又上奏說，當此變故更不能放棄綏州。因為韓琦的堅持，綏州終於沒有放棄。堅持誘降嵬名山的是神宗，堅持放棄綏州的還是神宗，我們至少可以說，皇帝做事欠考慮。

幸虧趙諒祚死得及時，司馬光擔心的後果才沒有出現。

皇帝作序

先要說到張方平。因為張方平彈劾，司馬光又做回翰林學士，並兼任侍讀學士。

治平四年（西元一〇六七年）九月二十六日，韓琦、吳奎、陳升之被免職。韓琦歷任三朝宰相，有人說他專權。自王陶彈劾之後，韓琦就稱病求去。但神宗不許，以詔書撫慰。英宗的陵寢完成後，韓琦就不再去中書省辦公了，求去，很堅決。神宗夜召張方平商議，然後，韓琦等被免職。次日，以翰林學士承旨張方平、知諫院趙抃參知政事。雖然只是副宰相，但宰相空缺，因而實際行使宰相的職權。

張方平任秦鳳路經略安撫使兼秦州知州的時候，司馬光曾彈劾他缺乏軍事才能，請求撤換他。前文已有提及，神宗相當賞識張方平的文章。神宗夜召與他商議宰相去留，可見神宗對張方平的高度信任。

九月二十七日，司馬光上〈言張方平劄子〉，說：「臣伏見陛下用翰林學士承旨張方平參知政事，方平文章之外，別無所長，奸邪、貪婪、鄙陋，眾所共知。兩府大臣，關乎國家安危，任非其人，為害不小。臣職在繩糾，不敢緘默。伏望聖慈，追寢方平新命，以協輿論。」

這一天在延和殿奏對，司馬光先談對嵬名山的誘降，然後就談到張方平。奏罷，神宗問道：「有什麼根據嗎？」司馬光答：「就說說臣親眼所見吧！」神宗臉色變得很難看：「每有任命，就議論紛紛，對朝廷不是什麼好事！」司馬光不以為然：「這正是朝廷的好事！帝堯且以知人為難，陛下剛剛即位，萬一用一奸人，臺諫再緘默不言，陛下從哪裡知道消息？」神宗又問：「吳奎朋附宰相嗎？」司馬光答：「不知道。」神宗再問：「結交宰相與結交人主，哪個好？」司馬光答：「結交宰相是奸邪！但完全迎合、觀察人主意圖，然後順從的，也是奸邪！」

年輕總是氣盛，氣盛就容易生氣。神宗後來的問話，讓人摸不著頭腦，揣摩半天，我覺得神宗的意思大概是說，吳奎結交宰相，而張方平結交人主，所以張要比吳好。但你司馬光之前替吳奎說話，現在卻彈劾張方平？

而司馬光認為，張方平迎合神宗。九月二十八日，權御史中丞司馬光，復為翰林學士，兼侍讀學士。以滕甫權御史中丞。這很容易使人想到，此種調換是因為對張方平的彈劾。

十月初一日，司馬光上〈言張方平第二劄子〉，說：「臣近曾上奏，認為張方平參知政事不協眾望，今所言之事未蒙施行，卻聽說授予翰林學士兼侍讀學士。若臣言果是，則方平當免；

若非，則臣為詆毀忠賢，也當遠貶。今兩無所問，而臣又遷翰林，並加美職，臣實愚憒，不知為何。伏望聖慈察臣前論方平事，究竟為是為非，早賜施行。所有新命，未敢祗受。」司馬光等的誥敕行下，通進銀臺司呂公著將任命的誥敕駁回，以此表示對司馬光的支持。

我們知道，銀臺司負責檔的上傳下達。神宗手詔告諭司馬光：「朕以卿經術行義，為世所推，今將開邇英之席，欲得卿朝夕討論，敷陳治道，以箴遺闕，故換卿禁林，復兼勸講，非為前日論奏張方平也。呂公著封還，蓋不知此意耳。」意思是說，所以任命你為翰林學士兼侍讀學士，不是因為對張方平的彈劾，而是因為你的學術品行，為當世推重，要開講筵了，希望能和你朝夕討論，向我講授治國之道，以查漏補缺。於是不經通進銀臺司，將誥敕直付門，催司馬光等接受。呂公著說誥敕不經本司，那麼封駁之職，因臣而廢！神宗在他的奏章上批示：「俟開邇英，當論朕意。」——等開了講筵，再把我的意思向你講清楚。

十月初二日，司馬光又上〈除兼侍讀學士乞先次上殿劄子〉，說：「臣雖木石，亦將開悟，況含血氣，得為人類！」意思是說臣就是塊木頭、石頭，也該開竅了，何況還有點血氣，還是人！接著又說：「然臣尚有私懇，須當面陳，欲望聖恩，先許上殿敷奏，稟取聖旨，然後退受敕告，不勝死生幸甚。」意思是說臣還有一私人請求，希望先准上殿陳奏，聽您的意見後再受敕告。

皇帝當天就批准了。從十月初二日所上的〈乞免翰林學士劄子〉我們知道，司馬光的私人請求，就是免去自己的翰林學士，理由是將來的講筵上，神宗要他讀《資治通鑑》，可書的卷數還少，必須加緊編修，恐怕難以承擔翰林學士的工作。但是「伏蒙聖恩宣諭，但令權免學士院文字」，就是皇帝恩准司馬光，暫時不用承擔實際工作。司馬光說，臣自忖，如果擔著翰林學士的名分，卻不供職，竊位素餐，無過於此，心裡特別不安。況且侍讀學士與翰林學士的資級，完全一樣，俸祿還算優厚。希望聖上恩准，臣只以侍讀學士專修《資治通鑑》，「如此則材器稍宜，職業無曠，遂其私願，粗免愧心，不勝幸甚」！

十月初四日，神宗初御邇英閣，召侍臣講讀經史。後摒退侍臣，獨留呂公著，說：「朕以司馬光道德學問，欲常在左右，非以其言不當也。」呂公著還是堅決請求免職，神宗只好答應。轉天，神宗又問呂公著：「光方直如迂闊何？」意思文司馬光的正直，是不是近於迂闊。呂公著答：「孔子上聖，子路猶謂之迂；孟軻大賢，時人亦謂之迂，況光者豈免此名？大抵慮事深遠，則近於迂矣，願陛下更察之。」——孔子上聖，子路還說他迂；孟子大賢，時人也說他迂，司馬光又怎能倖免？大概慮事深遠，就接近迂了，希望陛下明察。

然後，我們要說到皇帝作的序。十月初九日，翰林學士司馬光，首次進讀《通志》於邇英閣，看來翰林學士沒有免；賜名《資治通鑑》，親作序，賜司馬光，令候書成日寫入；又賜潁邸舊書二千四百零二卷。潁邸是神宗作太子時的府邸。

那篇序文屬「上自製自書」，也就是說，不僅文章是皇帝親自寫的，字也是。司馬光接受，讀了，再拜。然後進讀〈三家為諸侯論〉，神宗「顧禹玉等，稱美久之」。

有個小問題是：《續資治通鑑》上說，《資治通鑑》的書名是十月初九日賜給的，可是，司馬光在十月初二日的〈乞免翰林學士劄子〉裡，已經提到這個書名，當時他說：「臣今日上殿，曾有敷奏，以聖旨令讀《資治通鑑》……」可能的情況是，《資治通鑑》這個書名，早在十月初二日以前神宗即已擬定，並告訴了司馬光，但直到十月初九日，才正式賜給。

我們已經知道，神宗皇帝生於慶曆八年（西元一〇四八年）四月，按照今天的算法，治平四年（西元一〇六七年）十月，應該就是十九歲半。現在，我們來看年輕的神宗皇帝，在九百五十多年前寫下的這篇序文：

> 朕惟君子多識前言往行以畜其德，故能剛健篤實，輝光日新。《書》亦曰：「王，人求多聞，時惟建事。」《詩》、《書》、《春秋》，皆所以明乎得失之跡，存王道之正，垂鑑戒於後世者也。漢司馬遷石室金匱之書，據左氏《國語》，推《世本》、《戰國策》、《楚漢春秋》，採經摭傳，罔羅天下放失舊聞，考之行事，馳騁上下數千載間，首記軒轅，至於麟止，作為紀、表、世家、書、傳，後之述者不能易此體也。惟其是非不謬於聖人，褒貶出於至當，則良史之才矣。若稽古英考，留神載籍，萬機之下，未嘗廢卷。
>
> 嘗命龍圖閣直學士司馬光論次歷代君臣事蹟，俾就祕閣翻閱，給吏史筆劄，起周威烈王，訖於五代。光之志以為周積衰，王室微，禮樂征伐自諸侯出，平王東遷，齊、楚、秦、晉始大，桓、文更霸，猶託尊王為辭以服天下；威烈王自陪臣命韓、趙、魏為諸侯，周雖未滅，王制盡矣！此亦古人述作造端立意之所繇也。其所載明君、良臣，切摩治道，議論之精語，德刑之善制，天人相與之際，休咎庶證之原，威福盛衰之本，規模利害之效，良將之方略，循吏之條教，斷之以邪正，要之於治忽，辭令淵厚之體，箴諫深切之義，良謂備焉。凡十六代，勒成二百九十六卷，列於戶牖之間而盡古今之統，博而得其要，簡而周於事，是亦典刑之總會，冊牘之淵林矣。

荀卿有言：「欲觀聖人之跡，則於其粲然者矣，後王是也。」若夫漢之文、宣，唐之太宗，孔子所謂「吾無間焉」者。自余治世盛王，有慘怛之愛，有忠利之教，或知人善任，恭儉勤畏，亦各得聖賢之一體，孟軻所謂「吾於《武成》取二三策而已」。至於荒墜顛危，可見前車之失；亂賊奸宄，厥有履霜之漸。《詩》云：「商鑑不遠，在夏后之世。」故賜其書名曰《資治通鑑》，以著朕之志焉耳。

（治平四年（西元一〇六七年）十月初開經筵，奉聖旨讀《資治通鑑》。其月九日，臣光初進讀，面賜御製序，令候書成日寫入。）

（宋．司馬光主編《資治通鑑》）

第一段皇帝寫自己對史學的看法，他認為讀史對自己的修養大有益處；而且，《詩》、《書》、《春秋》，都可以拿來資治；第二段是對司馬遷的褒獎；第三段的褒獎主要給了司馬光，其中說到修書的緣起、始於周威烈王的原因、書內容的豐富以及自己的評價：「博而得其要，簡而周於事，是亦典刑之總會，冊牘之淵林矣。」意思是說，本書廣博但提綱挈領，簡要但敘事周密，屬於典範的總匯、典籍的集合；第四段是賜名《資治通鑑》的緣由。

我們已經看到，皇帝先提到司馬遷和《史記》，然後是司馬光和《資治通鑑》，他第一次將兩個人、兩部書相提並論，這應該算是後世「史界兩司馬」說之濫觴。這位年輕的皇帝當時或許已經想到，他為之作序的這部大書，將與《史記》一起，成為中國傳統史學的巔峰之作。

隨後，司馬光有〈謝賜資治通鑑序表〉，其中除對皇帝的感謝外，他還說：「至於『博而得其要，簡而周於事，典刑之總會，冊牘之淵林』，臣實何人，克堪此語。若乃嘉文，宣以作則，援正觀而為師，茲實生民之福，豈伊微臣之幸。」

司馬光最後說到對這篇序的借重，他說自己當然無法與先賢比肩，但「便蕃茂澤，獨專後世之榮，退自揣循，殆無容措，遂使螢爝未照，依日月以永存，草木常名，附天地而不朽，臣不任懇款之至」。意思是說我在後世獨享榮譽，自己想來，進退失據，無地自容，自己就好比螢火蟲或者爝火那麼點微光，卻依靠日月而得永存，又好比極普通的草木，卻依附天地而得不朽。

我們知道，後來這部大書，真的因為這篇序而免遭毀版的厄運。但現在，這些全都反過來了：要不是司馬光和他的《資治通鑑》，這篇皇帝作的序，幾乎不可能進入我們的視野。

謀殺案件

治平四年（西元一〇六七年）九月二十三日，神宗下詔召江寧（治今江蘇省南京市）知府王安石為翰林學士。神宗熙寧元年（西元一〇六八年）四月初四日，詔翰林學士王安石越次入對。當初，因為朋友韓絳、韓維、呂公著等人的極力舉薦，神宗特別想見王安石：即位之初，就命王安石知江寧府；幾個月後，又召為翰林學士兼侍講，至此才上朝入對。

當時神宗問：「治國當以何為先？」王安石答：「選擇治術。」神宗又問：「唐太宗怎樣？」王安石答：「陛下當以堯、舜為榜樣才對，唐太宗算什麼？堯舜之道極簡極要極易，只是後世不明白，以為高不可及罷了！」神宗說：「你這是從嚴要求我了。」看得出來，王安石的回答很對皇帝的脾氣。可能正是此次對話，年輕的皇帝決定要重用王安石。

眼下，司馬光與王安石同為翰林學士，他們要奉旨討論謀殺案：登州阿雲案。

神宗熙寧元年（西元一〇六八年），登州（治今山東省蓬萊市）發生一起謀殺未遂案。兇手名叫阿雲，是個年輕女子；被害人名叫韋阿大，是她的未婚夫。事情的經過是這樣：阿雲在為母服喪期間，「聘」於韋，與韋阿大訂婚。這在當時屬違法。阿雲嫌韋阿大相貌醜陋，於是趁夜黑風高，手提「腰刀」，向酣睡在田舍的韋阿大連砍近十刀，一說十餘刀，並砍斷韋阿大一根手指。可是韋阿大命大，雖受重傷，卻沒死。縣尉很快懷疑到阿雲，命弓手逮捕了她，問：「是不是妳砍傷了你丈夫？從實招來，不打妳！」阿雲害怕用刑，就如實招供了。

案情一點也不複雜，審理過程也很簡單。但在適用法律條文及定罪量刑上，出現了兩種截然不同的意見。

當時的登州知州是許遵。《宋史》上說許遵「進士及第，又中明法」，既是進士又有法律方面專長。又說「遵累點刑獄，強敏明恕」，法律工作經驗也很豐富，算個不錯的法官；但「及為登州，執政許以判大理，遵欲立奇以自鬻」。就是說，當時的執政大臣答應提拔他，讓他到大理寺任職，而許遵急於有政績，就在阿雲案上故意嘩眾取寵。

許遵將案件上報中央，認為阿雲訂婚之日，母服未除，仍在居喪期間，因此訂婚無效；阿雲「應以凡人論」，不能算作韋阿大的妻子。審刑院與大理寺斷為「謀殺已傷，絞罪」，就是說性質屬謀殺，且已造成傷害，應處絞刑，定罪依據是宋代刑法《刑統》的如下條款：「謀殺人者徒三年，已傷者絞，已殺者斬。」又「因違律為婚奏裁」，即阿雲訂婚顯然不是自願，而謀殺即由此而起，所以應減輕刑罰。裁決的結果是「貸命編管」。即免去死刑，只處編管，即流放遠方州郡，編入當地戶籍，並由當地官吏管束。顯然裁決時已考慮到以上情節，並相應減輕了刑罰。但許遵不服，反駁說：「雲被問即承，應為按問。審刑、大理當絞刑，非是。」意思是說審刑院、大理寺的判決錯誤，阿雲被問到就立即招供了，應算「按問」，當依照相關條款，減輕刑罰。宋代法律規定，首問即招供的，有相應的減罪條款，以示鼓勵。案件到了刑部，核定的結果與審刑院、大理寺一致。最後，許遵「詔以贖論」，許遵受到處罰被罰銅。當時許遵正被召判大理寺，御史臺因此彈劾了許遵。不久，許遵判大理寺，而「恥用議法坐劾」，覺得當時遭到彈劾很丟臉，於是舊案重提，援引《刑統》條款：「因犯殺傷而自首，得免所因之罪，仍從故殺傷法。」認為謀是殺的因，阿雲應算自首，當按「故殺」，即故意傷害，並適用「按問欲舉」的條款，再減二等；並請下兩制議，即請「兩制」官員們共同討論。於是詔翰林學士司馬光、王安石同議。兩人意見也不能統一，司馬光贊同刑部，王安石贊同許遵，最終各自上奏。

在〈議謀殺已傷案問欲舉而自首狀〉中，司馬光首先說：「右臣竊以為凡議法者，當先原立法之意，然後可以斷獄。」意思是說，凡討論法律，應先清楚立法的意圖，然後才可以斷案。然後談到具體的法律條款：《刑統》在「於人損傷，不在自首之例」條下注釋：「因犯殺傷而自首者，得免所因之罪，仍從故殺傷法。」所謂「因犯殺傷」，是指因犯別的罪，本來無意傷害，事不得已，才有造成傷害，除盜竊之外，如劫囚、劫掠販賣人口之類都是。既然傷害罪不得因自首獲免，擔心有因犯別的罪而造成傷害的，有關部門拘泥，連別的罪也不許自首，所以特加申明。而傷害之中，自有兩等，輕重不同，「其處心積慮，巧詐百端，掩人不備者，則謂之謀；直情徑行，略無顧慮，公然殺害者，則謂之故。謀者尤重，故者差輕」。比如有人因犯別的罪而造成傷害，別的罪可因自首獲免，但傷害罪不能因自首獲免；若按「謀殺」則太重，若按「鬥殺」則太輕，所以酌中，令按「故殺」。至於只犯傷害罪，再無別的罪，只有未造成傷害可以自首；但凡已造成傷害，都不能自首。

謀殺、鬥殺、故殺都是法律用語，「鬥殺」指打架鬥毆造成傷害。接著說許遵的荒謬：如今許遵要把謀和殺，分成兩件事，按謀殺、故殺，都是殺人，若將謀與殺當成兩件事，那麼故與殺也就是兩件事了。而且，法律稱得免所因之罪，劫囚、劫掠販賣人口，都是已有所犯，因而又有殺傷，

所以劫囚、劫掠販賣可因自首獲免，而傷害罪不行。若只是平常謀劃，並無實際行動，有什麼罪可因自首獲免？由此知道，「謀字止因殺字生文」，不得另作所因之罪。若以劫、鬥與謀，都作所因之罪，按「故殺」處理，那麼「鬥傷」自首，反倒是罪加一等了。

最後，司馬光談到社會懲罰機制的原則：「凡議罪制刑，當使重輕有敘。」就是說凡定罪量刑，輕罪就用輕刑，重罪就用重刑。如今若使謀殺已傷的可以自首，從故殺傷法，假設有甲、乙二人，甲因鬥毆，把人鼻子打出了血，既而自首，處以杖六十；乙與人有仇，欲置之死地，趁夜伺機將仇家推進河裡或井裡，幸而不死，又不見血，若來自首，只處以杖七十。二人所犯絕殊，而處罰相近，果然如此，「豈不長奸？」何況阿雲案中，情理並無可憫，朝廷「貸命編管」，已是寬恩，而許遵一再耽延，為之申辯，欲令天下今後再有類似案件，都作減二等處理，「竊恐不足勸善，而無以懲惡，開巧偽之路，長賊殺之原，奸邪得志，良民受弊，非法之善者也」！

而王安石上奏以為：謀與劫囚、劫掠販賣人口一樣，都是殺傷的因，只有故意殺傷無所因。《刑統》中「因犯殺傷而自首，得免所因之罪，仍從故殺傷法」。其意以為，所因之罪既因自首獲免，而殺傷不許自首，但罪名又未有所從，只有故意殺傷為無所因而殺傷，所以令按故意殺傷

法。又認為「謀殺人者徒三年，已傷者絞，已殺者斬」。其中的謀與已傷、已殺為三等罪名，由此可見謀為所因。他主張：「謀殺已傷，按問欲舉，自首，合從謀殺減二等論。」秋七月初三日，詔：「謀殺已傷，案問欲舉自首者，從謀殺減二等論。」

神宗最終還是採納了王安石的意見。但眾論不服。御史中丞滕甫請再選官定議，詔送翰林學士呂公著、韓維及知制誥錢公輔。呂公著等奏：「臣等以為宜如安石所議便。」制曰：「可。」這個結果立即遭到法官齊恢、王師元、蔡冠卿等人的反對，「皆劾奏公著等所議為不當」。又詔王安石與法官共同評議。雙方反覆爭論，久而不決。熙寧二年（西元一〇六九年）二月初三日，詔：「自今謀殺人已死自首及按問欲舉，並奏取敕裁。」就是說今後再有類似案件，一律奏裁，由皇帝決斷。很明顯，這是要將問題擱置，暫息爭論。

但爭論並沒有因此暫息。判刑部劉述、丁諷奏庚子詔書不夠明確，並將詔書封還中書省。於是王安石上奏，以為：「律意，因犯殺傷而自首，得免所因之罪，仍從故殺傷法；若已殺，從故殺法，則為首者必死，不須奏裁；為從者，自有《編敕》奏裁之文，不須復立新制。」與唐介等人多次在神宗前爭論，唐介說：「此法天下皆以為不可首，獨曾公亮、王安石以為可首！」王安石說：「以為不可首者，皆朋黨也！」爭論到此，已經超出了法律的範圍。最終還是王安石勝出，「卒從安石議」。

二月十八日，詔：「自今謀殺人自首及按問欲舉，並以去年七月詔書從事。其謀殺人已死，為從者雖當首減，依《嘉祐敕》：『兇惡之人，情理巨蠹及誤殺人傷與不傷，奏裁』。」就是說從今往後，都按去年七月的詔書執行；謀殺人致死，從犯若自首，依敕奏裁。收回二月初三日的詔書。

事情還不算完，侍御史知雜事兼判刑部劉述等又奏，認為不應僅以敕頒御史臺、大理寺、審刑院及開封府而不頒之諸路，請中書、樞密院共同商議。中丞呂誨、御史劉琦、錢顗皆請如劉述等奏，下之二府。神宗以為沒有必要，而曾公亮等「皆以博盡異同、厭塞言者為無傷」，於是以眾議付樞密院。文彥博認為：「殺傷者，欲殺而傷也，既已殺者不可首。」呂公弼以為：「殺傷於律不可首。請自今已後，殺傷依律，其從而加功自首，即奏裁。」二人傾向於司馬光。陳升之、韓絳的意見與王安石略同。當時富弼入相，神宗令富弼與王安石商議，富弼對王安石說：「謀與殺分為二事，以破析律文，盍從眾議！」富弼的主張也很明確，他贊同司馬光。王安石不以為然，富弼大概認為既然說服不了王安石，多說也無益，「乃辭以病」。

八月，詔：「謀殺人自首及按問欲舉，並依今年二月甲寅敕施行。」當初二月十八日敕下，劉述率同僚丁諷、王師元，兩次封還敕令，以示不能接受。王安石把這一情況跟神宗說，於是詔開封府推官王堯臣彈劾劉述、丁諷，而劉述率侍御史劉琦、監察御史裏行錢顗，共同上疏彈劾王安石。王安石又上奏請貶劉琦、錢顗。八月初九日，劉琦貶監處州（治今浙江省麗水市西）鹽酒務，錢顗貶監衢州（治今浙江省衢州市）鹽稅。王安石又贏了。

八月十一日，司馬光上〈論責降劉述等劄子〉。我們從中得知，當時劉述、丁諷、王師元都被「差官取勘」，即接受審訊。司馬光說：「中外聞之，無不驚愕。」又說謀殺已傷自首的刑名，天下皆知其非，如今朝廷既違眾議而行，又開罪忠於職守的官員，臣恐將深失天下人心！豢養鷹鸇（一種似鷂鷹的猛禽），就為求其兇猛，若因兇猛而烹殺，那還要牠什麼？陛下即位以來，以寬仁侍臣下，甚至像皮公弼，陛下明知其貪婪；閻充國，陛下明知其鄙陋，二人都以知縣權發遣三司判官公事，等得罪而出，都還是知州。如今劉琦、錢顗所犯，不過狂直，只因觸犯大臣，就降為監當。那麼就是狂直之罪，重於貪猥，得罪大臣，甚於得罪陛下了。竊恐來者側目鉗口，以言為諱，威福移於臣下，聰明有所壅蔽，恐非國家之福！伏望聖慈深察愚衷，赦免劉述等，再不審訊，劉琦等另給一般資序的差遣，這樣或許可以稍息眾議。

神宗沒有批覆。當初，王安石的意見得以施行，司勳員外郎崔臺符舉手加額，說：「數百年誤用刑名，今乃得正！」王安石喜歡他阿附自己，次年六月，提拔崔臺符判大理寺。

八月二十八日，劉述貶知江州（治今江西省九江市），丁諷通判復州（治今湖北省天門市），王師元監安州（治今湖北省安陸市）稅。此前，開封府判罪定案，同判刑部丁諷、審刑院詳議官王師元，皆「誣伏」，即無辜而服罪；唯獨侍御史知雜事兼判刑部劉述，認為朝廷不該彈劾言事官，三次訊問，拒絕招承。王安石要將他下獄，司馬光、范純仁力爭，才得倖免。

多年以後，蘇轍在他的筆記裡談到這個案子：

知潤州許遵嘗為法官，奏讞婦人阿雲謀殺夫不死獄，以按問欲舉，乞減死。舊說，鬥殺、劫殺，鬥與劫為殺因，故按問欲舉可以減。謀而殺，則謀非因，故不可減。士大夫皆知遵之妄也。時介甫在翰苑，本不曉法，而好議法，乃主遵議。自公卿以下爭之，皆不能得，自是謀殺遂有按問……

（宋．蘇轍《龍川略志》卷四〈許遵議法雖妄而能活人以得福〉）

當日的是是非非，其實並不難判斷。此次討論所涉，雖然只是純粹的法律問題，但神宗因為要重用王安石，就採納了他的意見。這在神宗皇帝，大概是要表示用人不疑，疑人不用；但給我們的感覺，卻是「愛屋及烏」。

謀殺案當然與改革無關，與之相關的只是兩個人的性格，與由此決定的處事方式以及皇帝的心理傾向。

不要賞賜

熙寧元年（西元一〇六八年）的北宋，可謂多災多難：

六月，黃河氾濫，河水在恩州（治今河北省清河縣西）溢出，又在冀州（治今河北省衡水市冀州區）決口，向北流入瀛州（治今河北省河間市）。

七月，黃河再次氾濫，河水在瀛州溢出。

七月十二日，因恩州、冀州黃河水災，賜給死難人家緡錢，相當於撫恤金，及下等人戶糧食，相當於救濟糧。

七月十四日，京師地震。

七月二十日，又震，大雨，當夜出現月食。

七月二十一日，因河朔大地震，命沿邊安撫司及雄州刺史，注意遼國動向，奏聞，並賜給死難人家緡錢；同日，京師又震。

七月二十二日，遣御史中丞滕甫、知制誥吳充，安撫河北。

七月二十三日，疏導深州（治今河北省深州市南）洪水。

八月初二日，京師又震；詔京東、京西兩路，存恤河北流民。八月初四日，京師再震。而為應付接二連三的災難，七月二十七日，降空名誥敕七十道，付河北安撫司，向民間徵集糧食。八月十五日，再降空名誥敕，付河東路及鄜延路安撫司，向民間徵集糧食，充實邊防。這容易讓人想到賣官鬻爵。可見，國家已經困窮到了什麼程度。

八月初九日，司馬光上〈乞聽宰臣等辭免郊賜劄子〉。從中我們知道，此前，宰臣曾公亮等奏：河朔罹災，調用繁冗，希望將來郊祀大禮畢，兩府臣僚，不再按慣例賜給銀絹。

司馬光在劄子中認為，國庫素已空虛。今年河北的災害，又特別嚴重；黃河決口，加上地震，官府民居，夷為平地，繼以霖雨，糧食腐爛。軍隊尚且缺糧，何暇顧及百姓。冬春之交，百姓生活必定非常困難。國家肯定不會坐視，肯定要救濟。而且，城防要修復，決口要堵上，百役並興，所費不菲。當此之際，朝廷上下應同心協力，痛加裁損，以救一方之急。

然後，司馬光說：「凡布施恩澤，應從下開始；而裁減用度，應從上開始。只因郊禮陪位，就受數百萬的賞賜，我心裡很是不安。臣此前所說的賞賜無節，這也是其中之一；即使臣下不辭，也應裁減，何況自辭，裁之何損？」

又說：「君子尚義，小人重利。治國者應以義褒獎君子，而以利取悅小人。如今大臣因為災害，辭賞以救百姓之急，其義可褒；陛下因而聽從，是厚遇而非刻薄。但公卿大夫，也不可全無賜予。臣以為，文臣自大兩省以上，武臣及宗室自正任刺史以上，內臣自押班以上，將來大禮畢，所賜都宜減半，等將來豐稔，自依舊制；文武朝臣以下，一概不減，似為酌中。」

最後司馬光強調：「臣亦知此物未能富國，誠冀國家因此漸思減損其餘浮費，自今日為始耳！」司馬光希望以此為契機，作為治理「三冗」問題的開始。

八月十一日，邇英進讀畢，神宗問兩府辭郊賜的劄子為何不呈上來。司馬光回答說同僚中有人請假了。神宗問此事如何，司馬光答：「臣此前已有奏狀，臣的見解就是那樣，請再廣泛徵求近臣們的意見，由陛下裁定。」神宗問：「誰有不同意見？」司馬光答：「只臣有此愚見，其他人不以為然。」神宗說：「朕的意思也和你一樣，准許辭賞，是成其美，不是薄待；但減半無益，大臣既然懇辭，不如就全免了。」司馬光說：「今郊賜下至軍隊都有，而公卿沒有，恐怕於體未順。」神宗說：「已賜金帶、馬匹了。」司馬光說：「求盡納是人臣的志願，賜其半是人主的恩德。」

從這段對話來看，神宗當時的想法，比司馬光更徹底，他要全部省了那些賞賜；可是沒過幾天，皇帝就改變了主意。

幾天後，司馬光與王珪、王安石一同在延和殿進呈郊賜劄子。在神宗的面前，司馬光與王安石發生了爭論。

司馬光說：「當今國用不足，災害屢臻，裁減冗費應從高官及近臣開始，應准許兩府辭賞為便。」

王安石反對：「國家富有四海，大臣郊賜所費無幾，吝惜不給，不足以富國，徒傷大體！以前常袞辭賜饌，當時的輿論以為，常袞既然自知不能勝任，就應該辭職，而不是僅僅辭賜饌。今兩府辭郊賜，正與此同！況且國用不足，不是現在著急的事！」

司馬光反駁：「常袞辭祿位，尚知廉恥，與固位貪祿者相比，不是更好嗎？國家自真宗末，就用度不足，近年尤甚，怎能說不是急事？」

王安石說：「國用不足，是因為沒找到善於理財的人。」司馬光不以為然：「善於理財的人，不過大肆聚斂，搜刮百姓而已；這樣老百姓困窮，流離為盜，對國家有什麼好處？」

王安石糾正：「這不是善於理財的人！善理財的人，不增加老百姓的賦稅，就能使國用豐饒。」

司馬光針鋒相對：「這是桑弘羊矇騙漢武帝的話！司馬遷記下它，是為了諷刺漢武帝的不明白！天地所生，就那麼多，不在民間，就在官府，桑弘羊能使國用富足，不取於民，從何而來？真如桑弘羊所言，漢武帝末年，怎會盜賊肆虐，國家到處追捕？不是老百姓疲極而為盜嗎？這種話怎能引以為據！」

王安石轉移話題：「太祖時趙普等做宰相，賞賜有時上萬，今郊賜不過三千，哪能算多？」

司馬光反問：「趙普等運籌帷幄，平定諸國，賞以萬數，不也很合適嗎？今兩府助祭，不過跑跑龍套，走走過場，和趙普等能比嗎？」

兩人爭論了很久。王珪像是辯論賽的主持人，他最後總結：「司馬光說裁減冗費從貴近開始，司馬光說得對；王安石說花費不多，恐傷國體，王安石說得也對，請陛下裁定吧。」

神宗裁定：「朕的意見也和司馬光相同，但現在，暫且以不許批覆吧。」

當天正好輪到王安石當制，由他值班起草制誥，於是草擬批答，引常袞事責兩府，兩府也不再辭賞。次日邇英講讀罷，神宗獨留王安石說話，兩府大臣都不敢先退，就那麼等著，至晡（申時，下午三點至五點）後乃出。不數日，王安石任參知政事。

司馬光在〈論財利疏〉中說：「古之王者，藏之於民；降而不能，乃藏於倉廩府庫，故上不足則取之於下，下不足則資之於上，此上下所以相保也。」司馬光主張藏富於民，這樣才能保證國家的長治久安。至於解決目前的財政危機，司馬光不主張增加賦稅，而是裁減不必要的費用；換句話說，眼下國家的財政出現危機，在司馬光看來，不是賦稅不夠多，而是國家不必要的開支太多了，因此解決的辦法不是增加賦稅，而是裁減不必要的費用。面對司馬光的質問，王安石無言以對。在傳統的自然經濟條件下，社會財富增長緩慢，有限的財富，不在民間，就在官府；王安石的辦法，只能是取之於民。但是很顯然，王安石的話深深打動了神宗。至於爭論的結果，神宗並不關心，桑弘羊的是與非，甚至漢武帝末年的社會情形，神宗概不關心。漢武帝時代的戰功，才是神宗最關心的。

神宗已經改變主意，不僅僅是在郊賜問題上。神宗的突然轉變，也可能與司馬光一個月前的劄子不無關係。熙寧元年（西元一〇六八年）七月初三日，司馬光曾上〈辭免裁減國用劄子〉，劄子很短，但很重要，照錄如下：

臣近曾乞別選差官，裁減國用，奉聖旨不許辭免。臣以非才，叨忝美職，月受厚俸，常自愧恐，無有報稱，若果能有益於國，臣何敢辭？

竊惟方今國用所以不足者，在於用度太奢、賞賜不節、宗室繁多、官職冗濫、軍旅不精。此五者，必須陛下與兩府大臣，及三司官吏，深思其患，力救其弊，積以歲月，庶幾有效，固非愚臣一朝一夕所能裁減也。

若但欲知慶曆二年裁減國用制度，比見今支費不同數目，只下三司令供析聞奏，立可盡見。臣愚以為不必更差官置局，專領此事。

況臣所修《資治通鑑》，委實文字浩大，朝夕少暇，難以更兼錢穀差遣。

（《傳家集》卷四十二）

從劄子的內容來看，當時神宗打算成立一個專門機構，由司馬光來負責，裁減開支。但司馬光先是請換作他人，神宗不許；司馬光再辭，神宗就同意了，那個機構沒有成立。

神宗很年輕，很著急，大概希望司馬光大刀闊斧，一眨眼就砍掉困擾國家的種種冗費，讓國家從困頓的泥沼中擺脫出來。但司馬光拒絕了，說那根本不可能，不是一個機構就能解決的問題，它需要高層的努力，必須皇帝本人、兩府執政大臣以及三司的主管官吏三方共同努力，而且需要時間，必須假以時日，不是一下子就能辦到的。皇帝可能相當失望，因為他有太多的計畫，那些計畫都不能等。可能正是這種失望，讓神宗倒向了、或者說把神宗推向了王安石，而那個沒有成立的機構，也將以制置三司條例司的面目出現。

正是這次推辭，使司馬光在後世備受詬病，最有代表性的指責就是：讓他做他不做，而別人（王安石）做，他又說三道四！

司馬光在劄子裡曾說到，自己忙於纂修《資治通鑑》，所以沒有精力和時間再兼任經濟工作。我們今天假設，如果不是編修《資治通鑑》，司馬光會去負責那個機構嗎？恐怕也不會。司馬光多次說過，自己的長處是匡正，經濟不是他的特長，他不會做不擅長的工作。退一步講，如果那個機構成立了，司馬光也願意擔任此項工作，裁減開支也需要時間，不可能一蹴而就。神宗渴望國家迅速富強，司馬光不能滿足他的願望，但皇帝認為王安石可以。這就是歷史際遇，所以才有後來的王安石改革。這個不容假設，不得不如此。時也勢也，歷史的走向，由時勢所決定。

邇英辯論

熙寧二年（西元一〇六九年）十一月十七日，神宗在邇英殿聽講，司馬光進讀《資治通鑑》。讀到曹參代蕭何為相，盡遵蕭何舊規，就是我們所熟知的典故「蕭規曹隨」，司馬光說：「曹參無為而治，得守成之道，所以孝惠、高後時，天下安寧，財富增殖。」

神宗問道：「假如漢代常遵蕭何之法，長久不變，可以嗎？」

司馬光答：「何止漢代！道，萬世不衰，夏、商、周的子孫，若能常遵禹、湯、文、武之法，哪會有衰亂？因此武王滅商，說：『乃反商政，政由舊。』那麼，即便周室，也延用了商的舊政。《書》說：『無作聰明，亂舊章。』《詩》說：『不愆不忘，率由舊章。』那麼，祖宗舊法，如何可廢？漢武帝接受張湯建議，多改舊法，汲黯怒斥：『你竟將高皇帝規章都改掉了！』漢武帝晚年，盜賊蜂起，是因為法令太煩苛了；宣帝延用高祖舊法，只選良吏使之治民，天下大治；元帝元年，採用眾僚屬建議，大改宣帝舊政，丞相匡衡上疏說：『竊恨國家釋樂成之業，虛為此紛紛也！』依陛下看，宣帝、元帝治國，哪個更好些？荀子說：『有治人，無治法。』因此，治國的關鍵在得人，不在變法。」

神宗說：「人與法也互為表裡。」司馬光說：「若得其人，不愁法不好；不得其人，即便有好法，施行出來也會次序顛倒、完全變形。應急於求人，緩於立法。」

從這段對話來看，神宗的傾向很明顯，他主張變法。而司馬光的傾向也很明顯，他不主張變法；他認為治國，人才是內在的根本，法只是外在的表現，治國的關鍵在人，選對了人，自然就會有好法。

此前的九月二十九日，因為王安石的舉薦，呂惠卿又被任命為太子中允、崇政殿說書，有權為皇帝講解經書及顧問應對。

十一月十九日，神宗再御邇英殿，呂惠卿、王珪、司馬光侍講。這天的講筵成了一場高級辯論賽。

呂惠卿先講，說：「法不可不變，先王之法，有一年一變的，『正月始和，垂於象魏（宮廷外的一對高大建築，用以懸示法令）』即是；有五年一變的，『五載一巡狩』，『考制度於方嶽』即是；有一世一變的，『刑罰世輕世重』即是；有百世不變的，『父慈、子孝、兄友、弟恭』即是。前天，司馬光說漢遵蕭何之法就治，變了就亂，臣竊以為不然。惠帝廢三族罪、妖言令、挾書律，文帝廢收孥令，怎麼能叫不變？武帝因窮兵黷武，奢淫厚斂，而盜賊起；宣帝因核定名實，而天下治；元帝因任用弘恭、石顯，殺蕭望之，而漢道衰，都不是因為變法與不變法。弊則必變，豈能坐視？《書》所謂『無作聰明，亂舊章』，是說不聰明卻要強裝，不是說舊章不可變。司馬光的用意，大概絕不枉然，必定因為國家近日多變革舊政，因此規諷，又因為臣制置三司條例及看詳中書條例，所以發此議論。希望陛下細究司馬光的話，若是，就應聽從；若非，陛下也應告訴，不為隱匿。請召司馬光詰問，使議論歸一。」

神宗召司馬光，問：「卿聽到呂惠卿的話了吧？如何？」司馬光答道：「惠卿的話，有是有非。惠卿所說漢代惠、文、武、宣、元五帝的治亂情形是對的；但說先王之法，有一年一變、一世一變，就不對了。《周禮》所說『正月始和，垂於象魏』的，是舊章，不是一年一變；這類似於州（五黨為州）長、黨（五百家為黨）正（長）、族師（長），在歲首四時的首月，集合百姓宣讀邦法。天子擔心諸侯變禮、易樂、壞舊章，因此五年一巡視，考察他們，有變亂舊章的，就削黜，不是說五年一變法。刑罰世輕世重，大概新國、亂國、平國，隨時而用，不是說一世一變。」

「而且，臣所說的率由舊章，不是說坐視舊法之弊，而不作變更。臣前天固然說過：道，萬世不衰。禹、湯、文、武之法，皆與道合；後世子孫逐漸變更，遂至失道。及遇中興之君，必應變革；後世所變，是要恢復禹、湯、文、武之治，合於道而止。這就是所謂的率由舊章。至於挾書律、妖言令，又怎能奉行不變？所以變法，變以從是；舊法非則變之，是則不變。如果不論是非，一概變之，以示聰明，就是所謂的作聰明、亂舊章。」

「拿宅子來打比方吧，住得久了，屋瓦漏水就要整理，圩墁破了就要修補，梁柱斜了就要扶正，也還可以住。若非大壞，難道就要全毀了另造嗎？若要另造，必須良匠，又須良材，然後可為。如今既無良匠，又無良材，只因少許缺漏，就要全都毀了，又要另造，臣擔心將無以遮風擋雨了。」

「而且，變法豈是容易的事！《易．革》說：『己日乃孚，元亨利正（避仁宗諱，貞改作正），悔亡。』元，善之長；亨，嘉之會；利，義之和；貞，事之幹。四德兼備，然後變革，仍不免後悔；若不兼備，未嘗無悔。即便四德兼備，也應循序漸進，假以時日，而後百姓從之。漢元帝數更法令，隨即又改，因為不能無悔。」

「臣承乏講筵，只知讀經史，經史有聖賢功業，可以裨益聖德，臣就委婉開陳，以助萬分。本來無意譏諷惠卿制置三司條例及看詳中書條例，惠卿卻以為臣譏諷他了。臣不敢私議。現在講筵官員及左右臣僚都在，請陛下問問他們，不知此二局，果真應置還是不應置？國家設三司，掌管天下財政，倘若不稱職，就應黜去，再選賢者，以代其位，而不應奪其職業，讓兩府來管。如今兩府各選一人，引設僚屬，制置三司條例，那麼三司條例皆為無用。中書省，政事所從出，應以道輔佐人主，而用區區條例，又派官員看詳，若事事都檢條例執行，胥吏就足夠了，何必再擇賢才做宰相！那麼，二局不應置，在理甚明；而臣前日之論，則確無意譏諷惠卿。」

要論歷史知識的淵博，沒人比得過司馬光，呂惠卿要與司馬光討論歷史，那是自不量力。司馬光表達了三層意思：不是不要變，而是不要離開那個「道」；不是不要變，而是要具備相當的條件；不是不要變，而是要慎之又慎。顯然，在司馬光看來，變法的時機還不成熟，變法也不夠謹慎，而且變法的方向有問題。

司馬光的淵博和滔滔不絕，可能讓呂惠卿覺得很沒面子，他有點惱羞成怒了：「司馬光備位侍從，見朝廷事有未便，即應指出。有職守的，不能盡職則去；有言責的，不能盡言則去，豈可不了了之？」

司馬光針鋒相對：「此前，有詔書要侍從之臣言事，臣曾上疏（指〈上體要疏〉），指陳當今得失，如制置條例司之類，盡在其中，不知得達聖聽否？」

神宗答：「見了。」司馬光氣憤：「那麼，臣不是不說！至於不被採納而不去，確是臣之罪！惠卿責臣，實當其罪，臣不敢逃！」神宗勸解：「共議是非而已，何至於此？」

王珪連忙打圓場：「司馬光所說，大概認為朝廷所改諸事當中，有為利甚小、為害甚多的，也不必改。」同時，示意司馬光退下。

從此處的對話來看，按照神宗的考慮，變法肯定是必須的，但同時他也不希望反對變法的人離開，而是作為一種制衡力量，對即將到來的變法，發揮制約與監督的作用。

接著，王珪進讀《史記》，司馬光進讀《資治通鑑》。然後，降階，將退。神宗命移坐墩至御榻前就座。王珪禮辭，不許。於是眾人再拜，就座。左右避去。神宗問：「朝廷每改一事，則舉朝洶洶，皆以為不可，又不能指明不便之處，究竟為何？」

王珪等答：「臣等疏賤，在闕門之外，朝廷事不能盡知；聞之道路，又不知虛實。」

神宗堅持：「就據見聞說說吧。」司馬光說：「最近聽說朝廷在散青苗錢，此事不便。如今鄉里富民乘貧者匱乏之際，貸給錢，等到收穫，再以穀麥償還。貧者寒耕熱耘，僅得斗斛之收，未離場圃，已全被富室奪去。他們都是平民百姓，沒有公差的權勢、刑罰的威懾，只以富有的緣故，尚能蠶食小民，使之困瘁，何況官府嚴加督責？這是孟子所謂的又舉債增加其負擔。臣擔心將會民不聊生。」

呂惠卿反對：「司馬光不知道，這事由富室來做，就害民；如今由官府來做，就利民。過去，青苗錢令百姓願取者貸給，不願者不強迫；收穫之際，令以市價折合穀麥繳納。這是為了救貧者的無息、富人的貪暴。如今常平倉原價甚貴，十餘年才一糴，或腐朽以害主吏，或價貴人不能糴，所以不如散青苗錢有利。」

司馬光反駁：「臣聽說『作法於涼，其弊猶貪，作法於貪，弊將若何？』常平倉，穀貴不傷民，穀賤不傷農，公私俱利，至善之法；等到衰敗，吏不得人，穀賤不糴，反為民害。何況青苗錢，不及常平遠甚！過去太宗平河東，減輕租稅，戍兵甚眾，命和糴糧草供給。當時人稀物賤，米一斗值十餘錢，草一圍值八錢，百姓都樂意與官方交易，不以為病。後來人愈眾、物愈貴，而轉運司常守舊價，不肯增加，或折成茶布，或支移折變；饑年租稅皆免，但和糴不免，至今為百姓患，如膏肓之疾。朝廷雖知其害民，但因用度匱乏，也不能制止。臣擔心將來諸路青苗錢害民，也像河東的和糴一樣。」

神宗說：「聽說陝西路行之已久，民不以為病。」司馬光反對：「臣家在陝西路，有從鄉里來的，都說去年轉運司不聽朝廷指揮，擅散青苗錢，今年夏天麥不甚熟，但上司督責嚴急，百姓不勝愁苦。朝廷既明有指揮，他會公然施行嗎？轉運使本以聚斂為職，取之無名，還要搜刮，何況取之有名？那些負責青苗錢的官員來到陛下眼前，說百姓欣然，賴此錢為生等等，都由他一張嘴說，臣聽到的卻是民間事實。」

呂惠卿辯解：「司馬光所說的，都是吏不得人，所以為害百姓；若使轉運司、州、縣，皆得其人，哪還有這些毛病？」

問題的關鍵就在這裡，要保障全國那麼多州縣都所用得人，很難。司馬光表示贊同：「如惠卿所說，正是臣前日所說有治人無治法，朝廷應急於求人，緩於立法。」

神宗又問：「坐倉糴米如何？」

王珪等起立，答：「坐倉甚不便，朝廷近已取消，甚好。」

神宗納悶：「沒取消啊！」司馬光說：「坐倉之法，大概因為小郡倉中缺米，而庫有餘錢，因此反向軍人糴米，以給次月之糧，出於一時急計而已。如今京師倉有七年之儲，而府庫無錢再糴軍人米，使積久陳腐。此事利弊，非臣所知。」

呂惠卿反對：「若京師坐倉得米百萬石，就可以減東南每年漕運百萬石，轉換為錢，以供京師，還擔心沒錢嗎？」

司馬光反駁：「臣聽說如今江淮以南，百姓缺錢，稱為『錢荒』，而土壤適宜粳稻，當地人吃不完，地又低窪潮濕，不能儲存，若官糴不取以供京師，就無法處置，必甚賤傷農。而且，民有米而官不用米，民無錢官必讓出錢，豈是通財利民之道？」

吳申評價：「司馬光之言，可謂至論！」司馬光繼續：「此等小事，都是官吏應該具體研究的，不足以煩聖慮；陛下只應擇人而任，有功則賞，有罪則罰，這是陛下的職責。」

神宗深表贊同，說：「不錯。正如《尚書．立政》所謂『文王罔攸，兼於庶言，庶獄庶慎，惟有司之牧夫是訓用違……』，正指此！」

神宗又與大家講論至道。至晡後，王珪等請起，神宗命賜湯，又對司馬光說：「卿別因為之前呂惠卿的話不高興啊。」司馬光答：「不敢。」於是退下。此次經筵上的爭論，對手不是變法派的頭等人物，而是次一等的呂惠卿。司馬光在辯論中獲勝，神宗卻仍然傾向變法。變法如箭在弦上，司馬光已無能為力。

堅辭樞副

熙寧三年（西元一〇七〇年）二月十二日，司馬光被任命為樞密副使，相當於國防部副部長。此時，王安石在告，就是請假在家。為什麼呢？這得從韓琦的奏疏說起。

二月初一日，河北安撫使韓琦上奏，說按照青苗詔書，青苗法是要優待百姓的，為減少兼併，公家是無所利的，可現在每借一千，令還一千三百，這是官府自己在放錢取息，與當初抑兼併、濟困乏的初衷，已經完全背離。而且，鄉村每保必須選出有財力之人為甲頭，青苗錢雖說不許強行攤派，但上戶肯定不願意貸，下戶有的願意貸，將來催收肯定比較難，不免要行刑督責，同保內其他人戶就得跟著倒楣。陛下只要率先躬行節儉，自然國用不乏，何必讓興利之臣紛紛四出，招來天下人的疑惑呢？請盡罷諸路提舉官，依常平舊法施行。

二月初二日，神宗從袖子裡取出韓琦的奏疏，給執政大臣們看並說：「朕始謂可以利民，不意乃害民如此！」王安石勃然大怒，上疏極力辯解。曾公亮、陳升之都說城鎮不應散青苗錢，與王安石辯論很久。神宗因為韓琦的奏疏，對青苗法終究有些懷疑。於是，王安石稱病不出。

隨後，王安石又請外任。翰林學士司馬光草擬批答，說：「今士夫沸騰，黎民騷動，乃欲委還事任，退取優安，卿之私謀，固為無憾，朕之所望，將以委誰？」意思是說如今你讓天下沸騰，卻要擺爛，對你自己來說當然很好，可是我呢，我找誰收拾這個爛攤子？

王安石大怒，立即抗章自辯，神宗封還了他的奏章，又手劄向他道歉，說詔書中的兩句話，失於詳閱，現在看了，很覺慚愧，隨後派王安石的鐵杆搭檔呂惠卿諭旨。但王安石堅持請罷職。神宗堅持挽留。直到二月二十一日，王安石才復出治事。

神宗打算重用司馬光，曾徵求王安石的意見，王安石堅決反對，說：「光外託劘（切、削，引申為勸諫）上之名，內懷附下之實，所言盡害政之事，所與盡害政之人，而欲置之左右，使預國政，是為異論者立赤幟也！」意思是說司馬光託名勸諫，其實附下，談論的都是反對變法的事，交往的都是反對變法的人，如果把他安置在身邊，參與國家大政，那就等於為不同政見者樹起了一杆大旗。

等到王安石請假，神宗以司馬光為樞密副使。二月十二日當天，司馬光即上〈辭樞密副使劄子〉。從中我們知道，當天司馬光先是接到門告報，說已除任樞密副使；接著又有勾當御藥院陳承禮傳宣，令即日領受敕告。

二月十五日，司馬光又上〈辭樞密副使第二劄子〉。從中我們得知，當天神宗又命勾當御藥院黎永德宣聖旨，令司馬光即日入見。神宗似乎很著急，他大概要趁王安石請假下達命令，到時候王安石反對也沒用了，可司馬光遲遲不接受。

二月十九日，司馬光再上〈辭樞密副使第三劄子〉，先說人的材性各有所能有所不能，「人主量材，然後授官；人臣審能，然後受事」，因此「官不曠而事無敗也」。接著歷數自己入仕以來，曾辭免的與未曾辭免的任命，說自己辭樞密副使，並非如有些人想像，以為是「不慕榮貴」，或者「飾詐邀名」，而是「正欲辭所不能而已」。加之自己「素有目疾，不能遠視」，近日以來，又「頗多健忘」，日常供職，「猶懼廢闕」，何況以衰病之身，難當重任。

熙寧二年（西元一〇六九年）閏十一月十九日，應條例司之請，差官提舉諸路常平倉、廣惠倉，兼管勾農田水利差役事，開始推行青苗法。當時全國常平倉錢糧，共計一千四百萬貫石，諸路共置提舉管勾官，凡四十一人。

在封建時代，農業是國家的根本。當時對付自然災害的方法不多，靠天吃飯，收成很不穩定。豐年穀賤傷農，災年穀貴傷民。這就要由國家來平抑物價：豐年穀賤，國家拿一筆錢出來，平價收購糧食，儲存在官倉裡，等到災年穀貴時，再把這些糧食平價出售，這樣可以防止奸商、富戶的囤積居奇。這種辦法，就叫作常平法；專門用於儲存平抑物價糧食的官倉，就叫作常平倉。廣惠倉始建於仁宗嘉祐二年（西元一〇五七年）。當時，由於地主死亡、無人繼承等原因，各地都有一些無主的土地，這些土地以前都是由官府出售。當時的樞密使韓琦建議，這些土地由國家雇人來耕種，所得專門用於救濟境內的老弱病殘，以及用於救災。所謂青苗法，就是將常平倉、廣惠倉的錢和糧食作為本錢，每年青黃不接的時候，由國家向農民發放貸款，取利二分，就是收取百分之二十的利息，收穫後連本帶息一併償還。這種貸款以農民田裡的青苗作為抵押，因此叫作青苗錢。

二月二十日，司馬光上〈乞罷條例司常平使疏〉，認為青苗法將可能導致民間的普遍貧窮，國家的投入也可能血本無歸，並且，十年之後，國家有可能出現動亂。在提出他的請求之後，司馬光動情地說：「如此，臣雖盡納官爵，但得為太平之民，以終餘年，其幸多矣！苟言不足採，陛下雖引而寘諸二府，徒使天下指臣為貪榮冒寵之人，未審陛下將何所用之？」意思是說如果廢除條例司、追回常平使，臣餘生即便做個太平之世的老百姓，也特感幸運。但如果不這樣做，陛下就是把我安置在兩府，不過白白地使天下人指責臣貪戀榮華，對陛下來說，有什麼用呢？

二月二十一日，司馬光又上〈辭樞密副使第四劄子〉。從中我們獲知，當天神宗又派勾當御藥院陳承禮傳宣，令司馬光即日入見。司馬光說：「臣仰煩聖恩重遝如此，雖頑如木石，亦當遷變」，然後說到自己的堅持，他說所以如此，是因為「荷盛德者必有以酬報，居重位者不可以無功」。當今為害天下的，唯有制置三司條例司，及諸路提舉勾當常平、廣惠倉使者。「若陛下朝發一詔罷之，則夕無事矣！」倘若以為是，請早賜施行；若以為非，則自己是「狂愚之人」。如今英俊滿朝，卻要提拔狂愚，使汙樞府，「豈不為聖政之累也」。

二月二十二日，司馬光再上〈辭樞密副使第五劄子〉。由此可知，神宗當天再命勾當御藥院李舜舉傳宣，令司馬光即日赴門領受敕告。我們讀到司馬光的不安：「陛下聖恩無窮，愚臣辭避不已。逮下之德愈盛，慢上之罪愈深。憂惶失圖，無地自處。」他重申二十日的奏疏，說陛下若能施行，勝過任自己為兩府大臣，而自己若得此言施行，也勝過居兩府之位。但倘若所言無可採，「臣獨何顏敢當重任」！

由「貼黃」我們知道，神宗曾命李舜舉傳聖旨，說樞密院「本兵之地」，各有職分，不應再以他事為由推辭。司馬光說自己如今若已受樞密副使的敕告，即誠如聖旨，不敢再談職外之事；但既未受恩命，那自己還是侍從之臣，於朝廷闕失，無不可言。何況所說兩件事，都是去年已有上奏，因其無效，故而不敢當今日新恩。因此自己不算「侵官」，請聖明裁察。兼臣右膝下現生一瘡，有礙拜起，不能入見，伏望聖慈再不差使臣宣召，只候膝瘡稍癒，即「自乞入見，面奏懇誠」。

二月二十七日，司馬光最後上〈辭樞密副使第六劄子〉。這一天神宗再派勾當御藥院劉有方傳宣、慰問，並問司馬光計劃哪天入見，令早。司馬光表示感激：「聖恩深厚，不忘微賤，存恤勤至。臣螻蟻之命，無足報塞，惶恐無措。」然後，他說自己現在膝瘡雖稍減輕，但尚未痊癒，仍然有礙拜起，所以也不知道可以入見的具體日期。不僅如此而已，自己近曾上疏，請罷制置三司條例司，及追還諸路常平、廣惠倉使者，但未聽說朝廷「少賜採錄」，只聽說條例司「愈用事」，催散青苗錢「愈急」，內外人心「愈惶惶不安」，自己這種時候，「獨以何心敢當高位」！所以「寧被嚴譴，未敢輒出」。聽說古代國有大事，「謀及卿士，謀及庶民，參酌下情，與眾同欲」，因此

「事無不當，令無不行」，未嘗有四海之內，「卿士大夫、農商工賈，異口同辭，咸以為非」，卻「獨信二三人之偏見，而能成功致治者也」。希望陛下將臣近所上疏宣示內外臣庶，使共決是非，「若臣言果是，乞早賜施行；若臣言果非，乞更不差使臣宣召，早收還樞密副使敕告，治臣妄言及違慢之罪，明正刑書，庶使是非不至混殽，微臣進退有地，不為天下之所疑怪」。司馬光表達得已經很明白，除非廢除新法，否則他不會就任樞密副使。

三月初八日，神宗又遣劉有方告諭司馬光，令供職。當天，司馬光入對。司馬光說：「臣自知對朝廷沒有幫助，朝廷施行的，都與臣所說相反。」神宗問：「何事相反？」司馬光答：「臣說條例司不應設，又說不宜多派使者干擾監司，又說散青苗錢害民，豈非相反？」神宗說：「都說不是法不好，只是所派非其人而已。」司馬光：「以臣看來，法也不好！」神宗強調：「原敕不令強行攤派。」司馬光說：「敕雖不令強行攤派，但使者都暗示令攤派。如開封府所轄十七縣，只有陳留縣令姜潛張榜公布，聽任自來，請就發給，終無一人來請。由此看來，其餘十六縣，恐怕都不免攤派！」

神宗敦諭再三，司馬光再拜，堅辭。王安石已於二月二十一日復出治事，推行青苗法，更加堅定。神宗暫時還無意廢除新法，所以不再堅持讓司馬光上任。司馬光第六次辭免樞密副使之後不久，得旨聽許。

三月十七日，知通進銀臺司范鎮被免職。當時，韓琦極論新法之害，詔送條例司分條辯駁；李常請罷青苗錢，詔分解辨析。范鎮全部封還。詔五下，范鎮堅持如初。司馬光辭樞密副使，神宗許之，范鎮又封還詔書，說：「臣所陳，大抵與光相類，而光追還新命，則臣亦合加罪責。」

神宗令再送范鎮行下，范鎮又封還，說：「陛下自除光為樞密副使，士大夫交口相慶，稱為得人，至於坊市細民，莫不歡慶。今一旦追還誥敕，非惟詔命反汗，實恐沮光讜論忠計！」反汗，出爾反爾。神宗不聽，以詔書直付司馬光，不再經由銀臺司。范鎮說：「臣不才，使陛下廢法、有司失職。」遂請解職。許之。

我們知道，范鎮和司馬光是多年的朋友；但范鎮此舉，已經遠遠超出朋友情義的範疇。

私信安石

熙寧三年（西元一〇七〇年）二月二十七日，司馬光作〈與王介甫書〉。司馬光試圖說服神宗皇帝放棄變法，但似乎希望不大，他因此轉而勸說王安石。這是個充滿暖意的春天，但司馬光顯然沒有心情領略春的愜意。

這是一封約三千三百餘言的長信。在司馬光的一生中，這種長信並不多見。從信中看，起碼自王安石參知政事以後，兩人就斷了來往：「光居嘗無事，不敢涉兩府之門，以是久不得通名於將命者。」

司馬光先談到彼此十數年的交往，認為自己於王安石應當算是益友：「孔子曰，益者三友，損者三友。光不材，不足以辱介甫為友；然自接侍以來，十有餘年，屢嘗同僚，亦不可謂之無一日之雅也。雖愧多聞，至於直諒，不敢不勉；若乃便辟、善柔、便佞，則固不敢為也。」然後，談到他們的分歧，認為屬於君子的「和而不同」。接著說：「曩者與介甫議論朝廷事，數相違戾，未知介甫之察不察，然於光向慕之心，未始變移也。竊見介甫獨負天下大名三十餘年，才高而學富，難進而易退；遠近之士，識與不識，咸謂介甫不起而已，起則太平可立致，生民咸被其澤矣。天子用此起介甫於不可起之中，引參大政，豈非亦欲望眾人之所望於介甫邪？」除去政見的不同，司馬光與王安石，就人格修為來說，都堪稱當世典範。司馬光的此番話，不是客套的恭維，而是完全發自真心。

接下來，要談到非議：「今介甫從政始期年，而士大夫在朝廷及自四方來者，莫不非議介甫，如出一口，下至閭閻細民、小吏走卒，亦竊竊怨歎，人人歸咎於介甫。」為什麼呢？司馬光認為：「介甫固大賢，其失在於用心太過，自信太厚而已。」王安石執政以來，所以怨聲載道，司馬光認為，是他太過用心，又太過自信。

什麼是「用心太過」呢？司馬光解釋：自古以來，聖賢治國，「不過使百官各稱其職，委任而責成功也」，養民「不過輕租稅、薄賦斂、已逋責也」，而王安石以為這些都是「腐儒之常談」，於是，「財利不以委三司而自治之」，又立制置三司條例司，「聚文章之士及曉財利之人，使之講利」。其中又破格用人，往往暴得高官，於是言利之人，「皆攘臂圜視，衒鬻爭進」，各鬥智巧，變更祖宗舊法。「大抵所利不能補其所傷，所得不能償其所亡，徒欲別出新意，以自為功名耳！」又置提舉常平、廣惠倉使者四十餘人，先散青苗錢，次欲使每戶出助役錢，次又欲搜求農田水利而有所施行。所派雖然都選擇才俊，但也有「輕佻狂躁之人」，他們欺壓州縣，騷擾百姓，於是「士大夫不服，農商喪業，謗議沸騰，怨嗟盈路」。綜上所述，「夫侵官亂政也，介甫更以為治術而先施之；貸息錢鄙事也，介甫更以為王政而力行之；傜役自古皆從民出，介甫更欲斂民錢，雇市傭而使之」。三者常人都知道不可以，唯獨王安石以為可以，因為「直欲求非常之功，而忽常人之所知耳」！然後是總結：「此光所謂用心太過者也。」

什麼又是「自信太厚」呢？司馬光解釋：自古人臣才智出眾，無過周公與孔子，但周公、孔子也未嘗無過，未嘗無師。王安石雖是大賢，但與周公、孔子相比，總還有一定的差距，如今卻自以為天下無人能及。「夫從諫納善，不獨人君為美也，於人臣亦然」。王安石每於神宗前議事，「如與朋友爭辯於私室，不少降辭氣，視斧鉞鼎鑊無如也」。王安石將神宗當作兄弟，而賓客僚屬謁見論事，「則唯希意迎合，曲從如流者，親而禮之」；有人所見小異，婉言新令不好的，王安石就勃然大怒，「或或言於上而逐署以辱之，或言於上而逐之，不待其辭之畢也」。王安石不是 能聽反對意見的人。然後是總結：「此光所謂自信太厚者也。」

之後，提到了孟子和老子。司馬光說過去與王安石相處，安石博覽群書，而特好孟子與老子之言。我們都知道，孟子主張仁義。而王安石從政，首建制置條例司，大講財利，又命薛向在江淮推行均輸法，「欲盡奪商賈之利」，又遣使者散青苗錢收取利息，「使人愁痛，父子不相見，兄弟妻子離散」。這豈是孟子的志向？

我們也知道，老子主張無為，而王安石盡變祖宗舊法，「先者後之，上者下之，右者左之，成者毀之，矻矻焉窮日力，繼之以夜而不得息」。結果「使上自朝廷，下及田野，內起京師，外周四海，士吏兵農工商僧道，無一人得襲故而守常者，紛紛擾擾，莫安其居」。這豈是老子的志向？司馬光不勝疑惑：「何介甫總角讀書，白頭秉政，乃盡棄其所學，而從今世淺丈夫（應指呂惠卿）之謀乎？」

當月初因為韓琦的奏疏，王安石曾請求外任，當時司馬光負責草擬批答。現在，他要對此做些解釋：「近者藩鎮大臣，有言青苗錢不便者，天子出其議以示執政，而介甫遽悻悻然不樂，引疾臥家。光被旨為批答，見士民方不安如此，而介甫乃欲辭位而去，殆非明主所以拔擢委任之意，故直敘其事，以義責介甫，意欲介甫早出視事，更新令之不便於民者，以福天下；其辭雖樸拙，然無一字不得其實者。」

接著，司馬光談到樞密副使的任命，以及自己的請求：「光近蒙聖恩過聽，欲使之副貳樞府，光竊惟居高位者，不可以無功，受大恩者，不可以不報，故輒敢申明去歲之論，進當今之急務，乞罷制置三司條例司，及追還諸路提舉常平、廣惠倉使者。主上以介甫為心，未肯俯從。」司馬光反對變法，他態度鮮明，即使是對王安石，也絕不有所隱瞞。

然後，是寫此信的目的：「光竊念主上親重介甫，中外群臣無能及者，動靜取捨，唯介甫之為信。介甫曰可罷，則天下之人咸被其澤；曰不可罷，則天下之人咸被其害。方今生民之憂樂、國家之安危，唯繫介甫之一言，介甫何忍必遂己意而不恤乎？夫人誰無過，君子之過，如日月之食，過也人皆見之，更也人皆仰之，何損於明？介甫誠能進一言於主上，請罷條例司、追還常平使者，則國家太平之業，皆復其舊，而介甫改過從善之美，愈光大於日前矣，於介甫何所虧喪而固不移哉？」

神宗對王安石的確非常信任，可以說是言聽計從，但那些變法的措施，也正是王安石極力主張的，所以勸說的結果不可能理想。

司馬光再次提到君子和而不同：「光今所言，正逆介甫之意，明知其不合也。然光與介甫趣向雖殊，大歸則同。介甫方欲得位以行其道，澤天下之民；光方欲辭位以行其志，救天下之民，此所謂和而不同者也。故敢一陳其志，以自達於介甫，以終益友之義。其捨之取之，則在介甫矣。」這大概可算是說服工作的基礎。司馬光對結果早有預料，所以還要這樣做，是為盡朋友之誼，同時，寄希望於萬一，死馬當作活馬醫。

司馬光寫下以下的話，作為這封長信的結束：「國武子好盡言以招人之過，卒不得其死，光常自病似之，而不能改也。雖然，施於善人，亦何憂之有？用是故敢妄發而不疑也。屬以辭避恩命，未得請，且病膝瘡，不可出，不獲親侍言於左右，而布陳以書，悚懼尤深。介甫其受而聽之，與罪而絕之，或詬詈而辱之，與言於上而逐之，無不可者，光俟命而已。」司馬光已做好了最壞的打算。

三月初三日，司馬光又有〈與王介甫第二書〉：

光以荷眷之久，誠不忍視天下之議論恟恟（喧擾不安狀），是敢獻盡言於左右。意謂縱未棄絕，其取詬辱必矣。不謂介甫乃賜之誨筆，存慰溫厚，雖未肯信用其言，亦不辱而絕之，足見君子寬大之德，過人遠甚也。

光雖未甚曉孟子，至於義利之說，殊為明白。介甫或更有他解，亦恐似用心太過也。《傳》曰：「作法於涼，其弊猶貪；作法於貪，弊將若何？」今四方豐稔，縣官復散錢與之，安有父子不相見、兄弟離散之事？光所言者，乃在數年之後，常平法既壞，內藏庫又空，百姓家家於常賦之外，更增息錢、役錢；又言利者見前人以聚斂得好官，後來者必競生新意，以朘（搜刮）民之膏澤，日甚一日，民產既竭，小值水旱，則光所言者，介甫且親見之，知其不為過論也。當是之時，願毋罪歲而已。

感發而言，重有喋喋，負罪益深。

（《傳家集》卷六十）

由這封信來看，王安石收到司馬光第一封信之後，曾有回信。從司馬光此信的內容推斷，王安石的回信應不激烈，相反很客氣，但也堅決；曾提及孟子，但彼此的理解，卻大相徑庭；又說目前並沒有父子不相見、兄弟離散的事情。我們現在知道，司馬光的回答真是一語成讖，而數年之後，那些慘狀王安石將親眼目睹。再然後，就是知名的〈答司馬諫議書〉：

某啟：昨日蒙教，竊以為與君實遊處相好之日久，而議事每不合，所操之術多異故也。雖欲強聒，終必不蒙見察，故略上報，不復一一自辯。重念蒙君實視遇厚，於反覆不宜鹵莽，故今具道所以，冀君實或見恕也。

蓋儒者所爭，尤在於名實。名實已明，而天下之理得矣。今君實所以見教者，以為侵官、生事、徵利、拒諫，以致天下怨謗也。某則以謂受命於人主，議法度，而修之於朝廷，以授之於有司，不為侵官。舉先王之政，以興利除弊，不為生事。為天下理財，不為徵利。辟邪說，難壬人，不為拒諫。至於怨誹之多，則固前知其如此也。

人習於苟且非一日，士大夫多以不恤國事同俗自媚於眾為善。上乃欲變此，而某不量敵之眾寡，欲出力助上以抗之，則眾何為而不洶洶？然盤庚之遷，胥怨者民也，非特朝廷士大夫而已。盤庚不為怨者故改其度，度義而後動，是而不見可悔故也。如君實責我以在位久，未能助上大有為，以膏澤斯民，則某知罪矣。如曰今日當一切不事事，守前所為而已，則非某之所敢知。無由會晤，不任區區嚮往之至。

（清．蔡上翔《王荊公年譜考略》卷十六）

昨日來信，今日回覆，真的很快！我們可以讀出文字背後的劍拔弩張，雖然它的語氣非常平和。彼此的諸多分歧，王安石只概括為一句話：「所操之術多異故也」。因此回信的內容，主要集中在辯清名實上，而不是變不變法上。

大多數人對司馬光的認識，可能都是透過這封信想像而來的。想像中的司馬光頑固、守舊，甚至殘忍，因為他竟無恥地阻攔王安石變法、強國富民的願景，但事實並非如此。

最後，是司馬光的〈與王介甫第三書〉：

光惶恐再拜，重辱示諭，益知不見棄外，收而教之，不勝感悚！不勝感悚！夫議法度以授有司，此誠執政事也，然當舉其大而略其細，存其善而革其弊，不當無大無小，盡變舊法以為新奇也。且人存則政舉，介甫誠能擇良有司而任之，弊法自去；苟有司非其人，雖日授以善法，終無益也。介甫所謂先王之政者，豈非泉府賒貸之事乎？竊觀其意，似與今日散青苗錢之意異也；且先王之善政多矣，顧以此獨為先務乎？今之散青苗錢者，無問民之貧富、願與不願，強抑與之，歲收其什四之息，謂之不徵利，光不信也。至於辟邪說，難壬人，果能如是，乃國家生民之福也；但恐介甫之座，日相與變法而講利者，邪說、壬人為不少矣。彼頌德贊功、希意迎合者，皆是也。介甫偶未之察耳。盤庚曰：「今我民用蕩析離居。」又曰：「予豈汝威？用奉畜汝眾。」又曰：「無或敢伏小人之攸箴。」又曰：「非廢厥謀，弔由靈各。」蓋盤庚遇水災而遷都，臣民有從者，有違者，盤庚不忍脅以威刑，故勤勞曉解，其卒也皆化而從之，非謂廢棄天下人之言而獨行己志也。光豈勸介甫以不恤國事，而同俗自媚哉？蓋謂天下異同之議，亦當少垂意採察而已。

幸恕其狂愚。不宣。光惶恐再拜。

（《傳家集》卷六十）

讀這封信我們能明白，什麼叫作見仁見智。司馬光的初衷是要說服王安石的，但越到後來他就越明白，那根本無異於與虎謀皮。單向的說服成了雙向的辯論。司馬光此信，不過是對王安石辯解的反駁。

王安石說：「為天下理財，不為徵利。」為國家理財是為公，所以不叫取利。王安石變法的目的，是要將民間財富，迅速集中到國家手中，不取利是不可能的。王安石說，集中是為了國家，所以不叫取利。實際就是這個實際，只是叫法不同而已。按照王安石的設計，國家作為經濟實體，

參與到經濟活動中，國家就是最大的國有企業。司馬光主張國家無為而治，反對國家參與經濟活動，市場的事由市場說了算。

變法將在全國全面展開，司馬光所能做的，只有離開。

讓我離開

熙寧三年（西元一〇七〇年）四月以後的一系列任免，顯得頗為反常。

四月初八日，御史中丞呂公著以言新法不便，及呂惠卿奸邪不可用，出知潁州（治今安徽省

皋陽市）。呂公著與王安石「素相厚」，王安石曾說：「呂十六（呂公著排行十六）不作相，天下不太平。」後來舉薦呂公著為御史中丞，又說呂公著有「八元」、「八凱」之賢。相傳古帝王高辛氏有才子八人，稱為「八元」；高陽氏也有才子八人，稱為「八凱」。可是半年不到，呂公著不贊成王安石變法，王安石又說呂公著有「驩兜」、「共工」之奸。我們還記得，此前河北安撫使韓琦曾極言青苗法不便，神宗不聽。孫覺當時對神宗說：「今藩鎮大臣如此論列而遭挫折，若當唐末、五代之際，必有興晉陽之甲，以除君側之惡者矣。」呂公著與孫覺都有一把好鬍鬚，都是美髯公，神宗只記住了美髯。時間長了，就錯把呂公著當成了孫覺，對輔臣們說，公著上殿，言朝廷挫折阻撓韓琦太甚，將興晉陽之甲，以除君側之惡。王安石就乘機以莫須有的罪名，將呂公著貶出。

四月十九日，以前秀州（治今浙江省嘉興市）軍事判官李定，為太子中允、監察御史裏行。

李定，字資深，揚州（治今江蘇省揚州市）人，早年受學於王安石。登進士第，任定遠縣（今安徽省定遠縣）縣尉、秀州判官。熙寧二年（西元一〇六九年），因孫覺舉薦，召至京師。李定初至京師，先去拜謁了諫官李常，李常問：「你從南方來，老百姓認為青苗法怎麼樣？」李定說：「都認為很好，沒有不喜歡的。」李常告誡：「朝廷上下正爭論此事，你別這樣說。」李定立即跑去跟王安石講了，並說：「李定只知說實話，不知京師卻不許。」王安石大喜，立即推薦上朝應對。神宗主意始定。王安石讓李定知諫院，宰相說以李定的資歷，沒有這種先例，於是改為太子中允、監察御史裏行。知制誥宋敏求、蘇頌、李大臨，都認為這不符合程序，拒絕起草任命檔。詔諭數四，堅持不肯。最終，三人以屢違詔命，被免去知制誥，時稱「熙寧三舍人」。

不久，御史陳薦上疏，說李定任涇縣（今安徽省涇縣西北）主簿的時候，得到母親仇氏的死訊，隱匿不為服喪。詔下江東、淮、浙轉運使調查，奏說李定曾以父親年老求歸侍養，沒說是為生母服喪。李定辯稱不知自己為仇氏所生。曾公亮認為李定應當補服。王安石力主李定出任御史裏行。於是陳薦又被免職，改任李定為崇政殿說書。御史林旦、薛昌朝都說李定不孝，不宜居勸講之地，並認為王安石有罪，上奏六七次。王安石又請免二人職。李定不自安，請求解職。最終，李定以集賢校理、檢正中書吏房、直舍人院同判太常寺。

五月初二日，司馬光上〈論李定劄子〉，我們從中得知，當時宋敏求等已多次封還「詞頭」，數日以來，外間都說朝廷已因此撤銷了任命，但當天又有傳聞，說有劄子行下舍人院，令必須草擬。司馬光擔心此舉會讓朝臣們變得苟且，會塞絕言路。在「貼黃」中司馬光又補充說，國家破格用人，自無常法，但必須要讓眾人心服才好。臣與李定素不相識，不知其品行才能如何，陛下若確知其賢，「何不且試之以漸，俟其功效顯著，眾皆知之，然後不次擢用」，到時候誰還能說不行？何必今日與臣下力較勝負！「殆非人君廣大之體也」。此時的神宗皇帝，像是被綁架了一樣，全由王安石說了算。

四月二十三日，以淮南轉運使謝景溫為工部郎中，兼侍御史知雜事。謝景溫「雅善」王安石，兩人關係不錯。謝景溫的妹妹嫁給了王安石的弟弟王安國，是姻親。

當初，王安石屢勸神宗獨斷，神宗遂專門信任他。蘇軾曾為開封府試官，策問進士以「晉武平吳以獨斷而克，苻堅伐晉以獨斷而亡，齊桓專任管仲而霸，燕噲專任子之而敗，事同而功異，何也」？王安石看了很不高興。蘇軾此前曾多次上疏，論時政得失，王安石已大為不快。當時詔舉諫官，范鎮舉薦了蘇軾。謝景溫怕蘇軾做了諫官會對王安石不利，就彈劾蘇軾，說當年蘇軾的母親去世，他歸蜀服喪，多占舟船，販運私鹽、蘇木，這相當於倒賣國家專營物資，為當時法律所禁止；但朝廷派人緝捕艄公、船夫，卻查無實據。蘇軾覺得很受傷，不久乞外任，遂出判杭州。

大概正是這些不尋常的任免，促使司馬光做出決定，離開京師。

八月初八日，垂拱殿奏對，司馬光請知許州，或西京留司御史臺、國子監。

神宗說：卿怎能外任，朕正要重申前命（指樞密副使的任命），卿且接受了。司馬光婉辭：原職臣且不能供，請求外補，又哪敢當提拔？

神宗問：為什麼？司馬光答：臣絕不敢留。神宗沉吟良久，說：王安石素與卿友善，卿為何猜疑？司馬光說：臣是素與安石友善，但自安石執政以來，牴觸甚多。今違逆安石如蘇軾等，安石完全拋棄操守，陷以酷法。臣不敢避削黜，苟全操守。臣與安石友好，豈如呂公著？安石舉薦呂公著時說什麼？後來詆毀他又說什麼？不過同一個人，為何前是而後非？肯定有一種說法不真實。

神宗說：安石與公著關係密切，但至其有罪，不敢隱惡，這說明安石極公正啊。神宗又說，青苗法已有顯著成效。司馬光說：此事不對，天下共知，只有安石之黨以為是罷了。

神宗轉而言他：蘇軾不好，卿錯識了人。鮮于侁在遠地，蘇軾傳給他奏稿；韓琦贈銀三百兩他不要，卻販鹽及蘇木、瓷器。

司馬光認為不可能：凡批評人應先弄清他的意圖，蘇軾販賣所得，豈能多過贈銀？安石一向恨蘇軾，陛下豈不知？以姻親謝景溫為鷹犬，攻擊蘇軾，臣豈能自保？不可不早去。蘇軾雖不好，豈不勝過李定？李定不服母喪，禽獸不如，安石卻喜歡他，要用為臺官。

從這段對話來看，司馬光大概認為，與其遭到攻擊被迫離開，不如趁早自請外任。九月二十三日，延和殿奏對，司馬光再請許州及西京留臺。

神宗問：必須許州嗎？司馬光答：臣哪敢必須，只要稍近鄉里，即臣之幸。

神宗又問：西京怎樣？司馬光又答：恐非才士不行，不過，若朝廷差遣，不敢辭。然後，拜謝而退。從以上對話來看，當時神宗曾打算讓司馬光去西京留臺任職，但很快有了變化。

九月二十六日，司馬光得到消息，已除端明殿學士、知永興軍。幾天後，消息得到證實，十月初五日，敕受永興軍敕告。後又受宣永興一路都總管、安撫使，凡事長施行及傳宣永興軍（指京兆府，治今陝西省西安市）、同（治今陝西省大荔縣）、華（治今陝西省華縣）、乾（治今陝西省乾縣）、商（治今陝西省商洛市）、虢（治今河南省靈寶市）、解州（治今山西省運城市鹽湖區解州鎮），陝（治今河南省三門峽市西）、河中（治今山西省永濟市蒲州鎮）、慶成軍（治今山西省萬榮縣榮河鎮）依此。也就是說，司馬光的都總管及安撫使的管轄權，限於以上十個腹地州軍。

司馬光已經接受任命，但他還不能立即赴任，有些事情他必須先安排。

首先是書局。四月，劉攽因寫信論新法不便，被貶為泰州（治今江蘇省泰州市）通判，要離開書局。六月初四日，司馬光請差前知龍水縣（今四川省資陽市西南）范祖禹，同修《資治通鑑》。許之。

范祖禹，字淳甫、夢得。祖禹出生時，母親夢到一「偉丈夫」，身穿黃金甲，進入寢室，說：「吾漢將軍鄧禹。」遂以為名。祖禹幼年失怙，由叔祖范鎮養大。祖禹相當自卑，過年過節大家宴集，祖禹往往傷心落淚，自覺無地自容，就閉門讀書。到京師後，交往的都是名人。范鎮很器重他，說：「此兒，天下士也。」中進士甲科。此後十五年，他將作為司馬光的主要助手，直至書成。

劉攽與范祖禹的工作交接，需要司馬光的指導。書局的另一個重要助手劉恕，司馬光獲外任不久，也以母親年邁，告歸南康（今江西省南康市）老家，請監酒稅，以就近侍養。詔即官修書，遙隸書局，即仍屬書局，在南康任上，繼續修書。劉恕離開後的工作，也需要司馬光的指點。

這樣，一個月很快過去，已是十一月。此前的八月二十二日，西夏大舉入侵環州（治今甘肅省環縣）、慶州（治今甘肅省慶陽市），攻打各堡寨。兵馬多時號稱二十萬，少時不下一二萬。屯兵榆林，距慶州四十里；游騎至城下，九日才退。鈐轄郭慶、都監高敏、魏慶宗、秦勃等戰死。

免役法的正式推行，還要等到十二月二十二日。但免役法的討論由來已久。所謂免役法，概括地說，就是老百姓不再服役，而改為出錢；官府再用這些錢雇人服役。具體的做法，就是將老百姓按貧富不同，分為五等，按等出錢，叫作「免役錢」；原來不用服役的官戶、女戶、寺觀、單丁及未成丁戶，也要按等出錢，叫作「助役錢」；先定州或縣雇役所需，然後按等分攤；另加收兩成，以備水旱欠缺，叫作「免役寬剩錢」。

十一月初二日，司馬光上〈乞免永興軍路苗役錢劄子〉，說陝西百姓自築城綏州以來，供應諸般科配（臨時的加稅），及支移稅賦往近邊州軍，最近又有環慶事宜，加以今年大旱，五穀不熟，人戶流離轉徙，聽說已有不少，國家應緊急撫恤，使人戶安定。青苗法已為害不小，而免役法為害，必又甚於青苗法。請特免永興軍一路青苗、免役錢，以愛惜民力，專奉邊費。

不久，又上〈乞不令陝西義勇戍邊及刺充正兵劄子〉，說近曾聽說，環慶路調集義勇迎敵，結果望風奔潰，死傷甚多，致使主將陷沒。又聽說有人還要訓練義勇，抗擊西賊。若繼續調發戍邊，或刺充正兵，大家已見環慶之敗，好比無罪赴死，不免人心惶惶。這是驅良民為盜。恐怕今天的教習訓練，就成了他日為盜的資本。

很快，司馬光再上〈乞留諸州屯兵劄子〉。我們從中得知，當時永興軍等十個腹地州軍，掌握的禁軍極少。所屯駐基本都是沿邊到內地就糧、解決給養的兵士。他們平時分為上下兩撥，有一半在各州；稍遇沿邊緊急，就全部抽去。司馬光認為，戎狄犯邊，自應竭力抵禦；但腹地州軍，也不可全無武備。而且，各州軍都有軍用物資及武器，對可能出現的內亂，也不可不防。司馬光建議各州應各添一指揮禁軍屯駐，其中永興軍為關中根本，應添兩指揮。若朝廷另無兵士可以差撥，就請在沿邊就糧的兵士內撥留，邊界再不許抽調。指揮，宋代軍隊編制單位，五百人為一指揮。

在離開之前，司馬光連上這樣三個劄子，他的意思很明白：青苗、免役錢有害無益，既然全國不免，那至少在我的轄區內免了；義勇還是不要戍邊或刺充正兵；至於撥留諸州屯兵，自然是出於地方安全的考慮。

第七章　任職西安

知永興軍

永興軍，這裡指京兆府。京兆府是永興軍路的首府，治所在長安，就是今天的陝西省西安市。永興軍路的管轄範圍，大致相當於今天陝西省的大部分，再加上甘肅、寧夏、山西等省、區的一部分。司馬光的故家鄉夏縣，隸屬永興軍路。

司馬光到任的時間，是在熙寧三年（西元一〇七〇年）的十一月十四日。十天後，他作詩〈登長安見山樓〉：

到官今十日，才得一朝閑。歲晚愁雲合，登樓不見山。

（《傳家集》卷九）

看來，司馬光到任的前九日，都非常忙；當然，十日可能並非確指。名為見山樓，登樓不見山。從這些惆悵的句子，我們可以讀出司馬光當日的鬱悶，因為朝廷正準備對西夏開戰。

熙寧三年（西元一〇七〇年）九月初八日，以韓絳為陝西宣撫使。十月初四日，詔延州不許接納西夏使者。十一月二十八日，又以韓絳兼河東宣撫使，凡機密要事，來不及上報的，「聽優宜施行」，就是可以相機行事，先執行後上報；授以空名告敕，可以自行任命官吏。十二月二十三日，賜西蕃棟戩詔書，及衣、帶、鞍、馬。所謂西蕃，就是宋夏邊界附宋的少數部族。這是宋朝廷籠絡他們的常用手段。種種跡象表明，朝廷可能要對西夏有所動作。

十二月初一日，司馬光有〈申宣撫權住製造乾糧皺飯狀〉。從中看來，此前陝西都轉運司曾轉發宣撫使衙的文件，令製造乾糧的州軍，一斗稻穀，變造乾糧五斤，變造是古代賦稅法的一種，是將米、絹、布、綿、麻等物，變換為各地出產的輕貨；並酌給柴錢，因為做乾糧要用柴。宣撫使衙最近又有文件，要求沿邊四路十四個州軍，及腹地的永興軍、河中府、同州、耀州、乾州、鳳翔府（治今陝西省鳳翔縣，屬秦鳳路）等，變造乾糧皺飯。行文各州軍已有兩次，要求及早變造。又按中書省的文件，奉聖旨，今後調發義勇赴沿邊戰守，都令自備一個月的口糧，將來從該戶應繳納的稅費中扣除；若不能自備，從調發州軍預請一個月的口糧帶去也可。而近日都轉運使司再行文，轉發宣撫使衙的文件，說近依朝旨，義勇輪番戍守，令附帶乾糧一秤，至屯戍州軍。

司馬光認為：首先，恐怕軍士們背不動。按相關規定，一個月的口糧是七斗五升，若再加上乾糧一秤，及武器、衣服、盤纏等等，以一人之力，恐怕難以勝任；其次，此舉可能會騷擾百姓。製造乾糧，必然增加百姓負擔。如今饑饉，民間不易，雖然酌給柴薪，也不能全無騷擾；第三，各縣官倉糧食極少。前依朝旨，支給第四、第五等缺糧人戶各二石，尚無著落，若再造乾糧皺飯，將來二三月間，正當缺糧之際，又拿什麼救濟？第四，用不著。若只是戍守，沿邊州軍就有倉廩，用不著乾糧皺飯。司馬光說自己已經指揮本路的五個州軍，暫緩製造乾糧皺飯，聽候宣撫使衙指揮。這等於是先斬後奏。

熙寧四年（西元一〇七一年）正月初一日，司馬光上〈諫西征疏〉，建議朝廷，暫緩開戰。

我們從中讀到當日陝西的災情：災民流離，道路相望。詢訪鄉里，都說今夏大旱，禾苗枯槁，黃河、渭河以北，完全絕收，只有南山下，還稍有存留。但入秋以後，霖雨連綿，經月不霽。因此，禾雖有穗，往往無籽；雖有籽，往往無米；雖有米，大都又細又黑。一斗穀子，舂過簸過之後，只能留下三四升米，糧價飛漲。民間多年困於加稅，素無蓄積，不能周濟。必須分房減口，百姓往西京（今河南省洛陽市東）、襄（治今湖北省襄樊市）、鄧（治今河南省鄧州市）、商（治今陝西省商洛市）、虢（治今河南省靈寶市）等州謀生，或受雇做工，或燒炭伐薪，或乞討劫掠，以度朝夕。荒年為減輕家庭負擔維持生計，人口多的人家會使部分成員外出逃荒，叫作分房減口。

司馬光認為，這種情況下，「國家惟宜鎮之以靜，省息諸事，減節用度，則租稅自輕，徭役自少，逋負自寬，科率自止。四患既除，民力自足，民財自饒，閭里自安，流亡自還。固不待陛下憂勤於中，宰相劬勞於外，然後人人斯得其所也」。

可是，整個永興軍路已是山雨欲來：朝廷及宣撫等司下令，將義勇分作四撥，計畫使輪流戍邊。選諸軍精銳及招募鄉里惡少，組成奇兵。製造乾糧、皺飯、布囊、力車，以備運送。取出給西夏的歲賜，散給沿邊諸路，並竭盡內地府庫相助。大家都在傳說：國家這個春天，將大舉六師，長驅深入，征討西夏。

前文提過，在討論是否誘降嵬名山時，司馬光曾說過，國家先應舉百職、修庶政、安百姓、實倉庫、選將帥、立軍法、練士卒、精器械，八事齊備，才可以征伐四夷。司馬光認為，現在這八項沒有一項勝過從前；況且眼下關中饑饉，十室九空，民不聊生，紛紛為盜，官倉蓄積，所餘無幾。眼下，實在不宜對西夏開戰。

正月，司馬光又上〈乞罷修腹內城壁樓櫓及器械狀〉。城壁，就是城牆；樓櫓，是一種建在城牆上的望樓，用於偵察及攻守。

熙寧三年（西元一〇七〇年）十一月初七日，樞密院曾有文件，奉聖旨令河東、河北、陝西經略安撫司，指揮轄下州軍，委派官吏仔細檢點，必須保證近日修繕城牆完畢，樓櫓堅固，武器精良。

司馬光認為，營造樓櫓，必須城基寬厚，但現在解（治今山西省運城市鹽湖區解州鎮）、虢（治今河南省靈寶市）兩州的城牆，皆稱最寬只有四五尺，像這樣就必須先貼築城基，將城基墊寬，才能修建樓櫓，工程將會很大。而本路州軍，都缺充勞役的廂軍，官庫也缺現錢購買材料，不免要增加老百姓的義務勞動及無償捐獻。陝西州軍去年遭災。當此饑饉、百姓流離之際，若再如此騷擾，必定更難安頓。而且，永興軍一路十個州軍，都在腹地，距離邊界極遠，即便西夏入寇，也不能即到各州軍城下；樓櫓修下數年不用，不免要損壞，這樣於官於私，都是一種浪費。因此請朝廷特別下令，所有腹地州軍，城牆、樓櫓都等將來豐年再逐漸營葺。

此狀上呈後，「尋得旨依奏」，很快得到了批准。城牆樓櫓剛剛緩建，又有一撥兵馬要來。從正月初八日的〈乞不添屯軍馬狀〉我們得知，前一天，即正月初七日，依陝西河東路宣撫使司文件，將於永興軍、邠州（治今陝西省彬縣）、河中府三個州軍糧草易得處，另添屯兵馬，選差將官，專門訓練，各路不得抽調，專聽宣撫司節制。駐永興軍的兵馬，擬差本司莊宅使趙瑜充永興軍路都鈐轄，與知府共同負責訓練事宜。司馬光預算永興軍現有糧草，供應現在本處駐紮就糧的兵馬，及本城兵員、官吏，僅能維持十三個半月到十七個半月，此外還要賑濟災民，加之陝西去年遭災，即便有錢，也無處去買，何況根本沒錢。因此，不能叫作糧草易得處。如果再添屯，實在難以應付。請朝廷先估算陝西諸州軍糧草，大約可以供應多少兵馬一年的開銷，並須預留二三成，救濟眼下饑民，此外如仍有剩餘，然後據數添屯；如並無剩餘，請不再添屯；倘以邊鄙不寧，必須適量添屯，就請分散到諸州軍就糧，各委派本處兵官精加訓練，不必擠在以上三個州軍，又特置都鈐轄三員。

儘管司馬光反對，但添屯的兵馬還是來了。新添屯的兵馬包括在京及別處的「拱聖」等禁軍共十四指揮，共計七千餘人。原來是要知府共同負責訓練的，但司馬光拒絕參與，說自己一介書生，軍旅之事，素所不知，加以所管永興軍一十三縣，民事極多，又要應付沿邊的軍需物資，總之很忙碌，「每日自旦至暮，未嘗暫閑」，根本沒有餘力與趙瑜共同負責，請以本路兵官鈐轄劉斌、路分都監李應之代替。

司馬光主張暫緩開戰，但戰爭已如箭在弦上。司馬光可能相當鬱悶；但讓他鬱悶的事，還不止這一件。

熙寧三年（西元一〇七〇年）五月十五日，條例司已併入中書省。從此，司農寺代替條例司，成為變法的核心機構。九月，以曾布為崇政殿說書、同判司農寺。此前，呂惠卿已因父喪離職。

從正月的〈奏為乞不將米折青苗錢狀〉我們知道，提舉陝西常平廣惠倉司的做法，簡直就是奸商行為：他們趁現在百姓饑饉、糧價飛漲，將兩倉的陳次糧米，依現在的高價折算成現錢，貸給農民，又預先定好將來的糧價，當然是很低的價格，讓農民將來歸還現錢，或依此價歸還新粟、新麥。

這樣算來，農民現在借陳米一斗，將來就要歸還小麥。一斗八升七合五勺，如果是粟，那就更多，是三斗。朝廷原來規定，青苗錢取利不得超過兩成，可現在卻幾乎達到一倍；要是還現錢，農民又不得不賤賣糧食。司馬光說，這樣做，「使貧下之民，寒耕熱耘，竭盡心力，所收斛斗，於正稅之外，更以巧法取之至盡，不問歲豐歲儉，常受饑寒。顯見所散青苗錢，大為民害」。將來物價轉貴，獲利更多，「雖兼併之家，乘此饑饉，取民利息，亦不至如此之重」。司馬光請求朝廷將兩倉糧米無息借給第四等以下人戶；如果必須當青苗錢放貸，請不管原價高低，也不再折成現錢，只根據實際所散糧米多少，等將來成熟，只收取兩成利息。

這一年稍晚，司馬光又有〈奏乞所欠青苗錢許重疊倚閣狀〉，所謂倚閣，就是暫緩繳納。青苗錢一般是隨夏秋兩稅繳納，夏散秋收，秋散夏收。熙寧二年（西元一〇六九年）九月初四日的敕令規定，如遇自然災害，減產五成以上，青苗錢准許「倚閣」。也就是說如果夏糧減產，可以延至秋稅繳納；秋糧減產，可以延至次年的夏稅繳納。熙寧三年（西元一〇七〇年），永興軍路夏秋連續遭災。此前，司農寺擔心農民拖欠過多，不能償還，就發出通知，像永興軍路這種情況，青苗錢不許重疊倚閣，就是不許兩次暫緩，換句話說，就是應隨夏稅繳納的青苗錢，必須隨秋稅繳納，不得再延至次年。

司馬光認為司農寺的通知，不符合敕意。因為一次遭災，民間仍有蓄積，不至於困窮，青苗錢尚且允許「倚閣」，哪有連續兩次遭災，百姓更加艱難，卻令必須繳納？此時蓄積已空，新穀又無收成，拿什麼繳納？如果各州縣見司農寺有此要求，不問百姓有無，一味督促，嚴加苛責，貧苦百姓何以為生？

司馬光再次先斬後奏，指揮本路遭災州軍，如果連續兩次遭災，延至秋稅的夏料青苗錢，不必依司農寺的指揮催繳，再聽候朝旨。但是很快，司農寺行文提舉陝西路常平廣惠倉司，說已奉聖旨，立即通知永興軍本路州軍，令詳閱司農寺檔，全部依照條例執行，就是不許執行司馬光的命令。

司馬光一定非常氣憤。上述奏狀上呈的次日，司馬光即請西京留臺，請求調離。熙寧四年（西元一〇七一年）四月十八日，以司馬光判西京御史臺。司馬光的第一次請求未獲批准；第二次，皇帝考慮了很久，終於同意。神宗曾打算以司馬光知許州，並催促入朝覲見，但司馬光謝絕了。

司馬光知永興軍，前後只有五個月。匆匆而來，又匆匆而去。臨行，他寫下〈到任明年旨罷官有作〉：

恬然如一夢，分竹守長安。去日冰猶壯，歸時花未闌。
風光經目少，惠愛及民難。可惜終南色，臨行子細看。

（《傳家集》卷六）

這首詩完全寫實，可見司馬光離開時的心情可能相當晦暗。他當初的想法大概是，既然不能影響全域，那就造福一方吧，可最終造福一方也不可能。他一定十分內疚，但也無可奈何。變法正在逐步深入，他無力阻止。對這個國家來說，除了沉默，他已經無事可做。

第七章　任職西安

第八章　洛陽歲月

退隱洛陽

司馬光有詩〈初到洛中書懷〉：

三十餘年西復東，勞生薄宦等飛蓬。所存舊業惟清白，不負明君有樸忠。

早避喧煩真得策，未逢危辱好收功。太平觸處農桑滿，贏取閭閻鶴髮翁。

（《傳家集》卷九）

司馬光到達洛陽的時間，大致是在熙寧四年（西元一〇七一年）的四月底或者五月初，具體已經無法確知。我們可以確知的是他初到洛陽的心情：回顧三十多年的從政經歷，他很滿意，雖然辛苦了點；想到目前的選擇，他也很滿意，急流勇退也罷，濁流勇退也罷，反正退得及時。而他眼下的志向，就是在國家的西京洛陽，做一名普普通通的人，或許終老此地。

宋朝京師汴梁稱東京（今河南省開封市），是國家最高行政機關所在地，實際的首都。此外還有西京（今河南省洛陽市東）、北京（今河北省大名縣東北）、南京（今河南省商丘市西南），算是陪都。

宋代的洛陽，用今天的話說，是座著名的歷史文化名城。宋代洛陽的地理形勢：郟鄏山在西；邙山在北；成皋在東，與嵩山、少室山相連；闕塞在正南，屬女幾山，與荊、華山相連，直至終南山。洛水自西南而來，伊水自南而來，西有澗水，東有瀍水。周代的王城雒邑在它的西北。往東十八里是東漢的洛陽城；西晉、後魏也曾在此建都，晉又在它的西北築金墉城。

洛陽民俗和平，土宜花竹，而且，「洛中風俗尚名教，雖公卿家不敢事形勢，人隨貧富自樂，於貨利不急也」。按我的理解，宋代的洛陽城，從自然環境方面來說，儼然就是個大花園；而從社會風氣方面來說，基本就是座大學城，那裡的人們修養很好，崇尚學術，將錢財看得很淡。顯然，洛陽是個理想的城市，不論是暫住，還是歸隱。

來看看司馬光任職的機構吧。西京留臺，又叫西京御史臺，有辦公場所，也掛「御史臺」的牌子，但「舊為前執政重臣休老養疾之地」，所以按照慣例不參與地方行政，是個不折不扣的閒職。宋人說，司馬光作西京留臺的十多年裡，「雖不甚預府事，然亦守其法令甚嚴，如國忌行香等，班列有不肅，亦必繩治」。意思是說，司馬光任西京留臺期間，雖不怎麼參與河南府的行政事務，但也執法必嚴，如國忌日進香等，有不夠莊重的，也一定懲治。國忌日，即皇帝、皇后的忌日。司馬光此時的公務，大概也就僅限於此。

司馬光在此地的生活要涉及一個重要人物——邵雍。邵雍（西元一〇一一年—一〇七七年），字堯夫，衛州（治今河南省衛輝市）共城（今河南省輝縣市）人，北宋著名理學家、數學家、詩人，著有《皇極經世》、《觀物內外篇》、《漁樵問對》以及詩集《伊川擊壤集》。這是個很有人氣的學者，不僅學問高，人也隨和，交遊甚廣。他春秋兩季常喜歡乘小車出遊，由一人拉著，興之所至，隨意行止。士大夫家都熟悉他的車聲，爭相迎候，就連小孩廝隸們都高興地互相說：「吾家先生至也。」不再稱姓字。有好事者仿造了邵雍住的房屋，等著他來住，取名「行窩」；仁宗嘉祐七年（西元一〇六二年），西京留守王拱辰，在五代某節度使故宅的地基上，用別人廢宅的餘材，造屋三十間，請邵雍去住；熙寧初，官田出售，天津橋南的宅子也屬官地，於是，司馬光等二十餘家集資，為邵雍買下了那所宅子，邵雍給它取名「安樂窩」，自號「安樂先生」。

邵雍比司馬光大，司馬光兄事之，把他當兄長待。兩人的品行尤為鄉里仰慕，父子兄弟往往相互告誡：「毋為不善，恐司馬端明、邵先生知。」司馬光曾問邵雍：「某何如人？」邵雍說：「君實腳踏實地人也。」司馬光深以為知己。

邵雍於皇祐元年（西元一〇四九年）定居洛陽，相對司馬光，可算是地主。剛到洛陽，司馬光就造了一「花庵」，並寫詩給邵雍。當時西京留臺廨舍東，新開了一小園子，無亭無榭，司馬光就即興創作，構木插竹，種了很多荼蘼、寶相及牽牛、扁豆等藤蔓類植物，等藤蔓爬滿整個架子，樣子就像一所房子了。司馬光把那裡當作散步和休息的地方，美其名曰「花庵」，有詩云：

> 洛陽四時常有花，雨晴顏色秋更好。誰能相與共此樂，坐對年華不知老。
> 自然天物勝人為，萬葉無風綠四垂。猶恨簪紳未離俗，荷衣蕙帶始相宜。
>
> （《傳家集》卷四〈花庵詩寄邵堯夫〉）

我們想像得到司馬光望著那些植物發癡的情景，以及他望著瀑布一樣垂下的葉子時，超脫塵世、融入其中的渴望，他當時大概非常希望有人能和他一起，分享那些純粹的快樂。

那個園子很小，才一畝，司馬光雖身處鬧市，園子卻使他有了隱者的感覺。司馬光常常獨自坐在「花庵」裡，看著林鳥時時落下，或者鴻雁掠過天邊，頓覺紅塵已遠。花庵更小，只能容下三兩個人，但司馬光說：「君看賓席上，經月有凝塵。」他或許感到孤寂，畢竟初來乍到，朋友不會很多。但他並不覺得它簡陋，也不怕人笑話，他說：「此中勝廣廈，人自不能知。」唯一的遺憾，就是花期太短了。「花庵」以牽牛花居多，清晨才開放，日出就衰敗了，雖然很美，可惜不耐觀賞：

望遠雲凝岫，妝餘黛散鈿。縹囊承曉露，翠蓋拂秋煙。
向慕非葵比，凋零在槿先。才供少頃玩，空廢日高眠。
（《傳家集》卷九〈花庵多牽牛清晨始開日出已瘁花雖甚美而不堪留賞〉）

要不是預先知道，我們絕難想到，那些句子就是寫給庸常的牽牛花的，喜好往往能使平庸變得不平庸。

洛水邊也是司馬光喜歡去的地方。熙寧五年（西元一〇七二年）正月，司馬光已經奏准朝廷，將書局遷來洛陽。一天，司馬光著「深衣」，從位於崇德寺的書局裡出來，到洛水邊散步，信步就到了邵雍的「安樂窩」。司馬光對看門的人說，程秀才來訪。見了面，邵雍覺得奇怪，就問為什麼，司馬光笑答：「司馬出程伯休父，故曰程。」司馬氏源自程姓，《史記》當中提到過。最後，留詩而去：

拜表歸來抵寺居，解鞍縱馬罷傳呼。紫衣金帶盡脫去，便是林間一野夫。
草軟波清沙徑微，手攜笻竹著深衣。白鷗不信忘機久，見我猶穿岸柳飛。
（《傳家集》卷十〈獨步至洛濱二首〉）

顯然，司馬光是公務歸來，然後在書局裡換上了「深衣」。一切彷彿就在眼前：司馬光手扶竹杖，走在洛水邊的沙徑上，草軟波清，白鷗上下翻飛，穿柳而過。我們可以想見他的放鬆和愉悅。

投壺是古代文人士大夫雅集時的一種遊戲，玩的時候，人站在規定的距離外，努力把手裡的箭，投進一種特製的壺裡，中多的勝，輸了要罰酒。

熙寧五年（西元一〇七二年），司馬光寫下〈投壺新格〉。所謂新格，就是新規則。從這部新規則裡，我們可以得到一些關於這種遊戲的有趣知識：它是一種古老的娛樂形式，古代的聖人曾專門為它制訂禮儀，以寓教於樂。它由射箭演變而來。古代的壺、箭形制，當時已不可知。經司馬光的改定，壺的口徑為三寸，耳徑一寸，高一尺，壺裡裝小豆子。壺離席兩箭半。箭共十二支，各長二尺四寸。這種遊戲有專門的術語，比如「初箭」，指第一支箭就投中；「貫耳」，指投中了壺耳；「驍箭」，指一投未中，反彈躍回，玩的人身手敏捷，又將它接住，然後再投而中；「倚竿」，指箭斜倚壺口中；「龍首」，指「倚竿」而箭頭正對著自己；此外還有「龍尾」、「狼壺」、「帶劍」等等，都各有專指及相應的分值。

傳世的投壺格圖都以罕見難得為上，司馬光認為那不是古禮的本意。修改後的規則，「以精密者為右，偶中者為下，使夫用機僥倖者無所措其手焉」。就是說新規則，以用心專一、思慮周密為上，偶中為下，使那些投機取巧、心存僥倖的人無處下手。

例如「貫耳」計十籌。司馬光的理由是：壺耳要比壺口小，卻能投中，是他用心更專，因此要獎勵。

又如「橫壺」，就是箭橫在壺口上，舊計四十籌，現依常算，即計一籌，不獎勵。理由是：橫壺純屬偶然，不是因為技術精湛，所以不值得獎勵；若被後箭擊落墜地，與不中等同。

再如「倒中」，就是箭尾入壺，舊計一百二十籌，現在不但不計籌，就連此前已得的籌值，也要全部作廢。理由是：顛倒反覆，屬惡之大者，現在讓所得籌值全部作廢，「所以明逆順之道」。

「花庵」輕鬆的散步，發明一種遊戲的新規則，司馬光自己可能也會相信，作為隱者，他已經真的進入角色。然而不是。就在那個遊戲的規則裡，他說：「投壺可以治心，可以修身，可以為國，可以觀人。」所謂「為國」，他解釋說：「兢兢業業，慎終如始，豈非為國之道歟？」意思是說玩這個遊戲的時候，必須兢兢業業、慎始慎終，那也是報國之道。雖是在說遊戲，但他還是不由自主想到了報國。

還不止這些。

熙寧四年（西元一〇七一年）五月初十日，右諫議大夫、提舉崇福宮、致仕呂誨卒。呂誨初求致仕，上表說：「臣本無舊病，偶遇醫生醫治失當，錯開藥方，率情任意，指下稍差，就禍及四肢，漸成風痺，不僅害怕手足扭曲，而且擔心心腹病變，雖一身之微，固不足恤，而九族之託，深以為憂。」呂誨大概是在用身體的疾病，比喻朝政。病重，仍日夜憤歎，以天下事為憂。病危，手書以墓銘託付司馬光，司馬光急忙趕去看他，呂誨已經瞑目了。司馬光俯身喊他：「更有以見屬乎？」——還有要囑咐的嗎？呂誨努力睜開眼睛，說：「天下尚可為，君實其自愛。」——天下還有救，一定珍重。說完，閉目以絕。

呂誨的臨終遺言，一定讓司馬光的內心極不平靜。可是目前，他除了做一無可奈何的隱者，又有什麼可為呢？

獨樂園主

熙寧六年（西元一〇七三年），司馬光在洛陽尊賢坊北，買田二十畝，闢為「獨樂園」。工程完畢以後，司馬光作〈獨樂園記〉。

先來說獨樂園的格局。根據司馬光這篇文章的描述，格局大致是這樣：當中有一堂，藏書五千餘卷，取名「讀書堂」；堂南有屋一所，名「弄水軒」，有水自南向北，貫穿屋下。屋南，中間是一方形水池，深寬各三尺，水分五股，注入池中，形似虎爪；水池以北為暗流；至屋北階流出，瀉入院內，狀若象鼻；從此分為兩渠，環繞流經庭院四角，最後在院西北匯合，流出；堂北是一池塘，中央有島，島上種竹，島周長三丈，形似玉玦；挽結竹梢，好像漁夫住的窩棚，取名「釣魚庵」；池塘以北，東西有屋六間，為避烈日，牆壁和屋頂都特別加厚，門朝東，南北對開許多窗戶，涼風習習，前後多種翠竹，這是避暑之所，取名「種竹齋」；池塘以東，整地為一百二十畦，雜種各種草藥，辨別名稱並作標識；畦北為「採藥圃」——種竹一丈見方，形似棋盤，彎曲竹梢，遮蔽為屋，又在它的前面種竹，夾道如走廊，又種藤蔓類的草藥，覆蓋竹上，四周另種木本藥，作藩籬。圃南是六欄花，芍藥、牡丹、雜花，各二欄，每一品種僅種兩棵，辨別形狀而已，不求多；欄北為亭，取名「澆花亭」；洛陽城距山不遠，但樹木茂密，常苦不得見，於是在園中築臺，臺上蓋屋，以望萬安、軒轅、太室等山，取名「見山臺」。

當然，這是熙寧六年（西元一〇七三年）獨樂園剛建成時的格局。為什麼取名「獨樂園」呢？

司馬光先說到他的「樂」：

迂叟平日多處堂中讀書，上師聖人，下友群賢，窺仁義之原，探禮樂之緒，自未始有形之前，暨四達無窮之外，事物之理，舉集目前，所病者學之未至，夫又何求於人、何待於外哉。志倦體疲，則投竿取魚，執袵採藥，決渠灌花，操斧剖竹，濯熱盥手，臨高縱目，逍遙徜徉，唯意所適。明月時至，清風自來，行無所牽，止無所柅，耳目肺腸，悉為己有，踽踽焉，洋洋焉，不知天壤之間，復有何樂可以代此也。

（《傳家集》卷七十一〈獨樂園記〉）

可以看出，司馬光的「樂」，主要集中在兩件事情上：一是讀書，當然還包括著述，即編修《資治通鑑》；二是釣魚、採藥、澆花、剖竹、縱目等等，它們既是快樂的一部分，又是睏倦時的休息。以上兩項也是司馬光在洛陽日常生活的主要內容。那麼，又為什麼要獨樂呢？司馬光解釋：

孟子曰：獨樂樂，不如與人樂樂；與少樂樂，不如與眾樂樂。此王公大人之樂，非貧賤者所及也。孔子曰：飯疏食飲水，曲肱而枕之，樂亦在其中矣。顏子一簞食，一瓢飲，不改其樂。此聖賢之樂，非愚者所及也。若夫鷦鷯巢林，不過一枝，鼴鼠飲河，不過滿腹，各盡其分而安之，此乃迂叟之所樂也。

（《傳家集》卷七十一〈獨樂園記〉）

這是說快樂的性質：既不屬於王公大人的快樂，也不屬於聖哲賢人的快樂，只是自安其分，自得其樂而已；換句話說，自己既不是什麼王公大人，也不是什麼聖賢，樸素的快樂，不值得他人分享。

然後，司馬光又補充：

或咎迂叟曰：吾聞君子所樂，必與人共之。今吾子獨取足於己，不以及人，其可乎？迂叟謝曰：叟愚，何得比君子。自樂恐不足，安能及人。況叟之所樂者，薄陋鄙野，皆世之所棄也，雖推以與人，人且不取，豈得強之乎？必也有人肯同此樂，則再拜而獻之矣，安敢專之哉？

（《傳家集》卷七十一〈獨樂園記〉）

據說當時的君子們，多以伊、周、孔、孟自比。因此，司馬光說自己的快樂，為世人所棄。司馬光的言外之意大概是說，自己的快樂在世人看來，太淺薄了、太庸俗了，沒有人願意分享。因此，不得不獨樂。

司馬光曾為獨樂園中的建築各賦詩一首，成〈獨樂園七詠〉：

〈讀書堂〉

吾愛董仲舒，窮經守幽獨。所居雖有園，三年不遊目。

邪說遠去耳，聖言飽充腹。發策登漢庭，百家始消伏。

〈釣魚庵〉

吾愛嚴子陵，羊裘釣石瀨。萬乘雖故人，訪求失所在。

三旌豈非貴？不足易其介。奈何誇毗子，鬥祿窮百態。

〈採藥圃〉

吾愛韓伯休，採藥賣都市。有心安可欺，所以價不二。

如何彼女子，已復知姓字？驚逃入窮山，深畏名為累。
〈見山臺〉
吾愛陶淵明，拂衣遂長往。手辭梁王命，犧牛憚金鞅。
愛君心豈忘，居山神可養。輕舉向千齡，高風猶尚想。
〈弄水軒〉
吾愛杜牧之，氣調本高逸。結亭侵水際，揮弄消永日。
洗硯可鈔詩，泛觴宜促膝。莫取濯冠纓，紅塵汙清質。
〈種竹齋〉
吾愛王子猷，借宅亦種竹。一日不可無，蕭灑常在目。
雪霜徒自白，柯葉不改綠。殊勝石季倫，珊瑚滿金谷。
〈澆花亭〉
吾愛白樂天，退身家履道。釀酒酒初熟，澆花花正好。
作詩邀賓朋，欄邊長醉倒。至今傳畫圖，風流稱九老。

（《傳家集》卷三）

每首詩都以「吾愛」開頭。司馬光愛的，都不是泛泛之輩。「罷黜百家，獨尊儒術」，董仲舒不用介紹，在儒者司馬光看來，那當然是很偉大的事業；嚴子陵早年遊學長安，結識了劉秀，劉秀成為皇帝後，三次請他，才肯出來，但因讒言，又悄然離去，隱居富春山下，終老於斯。那裡有一「嚴陵瀨」，相傳為當年垂釣之處；東漢高士韓伯休，從山中採藥出來，賣到長安的集市上去，三十多年，從來都是一口價，後在集市上被一女子認出，從此避居山中，再不肯出來；陶淵明，「採菊東籬下，悠然見南山」，我們都很熟悉；杜牧之，就是唐代著名詩人杜牧，牧之是他的字；「雪夜訪戴」的典故，應該都不陌生，主人公就是王子猷，鼎鼎大名的書法家王羲之，是他的父親。《世說新語》上說王子猷特愛竹，即便寓居，也要種竹數叢，問他為什麼，他指著竹子說：「不可一日無此君」；白樂天就是白居易，晚年寓居洛陽，詩酒自娛，優遊山林。司馬光在詩中寫到這些名字，想到他們的事蹟，作為對自己的鼓勵或者安慰。

鑿地為室的故事，就發生在獨樂園中。司馬光在一首詩的注釋中說：「新構西齋中鑿地為室，謂之涼洞。」不久，他將這項技術發揚光大，「涼洞」由一個，增加到了四個，而且，四周有花卉垂下。在〈酬永樂劉祕校（庚）四洞〉中，他說：

貧居苦湫隘，無術逃炎曦。穿地作幽室，頗與朱夏宜。
寬者容一席，狹者分三支。芳草植中唐，嘉卉周四垂。
詎堪接賓宴，適足供兒嬉。……所慕於陵子，欲效蚓所為。
微竅足藏身，槁壤足充飢。養生既無慽，此外安敢知。
唯祈膏澤布，歌嘯樂餘滋。豈羞泥塗賤，甘受高明嗤。
何言清尚士，善頌形聲詩。困剝固未嘗，並復敢終辭。

（《傳家集》卷四）

其實就是在房子裡挖的幾個大坑，至於涼爽的原理，大概和我們的地下室差不太多。

此外，獨樂園中，至少還有一井亭。據載，宋代洛陽風俗，春天私家園林開放，任人遊賞，園丁所得「茶湯錢」，按照慣例要與主人平分。一天，獨樂園的園丁呂直，把司馬光應得的十千錢交給他，司馬光拒絕，叫他拿去，呂直說：「只端明不要錢。」端明即端明殿學士，指司馬光。十多天後，用那筆錢建了一井亭。

宋人李格非（著名詞人李清照的父親）著有〈洛陽名園記〉，關於獨樂園，他記道：

司馬公在洛陽自號迂叟，謂其園曰獨樂園。園卑小，不可與他園班。其曰讀書堂，數椽屋；澆花亭者，益小；弄水種竹軒（應為弄水軒、種竹齋）者，尤小；見山臺者，高不過尋丈；其曰釣魚庵、採藥圃者，又特結竹梢蔓草為之。公自為記，亦有詩行於世。所以為人欽慕者，不在於園爾。

（《邵氏聞見後錄》卷二十五）

可見，在洛陽眾多的名園當中，獨樂園極小，也極質樸，它的知名，不是因為園子本身，而是因為園子的主人。獨樂園的面積有二十畝大，這在宋代只能算小不能算大，李格非說獨樂園「卑小」，該是寫實不是誇張。

司馬光寫了很多詩給獨樂園，〈次韻和宋復古春日五絕句〉之二首：

車如流水馬如龍，花市相逢咽不通。獨閉柴荊老春色，任他陌上暮塵紅。

東城絲網蹴紅毬，北里瓊樓唱石州。堪笑迂儒竹齋裡，眼昏逼紙看蠅頭。

（《傳家集》卷十一）

春天的洛陽城裡熱鬧得很，但司馬光卻在獨樂園裡辛苦修書。

又如〈送藥栽與王安之〉：

盛夏移藥栽，及雨方可種。為君著屐取，呼童執傘送。
到時雲已開，枝軟葉猶重。夕陽宜屢澆，又須煩抱甕。

（《傳家集》卷四）

詩裡的司馬光，更像是一位農夫，準確地說是藥農。在某個初夏，司馬光寫下〈首夏呈諸鄰二章〉：

首夏木陰薄，清和自一時。筍抽八九尺，荷生三四枝。
新服裁蟬翼，舊扇拂蛛絲。莎徑熱未劇，晨昏來往宜。
爞爞久旱天，颯颯昨宵雨。塵頭清過轍，水脈生新渚。
豈徒滋杞菊，亦可望禾黍。勿笑盤蔬陋，時來一觴舉。

（《傳家集》卷四）

諸鄰指的是張氏四兄弟——名叔、才叔、子京、和叔，他們都是獨樂園的常客。讀罷這些句子，那個初夏的種種細節，彷彿就在我們的眼前。

再如〈獨樂園二首〉：

獨樂園中客，朝朝常閉門。端居無一事，今日又黃昏。
客到暫冠帶，客歸還上關。朱門客如市，豈得似林間。

（《傳家集》卷十一）

獨樂園裡平淡的日子，顯然要更多一些。還有〈閒居呈復古〉：

閒居雖懶放，未得便無營。伐木添山色，穿渠擘水聲。
經霜收芋美，帶雨接花成。前日鄰翁至，柴門掃葉迎。

（《傳家集》卷十一）

想像一下，司馬光當日的生活細節，已在眼前。

耆英雅集

我們還記得邵伯溫曾說：「洛中風俗尚名教，雖公卿家不敢事形勢，人隨貧富自樂，於貨利不急也。」他接下來的話是：「歲正月梅已花，二月桃李雜花盛開，三月牡丹開。於花盛處作園圃，四方伎藝舉集，都人士女載酒爭出，擇園亭勝地，上下池臺間引滿歌呼，不復問其主人。抵暮遊花市，以筠籠賣花，雖貧者亦戴花飲酒相樂，故王平甫詩曰：『風暄翠幕春沽酒，露濕筠籠夜賣花。』」

民風如此，士大夫自然不甘落後。

元豐五年（西元一〇八二年）正月，兼任西京留守的文彥博，「悉集士大夫老而賢者」，為「洛陽耆英會」，又命司馬光記其事，於是有〈洛陽耆英會序〉。

從這篇文章中我們得知，此會的藍本是唐代的「九老會」，它的發起人，就是唐代著名詩人白居易。當時白居易在洛陽，與年高德劭的八人交遊，時人仰慕，作「九老圖」，傳於世。入宋以來，洛陽諸公繼而為之，已有數次，都在「普明僧舍」畫像，那裡是白居易的舊居。「洛陽耆英會」這個名稱，不是與會者自己取的，是當時別人那麼叫的。「洛陽耆英會」也畫像，但不是在「普明僧舍」，而是在「妙覺僧舍」。司馬光當時六十四歲，其他與會者都在七十歲以上。這篇文章寫於第一次集會之後，第一次集會的時間是在元豐五年（西元一〇八二年）正月壬辰，集會的地點不是在發起人文彥博的家裡，而是在參與者富弼的家裡，因為富弼的年齡最大。

第一次集會賓主共十一人，王拱臣和司馬光是後來才加入的。當時王拱臣寫信給文彥博，說我家也在洛陽，官位和年齡也不在諸位之下，只因做官在外就不能參加，感覺很遺憾，希望能被列入，千萬別忘了我。「洛陽耆英會」除司馬光、王拱臣外，據〈洛陽耆英會序〉，其餘十一個成員分別為：富弼（字彥國，七十九歲）、文彥博（字寬夫，七十七歲）、席汝言（字君從，七十七歲）、王尚恭（字安之，七十六歲）、趙丙（字南正，七十五歲）、劉凡（字伯壽，七十五歲）、馮行己（字肅之，七十五歲）、楚建中（字正叔，七十三歲）、王謹言（字不疑，七十二歲）、張問（字昌言，七十一歲）、張燾（字景元，七十歲）。十三人當中，文彥博當時判河南府兼西京留守司事，算個正經的職務；王拱臣任北京留守，楚建中、張問、張燾、司馬光四人提舉嵩山崇福宮，基本相當於退居二線；其餘全部致仕，完全是退休的自由人了。

司馬光認為自己是晚輩，不敢與會。文彥博向來看重司馬光，以唐「九老會」中的狄兼謨，當時年齡也不到七十歲，要司馬光依例參加，並說：「某留守北京，遣人入大遼偵事回，云見虜主大宴群臣，伶人劇戲，作衣冠者，見物必攫取懷之，有從其後以挺扑之者，曰：『司馬端明耶？』君實清名在夷狄如此。」意思是說司馬光的清名遠播夷狄，他做北京留守的時候，派人去遼國偵察，派去的人回來說，他見遼國皇帝大宴群臣，演員們表演節目，一人扮作士大夫模樣，見東西就放進懷裡，有人從背後用棍子敲他，偷竊者就反問是司馬端明嗎？司馬光愧謝，推辭。文彥博不聽，命人從幕後悄悄為司馬光畫了像。

文彥博以自己身為西京留守，是地主，攜歌舞女妓、樂工，至富弼宅辦第一次會。然後大家以年齡為序，依次做東。洛陽多名園古剎，有水竹林亭之勝，「諸老鬚眉皓白，衣冠甚偉，每宴集，都人隨觀之」。據邵伯溫說，曾在「資勝院」建一大廈，取名「耆英堂」，繪像其中，每人賦詩一首。「耆英堂」可能就是司馬光所說的妙覺僧舍；當然，也可能是後來專門創建的。負責畫像的是閩人鄭奐。

據說「耆英堂」裡的畫像上面，其他人「或行或坐或立，幅巾杖履，有蕭然世外之致」。而司馬光「據案握管」，因為當時正編修《資治通鑑》。

由《耆英會圖並詩刻石》我們知道，司馬光所賦詩就是〈和潞公真率會詩〉：

洛下衣冠愛惜春，相從小飲任天真。隨家所有自可樂，為具更微誰笑貧？不待珍羞方下箸，只將佳景便娛賓。庾公此興知非淺，藜藿終難繼主人。

（《傳家集》卷十一）

從題目看，顯然是首和詩，與「真率會」有關。詩的意思大致是說，我們洛陽的這些士大夫們留戀春光，有那些美景已足夠愉悅，大家簡單備點酒菜就可以了，因為關鍵不在酒菜，不必多麼奢華，奢華了難於持久。它似乎是在解釋退出耆英會重組真率會的緣由。這樣說來，這首詩應是司馬光已經退出耆英會，或者已經決定退出之後，才題寫在「耆英堂」裡的那幅畫像上的。

我們今天仍有幸讀到耆英會的會約：第一，「序齒不序官」，就是大家在一起，不講官職高低，只論年齡大小；第二，「為具務簡素，朝夕食各不過五味，菜果脯醢之類共不過二十器，酒巡無算，深淺自斟，飲之必盡，主人不勸，客亦不辭，逐巡無下酒時作菜羹不禁」。就是酒菜一定要簡單，早晚的主食各不超過五種，副食總共不超過二十盤，飲酒看個人的量，隨便，不死勸，下酒菜沒了，可以做些菜湯，不限；第三，「召客共用一簡，客注可否於字下，不別作簡」，就是召集共用一個帖子，來不來，標在上頭就行了；第四，「會日，早赴不待速」，就是赴會要早到，別讓人再請；第五，「右有違約者，每事罰一巨觥」，就是違犯以上會約，每犯一條罰一大杯。

司馬光後來退出了耆英會，另作「真率會」，相約：「酒不過五行」，即斟酒不超過五遍；「食不過五味」，即主食不超過五種；「惟菜無限」，即蔬菜不作限制。與耆英會相比，多了酒上的限制，也沒有再提到果、脯、醢。顯然，招待標準降低了。

司馬光有詩〈二十六日作真率會伯康與君從七十八歲安之七十七歲正叔七十四歲不疑七十三歲叔達七十歲光六十五歲合五百一十五歲口號成詩用安之前韻〉之二首：

七人五百有餘歲，同醉花前今古稀。走馬鬥雞非我事，紵衣絲髮且相暉。
經春無事連翩醉，彼此往來能幾家。切莫辭斟十分酒，盡從他笑滿頭花。

（《傳家集》卷十一）

從詩中我們可以讀到司馬光的白髮，以及他此時簡單卻真實的快樂。司馬光時年六十五歲，由此斷定，這次集會應在元豐六年（西元一〇八三年）。參加者共有七人，除了司馬光外，還有司馬旦（字伯康）、席汝言（字君從）、王尚恭（字安之）、楚建中（字正叔）、王謹言（字不疑），以及叔達。這個叔達，可能就是宋叔達，他似乎年輕時與司馬光相識，但其後四十多年斷了聯繫，後來又定居洛陽，作了司馬光的鄰居。但真率會不止這七個人。還有范純仁（字堯夫），時任提舉西京留司御史臺。史書上說他和司馬光，「皆好客而家貧，相約為真率會」。看來他還不是普通的成員，而是發起人之一。真率會的成員，可能還包括鮮于侁（字子駿），此前他為舉吏所累，罷為主管西京御史臺。他是司馬光的老朋友，參加真率會，當在情理之中。

從司馬光留下的詩篇來看，真率會每次集會，似乎都是先由主辦者寄詩給會員，會員如果不能赴會，就和詩一首，說明原因。真率會集會的頻率似乎不高，十天甚至月餘才聚會一次。

緊隨〈二十六日〉一詩之後的，是這首〈別用韻〉：

坐中七叟推年紀，比較前人少幾多。花似錦紅頭雪白，不遊不飲欲如何？

（《傳家集》卷十一）

我們可以讀出司馬光的無奈。前兩句從表面上看，不過直敘其事；而後兩句突然就說，大家老境漸深，除了遊玩和飲酒，還能有什麼追求。

職業著書

司馬光曾在給邵雍的詩中說：「我以著書為職業，為君偷暇上高樓。」著書，就是編修《資治通鑑》。

《資治通鑑》中的絕大部分篇章，都是司馬光在洛陽時期的十五年內完成的。後來，有人在洛陽看到《資治通鑑》的草稿，堆滿了整整兩間屋子，但翻閱數百卷，無一字潦草。我們不難想見工作量的巨大，以及主編司馬光的嚴謹。

但書局一度險些被撤銷，司馬光在寫給范祖禹的信中，談及此事：

> 示諭求罷局事，殊未曉所謂。光若得夢得（范祖禹一字夢得）來此中修書，其為幸固多矣。但朝廷所以未廢此局者，豈以光故？蓋執政偶忘之耳。今上此文字，是呼之使醒也。若依所謂廢局，以書付光自修，夢得還銓，胥吏各歸諸司，將若之何？光平生欲修此書而不能者，止為私家無書籍筆吏，所以須煩縣官耳。今若付光自修，必終身不能就也。夢得與景仁（范鎮字景仁）同在京師，公私俱便。今不得已而存之者，豈惟書局，至若留臺、宮觀，皆無用於時者，朝廷以其未有罪名，不欲棄於田里，聊以薄祿養之，豈非不得已而存之者耶？光輩皆忍恥竊祿者也。況其他親民之官，相與殘民而罔上者，其負恥益深矣。必欲居之安而無愧，須如景仁致事方可也，其餘皆可恥耳。吾曹既未免祿仕，古之人不遇者，或仕於伶官，執籥秉翟，修書不猶愈乎？況夢得和不隨俗，正不忤物，雖處途潦之中不能汙，入虎兕之群不能害，雍容文館，以鉛槧為職業，真所謂避世金馬門者也，庸何傷乎！必若別有迫切之事，朝夕不可留者，當仔細示及，容更熟議之。若只如今茲所諭三事，則不群靜以待之為愈也。恃知念，故敢盡言無隱。光上。
>
> 朝旨若一旦以閑局無用，徒費大官，令廢罷者，吾輩相與收斂筆硯歸家，與鄭、滑諸官何異，又何恥耶？但恐去此為他官，負恥益多耳。
>
> （金．晦明軒刊〈增節入注附音司馬溫公資治通鑑〉，轉引自陳光崇《通鑑新論》）

司馬光的這封信，應寫於他判西京御史臺之後、書局遷來洛陽之前。從信的內容來看，應是劉攽、劉恕的相繼離開，使范祖禹感到有形的或無形的壓力，他打算提出申請，申請撤銷書局。

范祖禹寫信向主編司馬光請示，司馬光以此信作為答覆。信中司馬光苦苦挽留，說如果書局撤銷，在他的有生之年，此書將永無修成之日；而且，以當時的情形，對自己和范祖禹，修書不論是作為職業還是作為事業，都是上上之選。最終范祖禹留了下來，書局沒有撤銷。現在想來，多虧范祖禹沒有自作主張，否則，我們就不可能讀到這部大書。

司馬光另有《答范夢得》，應是范祖禹剛入書局不久司馬光寫給他的。信的內容主要談修書的一些規範，包括「叢目」、「長編」的製作方法。《資治通鑑》的叢目和長編，我們今天已不可見，從信中的敘述，我們可以大略想見它們的形式及規模。從信中我們還可以知道，《資治通鑑》的編纂程序：先由助手作「叢目」，然後再在「叢目」的基礎上作「長編」，最後由主編司馬光刪定。信中提到，劉恕曾說只唐史「叢目」就有千餘卷，如果每天看一兩卷，全部看完也得一兩年功夫，可見修書的工作量巨大。

後來《資治通鑑》書成，司馬康曾對朋友說：「此書成，蓋得三人焉。」意思是說《資治通鑑》得以成書，劉恕、劉攽、范祖禹三人功不可沒。又說：「《史記》前後漢，則劉貢父（劉攽字貢父）；三國歷九朝而隋，則劉道原（劉恕字道原）；唐迄五代，則范淳夫（范祖禹字淳夫）。」

由此看來，三位助手的分工，前後是有變化的。可能的情形是：劉攽在離開書局以前，已經完成或基本完成了《史記》及前後漢部分的長編；劉攽離開後，三國至隋就交給了劉恕；劉恕去世前，已經完成或基本完成了三國至隋部分的長編；劉恕去世後，五代部分又交給范祖禹負責。

在洛陽的這些年裡，書局在人事方面有一些變動：司馬康加入。

熙寧六年（西元一〇七三年），應司馬光奏請，授司馬康檢閱《資治通鑑》文字，做校對工作。司馬康於熙寧三年（西元一〇七〇年）以明經擢上第，釋褐試祕書省校書郎、耀州（治今陝西省銅川市）富平縣（今陝西省富平縣）主簿，而應司馬光奏請，留國子監聽讀。熙寧四年（西元一〇七一年），又應司馬光奏請，授司馬康守正字。熙寧五年（西元一〇七二年），司馬康監西京糧料院，遷大理評事。

書局遷來洛陽後，有一年劉恕奏請到洛陽與司馬光面議修書事，並得到朝廷的許可。當時劉恕水陸兼程，輾轉數千里到達洛陽，自言「比氣羸憊，必病且死，恐不復得再見」。意思是說自己元氣衰耗，必然會得一場大病，然後死去，恐怕再沒機會見面了。劉恕在洛陽待了數月，離開的時候，已是夏曆十月。果然，還沒到家，得知母親去世，不久就得了「風疾」，可能就是中風；右手右足偏廢，成了半身不遂。臥床數月，痛苦備至，但「每呻吟之隙，輒取書修之」。最後，「病益篤，乃束書歸之局中」。元豐元年（西元一〇七八年）九月卒，年僅四十七歲。司馬光歎道：「以道原之耿介，其不容於人，齟齬以沒固宜，天何為復病而夭之邪！此益使人痛惋惝恍（失意狀）而不能忘者也！」對劉恕的英年早逝深表惋惜。

劉恕去世後，繼續編修《資治通鑑》。司馬光曾在一封給友人的信中說：

某自到洛以來，專以修《資治通鑑》為事，於今八年，僅了得晉、宋、齊、梁、陳、隋六代以來奏御。唐文字尤多，託范夢得將諸書依年月編次為草卷，每四丈截為一卷，自課三日刪一卷，有事故妨廢則追補，自前秋始刪，到今已二百餘卷，至大曆末年耳。向後卷數又須倍此，共計不減六七百卷，更須三年，方可粗成編。又須細刪，所存不過數十卷而已。

現在我們在《資治通鑑》中看到的〈唐紀〉，從卷第一百八十五至卷第二百六十五，僅八十一卷。從六七百卷刪到八十一卷，司馬光披沙揀金，做了大量的工作。

為《資治通鑑》作注的宋元之際史學家胡三省曾說，司馬光在洛陽，因為上書論新法之害，小人欲行中傷，而司馬光的品行無可指摘，於是就散布謠言，說書所以久而不成，是因為書局的人貪圖皇家的筆墨絹帛，以及聖上所賜果餌金錢；既而託人暗地檢查，才知道當初雖有此聖旨，但書局根本就未曾請領。司馬光因此嚴格按照計畫，完成每天的工作量，盡力減少人為干擾，加緊修書。

那些小人的中傷，反倒幫了司馬光的忙。因為隨著後來時局的發展，司馬光迅疾捲入國家的政治漩渦，他不可能再有大段的時間，可以花在修書上。果真那樣，《資治通鑑》就永遠是一部未竟之作。

據《邵氏見聞錄》記載，神宗對《資治通鑑》甚是喜歡，常命在經筵上讀，所讀將盡，而新進未至，就下詔催促。

元豐七年（西元一〇八四年）十一月，《資治通鑑》書成。司馬光在〈進資治通鑑表〉中，歷述置局經過後，說：

臣既無他事，得以研精極慮，窮竭所有，日力不足，繼之以夜；遍閱舊史，旁採小說，簡牘盈積，浩如煙海，抉擿幽隱，校計毫釐。上起戰國，下終五代，凡一千三百六十二年，修成二百九十四卷；又略舉事目，年經國緯，以備檢尋，為《目錄》三十卷；又參考群書，評其同異，俾歸一途，為《考異》三十卷，合三百五十四卷。

（《傳家集》卷十七）

從中我們可以看出《資治通鑑》成書的艱辛，以及這部大書最初的形式。司馬光又說：「臣今筋骸臒瘁，目視昏近，齒牙無幾，神識衰耗，目前所為，旋踵遺忘，臣之精力，盡於此書。」這部大書可以說就是司馬光某段生命的結晶。

《資治通鑑》進呈後，丞相王珪、蔡確去見神宗，問怎麼樣？神宗答：「當略降出，不可久留。」又讚歎說：「賢於荀悅《漢紀》遠矣。」散朝後，神宗派人將書送到中書省，每頁都蓋上「睿思殿」的印章。睿思殿是皇帝在宮中讀書的地方。舍人王震等正好也在中書省，隨著宰相來看，宰相笑說：「君無近禁臠。」當初晉元帝遷都建業，公私艱窘，生活極其困難，每獵獲一獸，就珍貴得不得了，脖子上的一塊肉，尤其寶貝，往往都是立即進獻，下面人從不敢動，當時呼為「禁臠」。

元豐七年（西元一〇八四年）十一月十五日，神宗賜詔嘉獎：

獎諭詔書敕司馬光：修《資治通鑑》成事。史學之廢久矣，紀次無法，論議不明，豈足以示懲勸，明久遠哉！卿博學多聞，貫穿今古，上自晚周，下迄五代，發揮緩緝，成一家之書，褒貶去取，有所據依。省閱以還，良深嘉歎！今賜卿銀絹、對衣、腰帶、鞍轡馬，具如別錄，至可領也。故茲獎諭，想宜知悉。

冬寒，卿比平安好。遣書，指不多及。十五日。

這部大書是帝王參考書，可作帝王施政的借鑑，也是一部純粹的史書，規模宏大，上起晚周，下迄五代，成一家之言。這一點神宗皇帝顯然很清楚。這當然是皇帝的詔書，但最後幾句，倒好像是朋友間的問候。

接著，十二月初三日，因《資治通鑑》書成，以端明殿學士兼翰林侍讀學士司馬光為資政殿學士；校書郎、前知龍水縣范祖禹，為祕書省正字。當時劉恕已卒，劉攽被罷官，所以未有嘉獎。後來，司馬光嫌《目錄》太過簡略，打算作《舉要曆》八十卷，可惜未能完成。

元豐七年（西元一〇八四年）十二月，司馬光曾上〈薦范祖禹狀〉，當時他說：「臣誠孤陋，所識至少，於士大夫間，罕遇其比，況如臣者，遠所不及。」意思是說臣孤陋寡聞，認識人有限，在士大夫中間，確實罕有其比，至於我本人，是遠遠趕不上他的。范祖禹所以有以上任命，當與司馬光的傾力舉薦不無關係。

後來，司馬光於哲宗元祐元年（西元一〇八六年），又上〈乞官劉恕一子劄子〉說：「臣往歲初受敕編修《資治通鑑》，首先奏舉恕同修。恕博聞強記，尤精史學，舉世少及。臣修上件書，其討論編次，多出於恕。至於十國五代之際，群雄競逐，九土分裂，傳記訛謬，簡編缺落，歲月交互，事蹟差舛，非恕精博，他人莫能整治。」對劉恕的工作給出高度評價。因此，封劉恕之子劉羲仲為郊社齋郎。

對助手們給出那麼高的評價，絲毫不埋沒他們的功績，於主編司馬光那絕對算一種美德。

第九章　風範宰輔

門下侍郎

元豐八年（西元一〇八五年）三月初七日，神宗駕崩，年僅三十八歲。皇太子趙煦即皇帝位，是為哲宗；尊皇太后為太皇太后、皇后為皇太后；一切軍國大事，「並太皇太后權同處分」，就是說皇帝尚且年幼，一切國家大事，暫由太皇太后協助處理。

趙煦是神宗的第六個兒子，熙寧九年（西元一〇七六年）十二月七日生，眼下「甫十歲」，實際九周歲不到，還是個小學生。太皇太后姓高，亳州（治今安徽省亳州市）蒙城（今安徽省蒙城縣）人，英宗的皇后、神宗的母親。暫同理政後，一次殿試舉人，有關部門請循天聖先例，「帝后皆御殿」，就是由皇帝與太皇太后共同主持殿試，但太皇太后拒絕了。又請受冊寶於文德殿，在文德殿接受冊封的詔書及印璽，太皇太后說：「母后當陽，非國家美事，況天子正衙，豈所當御？就崇政足矣。」意思是說文德殿，是天子正式聽政的地方，母后受封不該在那裡，崇政殿就好。太皇太后行事低調，大抵如此。

三月十七日，司馬光離開西京洛陽，往京師奔神宗皇帝喪。

司馬光的京師之行場面相當壯觀。據史書記載：「（司馬光）帝崩赴闕臨，衛士望見，皆以手加額曰：『此司馬相公也。』所至民遮道聚觀，馬至不得行，曰：『公無歸洛，留相天子，活百姓。』」——衛士們見司馬光來，都以手加額，向他致敬，說這就是司馬宰相；所到之處，老百姓攔路圍觀，以致馬不能前，都說先生別回洛陽了，留下來做宰相吧，輔佐天子，拯救黎民。

宋人張淏的敘述更富戲劇性：「司馬溫西元豐末來京師，都人奔走競觀，即以相公目之。左右擁塞，馬至不能行。及謁時相於私第，市人登樹騎屋窺之，隸卒或止之，曰：『吾非望而君，願一識司馬公耳。』至於呵叱不退，而屋瓦為之碎，樹枝為之折。」

百姓的呼聲很高，神宗皇帝生前也十分看重。據載，元豐四年（西元一〇八一年）改革官制，神宗先對宰輔說：「官制將行，欲取新舊人兩用之。」又說：「御史大夫非司馬光不可。」元豐七年（西元一〇八四年）秋宴，神宗染疾，始有建儲之意，對輔臣說：「來春建儲，其以司馬光、呂公著為師保。」我們知道，師保是官名，主要負責輔佐帝王和教導貴族子弟，有師和保，統稱師保。但老百姓的熱情讓司馬光感到恐懼：「公懼，會放辭謝，遂徑歸洛。」也就是說司馬光很害怕，當時正好允許不辭而別，就徑直回了洛陽。而「太皇太后聞之，詰問主者，遣使勞公，問所當先者」。意思是說，太皇太后聽說司馬光離去，就責問有關負責人，然後又派人去洛陽慰勞，並問治國應以何事為先。

三月二十三日，司馬光上〈謝宣諭表〉。從中我們得知，三月二十二日，太皇太后曾遣入內供奉官梁惟簡宣諭：「邦家不幸，大行升遐，嗣君沖幼，同攝國政公，歷事累朝，忠亮顯著，毋惜奏章，贊予不逮。」意思是說國家不幸，神宗駕崩了，新即位的哲宗皇帝太年幼，自己不得已暫同理政，先生元老重臣，特別忠誠剛直，請盡力輔佐。此後，司馬光即連上數章：三月三十日，上〈乞開言路劄子〉；四月十九日，上〈進修心治國之要劄子〉；四月二十七日，上〈乞去新法之病民傷國者疏〉；四月所上還有〈乞罷保甲狀〉、〈乞開言路狀〉等。四月，以資政殿學士司馬光知陳州（治今河南省淮陽縣）。五月，詔知陳州司馬光過闕入見。當時，「使者勞問，相望於道」。也就是說派去慰問司馬光的人，道路相望，一撥接著一撥。

元豐八年（西元一〇八五年）的五月二十三日，司馬光抵達京師。此前的四月十一日，詔：「先皇帝臨御十有九年，建立政事，以澤天下，而有司奉行失當，幾於繁擾，或苟且文具，不能布宣實惠。其申諭中外，協心奉令，以稱先帝惠安元元之意。」意思是說先帝在位十九年，勵精圖治，以期澤被天下，但有關部門奉行失當，致使政令繁苛擾民，或者空具條文，不能讓老百姓得到實惠。今謹申諭朝廷內外，同心奉令，以稱先帝慈愛天下眾生之意。五月初五日，「詔百官言朝政闕失，榜於朝堂」。就是在百官中徵求意見，詔書僅在朝堂上公布。

現在，司馬光已經來到京師。太皇太后派人將五月初五日的詔書給他看，司馬光於是上〈乞改求諫詔書劄子〉，提出修改意見。

五月二十七日，詔除司馬光門下侍郎。官制改革後的門下侍郎，相當於過去的參知政事，就是副宰相。司馬光接到門的告報，是在這一天的晚上。

五月二十八日，司馬光立即上〈辭門下侍郎劄子〉，以自己年老體衰，精力不濟，請太皇太后收回成命。同一天，又上〈請更張新法劄子〉。

隔天，司馬光再上〈辭門下侍郎第二劄子〉，談到熙寧三年（西元一〇七〇年）樞密副使的任命，說自己貪愛富貴與常人無異，所以終辭不拜，只因所言無足採納。然後說：「未審聖意以臣前後所言，果為如何？若稍有可採，乞特出神斷，力賜施行，則臣可以策勵疲駑，少佐萬一。若皆無可採，則是臣狂愚無識，不知為政，豈可以汙高位，尸重任，使朝廷獲曠官之譏，微臣受竊位之責？」司馬光的意思很明白，就是說如果我提的建議尚可採納，就請施行出來，我願意就任；如果無可採納，那可萬萬不敢從命。從這個奏疏我們還可以得知，當天太皇太后派中使梁惟簡賜手詔，說：「賜卿手詔，深體予懷，更不多免。嗣君年德未高，吾當同處萬務，所賴方正之士，贊佐邦國，想宜知悉，再宣諭。前日所奏乞引對上殿訖赴任，其日已降指揮，除卿門下侍郎，切要與卿商量軍國政事。早來所奏，備悉卿意，再降詔開言路，俟卿供職施行。」太皇太后已經給出肯定的回答，司馬光於是不再辭讓。

六月初四日，司馬光上〈乞以除拜先後立班劄子〉。我們從中知道，五月二十八日，三省、樞密院同奉聖旨，除知樞密院外，門下、中書侍郎、左右丞、同知樞密院事，在上朝時的班次等，都以除拜先後為序，而六月初四日在延和殿進呈，張璪等奏，請推司馬光在上。六月初五日，司馬光再上〈乞以除拜先後立班第二劄子〉。我們由此事可以看出，司馬光在當時眾執政心目中的地位，以及他做人的低調。

六月，門下侍郎司馬光舉薦了劉摯、趙彥若、傅堯俞、范純仁、唐淑問、范祖禹，說這六人「皆素所熟知，若使之或處臺諫，或侍講讀，必有裨益」。又舉薦了呂大防、王存、李常、孫覺、胡宗愈、韓宗道、梁燾、趙君錫、王岩叟、晏知止、范純禮、蘇軾、蘇轍、朱光庭，說他們「或以行義，或以文學，皆為眾所推，伏望陛下紀其名姓，各隨器能，臨時任使」。而文彥博、呂公著、馮京、孫固、韓維等，司馬光認為都是國家重臣，閱歷豐富，辦事穩重，完全可以信賴，如果也讓他們各舉所知，參考異同，可使人才不被遺漏。

太皇太后本來已任命范純仁為左諫議大夫，唐淑問為左司諫，朱光庭為左正言，蘇轍為右司諫，范祖禹為右正言，但司馬光說自己和范純仁有親嫌，呂公著、韓縝也說與范祖禹有親嫌，有親戚關係應當避嫌。章惇堅持認為這種情況，按慣例應當迴避。司馬光說：「純仁、祖禹作諫官，誠協眾望，不可以臣故妨賢者路，臣寧避位。」而范純仁、范祖禹則請任他官。最後，唐淑問、朱光庭、蘇轍三人的任命照舊，改范純仁為天章閣待制，范祖禹為著作佐郎。

進入元豐八年（西元一〇八五年）五月以後，變法時期遭到排擠的一些官員，已被陸續召回京師或者恢復官職：五月初六日，詔蘇軾官復朝奉郎、知登州；五月初七日，詔呂公著乘驛傳進京；五月初八日，以程顥為宗正寺丞（六月十五日，程顥卒）；六月十四日，以資政殿學士韓維知陳州，未行，召兼侍讀，加大學士；六月十六日，以奉議郎、知安喜縣事、清平人王岩叟，為監察御史；七月初六日，以資政殿大學士兼侍讀呂公著，為尚書左丞；九月十八日，以祕書少監劉摯，為侍御史；同月，召朝奉郎、知登州蘇軾，為禮部郎中。

司馬光當時有一封寫給范純仁的信，信中說：

光愚拙有素，見事常若不敏，不擇人而盡言，此才性之蔽，光所自知也。加之閒居十五年，本欲更求一任散官，守候七十，即如禮致事；久絕榮進之心，分當委順田里，凡朝廷之事，未嘗掛慮。況數年以來，昏忘特甚。誠不意一旦冒居此地，蒙人主知待之厚，

特異於常，義難力辭，黽勉就職。故事多所遺忘，新法固皆面牆，朝中士大夫百人中，所識不過三四，如一黃葉在烈風中，幾何其不危墜也？又為世俗妄被以虛名，不知其中實無所有。上

下責望不輕，如何應副得及。荷堯夫支待，固非一日，望深賜教，督以所不及；聞其短拙，隨時示諭，勿復形跡。此獨敢望於堯夫（范純仁字堯夫），不敢望於他人者也。光再拜。

（《傳家集》卷六十〈與范堯夫經略龍圖第二書〉）

這是一封求助信，請求范純仁隨時指出錯誤。從信中我們可以了解司馬光原先的打算、當時的身體狀況、接到任命後朝中的情形，以及他自己的心理感受。

六月二十一日，呂公著入宮覲見，上奏十事：一、畏天，二、愛民，三、修身，四、講學，五、任賢，六、納諫，七、薄斂，八、省刑，九、去奢，十、無逸。太皇太后遣中使宣諭：「覽卿所奏，深有開益，當此拯民疾苦，更張何者為先？」二十八日，呂公著又有回奏。

七月初一日夜，太皇太后派人將呂公著的奏章送來，要司馬光看看其中的利弊，及其人有無兼濟之才，合適與否，直書上奏。司馬光讀過之後，說：「臣自公著到京，止於都堂眾中一見，自後未嘗私相見，及有簡帖往來。今公著所陳，與臣所欲言者，正相符合。蓋由天下之人皆欲如此，臣與公著，但具眾心奏聞耳。」意思是說他和呂公著此前未有溝通，但呂公著所奏正是自己想要說的。大概人心所向如此，他和呂公著不過反映了群眾的呼聲而已。又說：「公著一言而天下受其利，可謂有兼濟之才；所言無有不當，惟有保甲一事，欲就農隙教習，臣愚以為朝廷既知其為害於民，無益於國，便當一切廢罷，更安用教習。」意思是說呂公著確有兼濟之才，所說沒什麼不合適，只有保甲一事，公著打算趁農閒時節訓練，臣以為朝廷既已知其對百姓有害、對國家無益，就應當全部廢除。

九月十五日，司馬光與呂公著共同舉薦了程頤，說：「臣等竊見河南處士程頤，力學好古，安貧守節，言必忠信，動遵禮義，年逾五十，不求仕進，真儒者之高蹈，聖世之逸民。伏望聖慈，特加召命，擢以不次，足以矜式士類，裨益風化。」因為司馬光、呂公著及韓絳的舉薦，十一月二十七日，以鄉貢進士程頤，為汝州（治今河南省汝州市）團練推官，充西京國子監教授。

請開言路

元豐八年（西元一〇八五年）三月三十日，司馬光曾上〈乞開言路劄子〉認為「今日所宜先者，莫若明下詔書，廣開言路」。他說：「臣聞《周易》天地交則為泰，不交則為否。君父，天也；臣民，地也。是故君降心以訪問，臣竭誠以獻替，則庶政修治，邦家乂安；君惡逆耳之言，臣營便身之計，則下情壅蔽，眾心離叛。自生民以來，未有不由斯道者也。」意思是說《周易》講：天地相交則為泰，不交則為否。君父即天，臣民即地。因此，如果人君虛心垂詢，臣子竭誠諫諍，一定政治清明，國家安定；相反，人君厭棄逆耳之言，臣子只為身謀，必定民情阻遏，眾人離心。有史以來，無不如此。

然後又說：「臣竊見近年以來，風俗頹弊，士大夫以偷合苟容為智，以危言正論為狂。是故下情蔽而不上通，上恩壅而不下達。閭閻愁苦，痛心疾首，而上不得知；明主憂勤，宵衣旰食，而下無所訴。公私兩困，盜賊已繁。猶賴上帝垂休，歲不大饑，祖宗貽謀，人無異志；不然者，天下之勢，可不為之寒心乎？此皆罪在群臣，而愚民無知，往往怨歸先帝。」意思是說近年來言路不暢，上下壅蔽，百姓愁苦，求告無門，公私困竭，盜賊蜂起。要不是上天關照，祖宗保佑，後果真的不堪設想。罪在群臣，而百姓無知，往往把帳都記在先帝頭上。

言路暢通，然後天下大治，這是史學家司馬光的一個基本認識。大約在他看來，王安石執政時期，新法所以得到推行，就是因為言路堵塞，而現在要改變它們，就應當從開言路著手。

由四月所上奏疏〈乞開言路狀〉我們得知，司馬光回到洛陽後，沒聽到有開言路的詔書頒下，卻聽說太府少卿宋彭年，論在京不可不並置三衙管軍臣僚，水部員外郎王諤，請令依保馬原定條款，確定逐年應買之數，又請令太學增置《春秋》博士，使諸生進修，朝廷以二人所言非其本職，各罰銅三十斤。司馬光說，如果當職的人不肯進言，不當職的人又不許進言，以四海之廣、兆民之眾，政治得失，天子深居九重，如何可知？又說，昨日進奏院遞到任命告身，差他知陳州，那麼他自今往後，於一州之外，言及他事，即是越職，哪還敢再說什麼？

當初，太皇太后以手詔問治國當以何先，司馬光還未及條陳，太皇太后已有旨，令散遣修京城役夫，罷減皇城內詗者，停止一切御前製作，逐出近侍中品質惡劣者三十餘人，又戒敕內外，不得橫徵暴斂，廢導洛司、物貨場及百姓所養戶馬，放寬保馬年限。命令全由宮中發出，大臣都未參與。

為了控制輿論，熙寧五年（西元一〇七二年）正月十九日，「置京城邏卒，察謗議時政者，收罪之」。——在京城派士兵巡察，有敢於非議朝政的，緝捕治罪。「皇城內詗者」即指此。

什麼又是保馬和戶馬呢？所謂保馬，就是把國家的馬分給保甲戶去養。保甲養馬始於熙寧五年（西元一〇七二年），當年五月，詔開封府所轄諸縣保甲願養馬的，以陝西所買馬選給。熙寧六年（西元一〇七三年），曾布應詔制訂條例，大略如下：凡京東、京西、河東、河北、陝西五路義勇保甲願養馬的，每戶一匹；家庭富裕、條件許可的，可以養兩匹。所養馬或由監牧司提供，或付馬錢給保甲戶，自己去買。開封府內，每年免交「體量草」二百五十束，並加給錢；五路的，每年免交「折變緣納錢」。三等以上，十戶為一保；四等以下，十戶為一社。保戶馬死，保戶全價賠償；社戶馬死，社戶賠償一半。自此保甲養馬推行諸路。元豐七年（西元一〇八四年），詔京東、西路保甲免訓練；每「都保」養馬五十匹，十家為一保，五十家為一大保，十大保為一都保；每匹給錢十千；限京東十年，京西十五年，養夠規定的數目。其後提舉保甲馬官令每都保每年買馬二十匹，後改為八匹；原定十五年的，縮短為兩年半，後改為八年，山地縣份十年。

所謂戶馬，就是老百姓自己養馬，國家收購。元豐三年（西元一〇八〇年）春，詔開封府及五路州縣人戶，以家庭財產多少，確定購買馬匹的數量。元豐七年（西元一〇八四年），詔河東、鄜延、環慶路各調撥戶馬兩千匹給禁軍；河東路就地供給本路禁軍，鄜延路再加上永興軍等路及京西城鎮戶馬，環慶路再加上秦鳳等路及開封府戶馬。此次調撥之後，沒有再補充。

四月二十七日，司馬光在〈乞去新法之病民傷國者疏〉中先說：「凡臣所欲言者，陛下略已行之，臣稽慢之罪，實負萬死。」

接著談及為政之道：「夫為政在順民心，苟民之所欲者與之，所惡者去之，如決水於高原之上，以注川谷，無不行者。苟或不然，如逆阪走丸，雖竭力以進之，其復走而下，可必也。今新法之弊，天下之人，無貴賤愚智，皆知之，是以陛下微有所改，而遠近皆相賀也。」意思是說如果能順應民心，治國就像從高處往低處放水，無不順利；相反，就像往山坡上滾球，即便竭盡全力推上去了，最終還是要滾到溝裡。又說：「為今之計，莫若擇新法之便民益國者存之，病民傷國者悉去之。」就是說眼下最好保留新法中對老百姓有利、對國家有益的部分，而對百姓有害、對國家又無益的，應全部廢除。

然後談到可能的反對：「議者必曰孔子稱孟莊子之孝，其他可能也，其不改父之臣與父之政，是難能也。又曰三年無改於父之道，可謂孝矣。」司馬光說那是指對百姓無害、對國家無損的部分；至於病民傷國的內容，豈可坐視不改。又說：「朝廷當此之際，解兆民倒垂之急，救國家累卵之危，豈假必俟三年然後改之哉？況今軍國之事，太皇太后陛下，權同行處分，是乃母改子之政，非子改父之道也，何憚而不為哉？」意思是說，現在百姓有倒懸之苦，國家有累卵之危，哪能等到三年以後？況且如今太皇太后同處國事，這是母改子政，不是子改父道，有什麼好擔心的？

司馬光到達京師後，果然有人提出「三年無改於父之道」，認為只應對太過火的內容，做些小小的修改，以搪塞輿論。司馬光「慨然爭之」，說：「先帝之法，其善者雖百世不可變也。若安石、惠卿等所建，為天下害、非先帝本意者，改之當如救焚拯溺，猶恐不及……況太皇太后以母改子，非子改父。」

由〈乞改求諫詔書劄子〉我們知道，五月初五日的求諫詔書中，有這樣一節：「若乃陰有所懷，犯非其分，或扇搖機事之重，或迎合已行之令，上則觀望朝廷之意，以僥倖希進，下則衒惑流俗之情，以干取虛譽，審出於此，苟不懲艾，必能亂俗害治。然則黜罰之行，是亦不得已也。」

司馬光認為這哪是求諫，分明是拒諫。他說這樣一來，群臣恐怕只有緘默，只要一開口，就可以歸入以上六種：對群臣有所褒貶，就可以說是「陰有所懷」；本職之外稍有涉及，就可以說是「犯非其分」；談國家安危大計，就可以說是「扇搖機事之重」；碰巧與國家政令一致，就可以說是「迎合已行之令」；論新法不便當改，就可以說是「觀望朝廷之意」；談民間愁苦可憐，就可以說是「衒惑流俗之情」。那麼天下之事，就沒什麼可說的了。詔書本為求諫，最終反成拒諫。恐怕天下士大夫，從此更加緘默不言，這對國家不是好事。只令御史臺在朝堂公布，徵詢的範圍太窄了。

五月二十八日，司馬光又上〈請更張新法劄子〉，他舉了個例子：「譬如有人誤飲毒藥，致成大疾。苟知其毒，斯勿飲而已矣，豈可云姑少少減之，俟積以歲月，然後盡捨之哉？」——比如有人誤喝了毒藥，大病一場。如果已經知道，不喝就完了，怎能說先少喝一點點，逐日減少，年深月久，到了一定時候，再完全戒除呢？

六月十四日，門下侍郎司馬光再上〈乞申明求諫詔書劄子〉，重申〈乞改求諫詔書劄子〉，並再次請求下學士院另草詔書，刪去中間一節，頒布天下。

六月二十五日，詔所有臣民都許進「實封狀」，直言朝政闕失、民間疾苦；京師在登聞鼓院、檢院投進，京外則在所屬州、軍投進，由驛站傳送上聞。

於是，「四方吏民言新法不便者，數千人」。七月十四日，司馬光上〈乞降臣民奏狀劄子〉，說那些奏狀不付外，令三省或樞密院商量施行，就毫無益處。請選擇其中可取的，降出施行，如日理萬機，無暇通覽，就請降付三省，交執政官員們審閱，其中可取的，用黃紙標出，再進呈御覽，或留身邊，或降付有關部門施行，從之。

八月初八日，司馬光上〈乞降封事簽帖劄子〉，由此我們得知，第一次已有三十三卷奏狀降出，司馬光與諸執政經選擇，可取的都用黃紙標出進呈。司馬光請皇帝再次詳覽，或留身邊，以備規戒，或降付有關部門，商議施行。九月初三日，門下侍郎司馬光上〈乞省覽農民封事劄子〉，由此得知，近有農民王嗇等訴疾苦實封奏狀一百五十道降出，除所訴重複外，都已標出進呈。劄子中，司馬光深情地談到農民：「竊惟四民之中，惟農最苦。農夫寒耕熱耘，沾體塗足，戴星而作，戴星而息；蠶婦育蠶治繭，績麻紡緯，縷縷而積之，寸寸而成之。其勤極矣，而又水旱霜雹蝗蟊間為之災。幸而收成，則公私之債，交爭互奪；穀未離場，帛未下機，已非己有矣。……致使世俗俳諧，共以農為嗤鄙，誠可哀也。又況聚斂之臣，於租稅之外，巧取百端，以邀功賞：青苗則強散重斂，給陳納新；免役則刻剝窮民，收養浮食；保甲則勞於非業之作；保馬則困於無益之費，可不念哉！」

農民往往處在社會的最底層，用現在的話說，農民屬弱勢群體。司馬光認為，如果不是廣開言路，農民疾苦絕不可能上達，因此這些奏狀不可忽視。

熙寧六年（西元一〇七三年），國家曾立法勸民栽桑，若不遵法令，要受處罰。至此，楚邱（今山東省曹縣東南）農民胡昌等論其不便。詔罷之，並免去所欠罰金。興平縣（今陝西省興平市）強徵民田為牧場，老百姓也提出申訴。詔令全部歸還。

十月十七日，司馬光上〈乞裁斷政事劄子〉，十月二十四日，又上〈議可劄子〉，一再提醒：「謀之在多，斷之在獨。」雖然陛下寬仁，一切政事交由執政處理，但執政大臣意見不同、勢均力敵、不能統一的時候，一定留意審查是非，以聖意決之，擇善而從。

由此判斷，當時眾執政當中，對於廢除新法，可能存在嚴重分歧。不過，國家高層最後的抉擇，我們都已經知道。

廢保甲法

宋代軍隊由三部分組成：第一「禁軍」，就是中央軍，負責保衛皇帝、京師，以及征伐、戍邊；第二「廂軍」，就是地方軍，分布在各州，起初不訓練，僅供役使，相當於工程兵，後來也訓練一部分；第三「鄉兵」，就是民兵，選於戶籍或者應募，集結訓練，以為所在地方的防守。此外又有「蕃兵」，由邊境地區的少數部族組成，「布之邊界，以為藩籬」，按慣例也歸入「鄉兵」。

從當時的情形看，保甲實際就是「鄉兵」。保甲法的制訂，是在熙寧三年（西元一〇七〇年）的十二月初六日。當時王安石說先王以農為兵，如今想要公私不匱乏，為社稷長遠打算，應停止募兵而用民兵。王安石顯然有經濟上的考慮，從國家開支看，募兵國家要花錢，而民兵國家不花錢；這等於轉嫁國家開支，將開支轉嫁給百姓。保甲法主要內容如下：十家為一保，從座地的主戶中選有能力一人為保長；五十家為一大保，選主戶中財產最多一人為大保長；十大保為一都保，選主戶中有德行，能力、勇敢為眾敬服一人為都保正，另選一人做他的副手。主客戶兩丁以上，選一人為保丁，發給弓弩，教之戰陣。按當時的規定，保甲主要用於抓捕盜賊，維持地方治安。

元豐八年（西元一〇八五年）四月，司馬光上〈乞罷保甲狀〉，提出五條理由：

第一，妨礙農業生產。司馬光說：「右臣竊以兵出民間，雖云古法，然古者八百家才出甲士三人、步卒七十二人，閑民甚多，三時務農，一時講武，不妨稼穡。自上世相承，習以為常，民不驚擾。自兩司馬以上，皆選賢士大夫為之，無侵漁之患，故卒乘輯睦，動則有功。今籍鄉村之民，二丁取一，以為保甲，皆投以弓弩，教之戰陣，是農民半為兵也。三四年來，又令河北、河東、陝西置都教場，無問四時，每五日一教，特置使者比監司，專切提舉，州縣不得關預。每一丁教閱，一丁供送；雖云五日，而保正保長，以泥棚（射擊瞄準用的土牆）除草為名，日聚之教場，得賂則縱之，不則留之。是三路耕耘收穫稼穡之業，幾盡廢也。」對於「古法」，史學家司馬光自然最有發言權。可以看出，保甲在數量和訓練時間上，都要遠遠超過「古法」。保丁要經常訓練，自然沒時間勞動，無疑會妨礙農業生產。

第二，勞民傷財，卻無用處。司馬光說：「事既草創，調發無法，比戶騷擾，不遺一家。又巡檢、指使，按行鄉村，往來如織，保正保長，依倚弄權，坐索供給，多責賂遺，小不副意，妄加鞭撻，蠶食行伍，不知紀極。中下之民，罄家所有，侵肌削骨，無以供億，愁苦困弊，靡所投訴，流移四方，屬盈路。又朝廷時遣使者，遍行按閱，所至犒設賞賚，糜費金帛以巨萬計，此皆鞭撻平民，銖兩丈尺而斂之，一旦用之如糞土。而鄉村之民，但苦勞役，不感恩澤。臣不知設保甲於農民之勞既如彼，為國家之費又如此，終將何所用哉？若使之捕盜賊、衛鄉里，則何必如此之多？若使之戍邊境、征戎狄，則彼戎狄之民，以騎射為業，以攻戰為俗，自幼及長，更無他務，中國之民，生長太平，服田力穡，雖復授以兵械，教之擊刺，在教場之中，坐作進退，有似嚴整，必若使之與戎狄相遇，填然鼓之，鳴鏑始交，其奔北潰敗，可以前料，決無疑也，是猶驅群羊而戰豺狼也。當是時，豈不誤國事乎？」國家但凡有事，有關負責人就會借機漁利，老百姓就會遭殃，這是司馬光的基本看法。而且，保甲如果僅用於維持治安，確實不需要那麼多；用於征伐和戍邊，則往往敗北，這一點已經為事實所證明。

第三，助長盜賊。司馬光說：「又悉罷三路巡檢下兵士及諸縣弓手，皆易以保甲，令主簿兼縣尉，但主草市以里，其鄉村盜賊，悉委巡檢。而巡檢兼掌巡按保甲教閱，朝夕奔走，猶恐不辦，何暇逐捕盜賊哉？又保甲中往往有自為盜者，亦有乘保馬行劫者，然則設保甲保馬，本欲除盜，乃更資盜也。」看來設立保甲的同時，撤銷了原本負責地方治安的兵士及弓手，縣尉也由主簿兼任。主簿負責城鎮治安，巡檢負責鄉村治安。但司馬光認為巡檢根本就沒那個時間。因此事實上助長了盜賊。保甲為盜，也更加方便，因為保甲既有武藝，又有武器。

第四，勸民為盜。司馬光說：「民喪其生業，無以自存，赴訴不受，失其所依，安得不去而為盜哉？自教閱保甲以來，河東、陝西、京西盜賊已多，至敢白晝公行入縣鎮殺官吏，官軍追討，經歷歲月，終不能制。況三路未至大饑，而盜賊已昌熾如此，萬一遇數千里之蝗旱，而失業饑寒、武藝成就之人，所在蜂起以應之，其為國家之患，可勝言哉？」百姓無以為生，自然鋌而走險，也就是所謂的官逼民反。大白天就公然闖進縣鎮屠殺官吏，看來當時盜賊已相當猖獗。司馬光認為如果再遇天災，情況肯定更加嚴重。又說：「夫奪其衣食，使無以為生，是驅民為盜也！使比屋習戰，勸以官賞，是教民為盜也！又撤去捕盜之人，是縱民為盜也！」

第五，國家既已決定休戰，保甲、戶馬、保馬即為無用。司馬光說：「近者登極赦書節文云，應緣邊州軍，仰逐處長吏並巡檢、使臣、鈐轄兵士及邊上人戶，不得侵擾外界，務要靜守疆埸，勿令搔擾。此蓋聖意欲惠綏殊俗，休息中國，華夷之人，孰不歸戴。然則保甲、戶馬、保馬，復何所用哉？今雖罷戶馬、寬保馬，而保甲猶存者，蓋未有以其利害之詳奏聞者也。」

保甲、戶馬、保馬，都是戰時的產物。司馬光認為，「宜悉罷保甲使歸農，召提舉官還朝」。至於廢除保甲以後出現的空白，「量逐縣戶口，每五十戶置弓手一人，略依緣邊弓箭手法，許蔭本戶田二頃，悉免其稅役。除出賊地分，嚴加科罰，及令出賞錢外，其賊發地分，更不立三限科校，但令捕賊給賞。若獲賊數多，及能獲強惡賊人者，各隨功大小遷補職級或補班行。務在優假弓手，使人勸慕。然後募本縣鄉村人戶有勇力武藝者投充，計即令保甲中有勇力武藝者，必多願應募。昔一人闕額，有二人以上爭投者，即委本縣令尉選武藝高強者充；或武藝衰退者，許他人指名與之比校，若武藝勝於舊者，即令充替。其被替者更不得蔭田。如此則不必教閱，武藝自然精熟。一縣之中，其壯勇者既為弓手，其羸弱者雖使為盜，亦不能為患。仍委本州及提點刑獄常切按察，令佐有取捨不公者，嚴行典憲。若招募不足，即且於鄉村戶上依舊條權差，候有投名者，即令充替。其餘巡檢、兵士、縣尉、弓手、耆長、壯丁逐捕盜賊，並乞依祖宗舊法」。弓手的選拔，讓我們想到聘任制，他們也必須競聘上任。

五月十四日，「詔開封府界、三路弓兵，並依保甲未行以前復置」。就是詔令開封府內及三路的弓兵，都依照保甲法未施行以前的制度重新設置。

六月初四日，「罷府界、三路保甲不許投軍及充弓箭手指揮」。就是以前有令，開封府內及三路保甲不許投軍及充弓箭手，現在撤銷這個命令。

七月初三日，司馬光再上〈乞罷保甲劄子〉。從中我們得知，當初置保甲，令開封府內及河北、陝西、河東三路保甲五日一訓練，京東、京西兩路保甲養馬；又各置提舉官，權任比監司，就是說提舉官的權利及職責，與監司相當，我們都知道，監司一般由各路的轉運使兼任，負責本路官員的監察。哲宗即位之初，首先令京東、京西兩路保甲養馬，都按原定年限收買；超過的數目，歸入次年。又令開封府內及三路保甲，訓練已達半年，已經朝廷巡視的，每月集訓兩天；未經巡視的，集訓三天。陝西保甲，訓練未達半年的，每月兩次，各集訓三天。又令身材矮小，或長期患病，及本家只剩一丁、又患病不能謀生的，並第五等以下人戶、田地不足二十畝的，都准許州縣向提舉司申明，審驗後豁免。又令一縣豁免不得超過兩成。

司馬光說：「此皆聖澤矜寬民力。」不過他認為，雖然減少了集訓的天數，仍不免妨農。而且此前已有復置巡檢、縣尉及弓手的詔令，保甲不再負責捕盜；登極詔書又戒敕邊吏，令不得侵擾外界，務必靜守戰場，保甲、保馬已無用處。又近來群盜王沖乘保馬四處打劫，又有獲鹿縣（今河北省鹿泉市）保甲毆傷負責官員孫文，巡檢張宗師以下陵上，都是大亂之源，漸不可長。巡檢，官名，負責訓練士兵，及巡邏州邑。

司馬光接著說：「凡保甲、保馬，有害無利，天下之人，莫不知之，臣不知朝廷何憚而久不廢罷！伏乞斷自聖志，盡罷諸處保甲、保正、保長使歸農，依舊置耆長、壯丁巡捕盜賊，戶長催督稅賦；其所養保馬，揀擇勾收太僕寺，量給價錢，分配兩騏驥院；坊監及諸軍召提舉官還朝，其勾當公事、巡檢、指使，並送吏部，與合入差遣。」保甲保馬有害無利，天下盡人皆知，臣不明白朝廷究竟擔心什麼，這麼久不肯廢除！請聖上下定決心，徹底廢除各處保甲、保正、保長，使回家務農，依舊設耆長、壯丁抓捕盜賊，戶長催督賦稅，保馬由太僕寺收購，分配給兩騏驥院，坊監及諸軍召回提舉官，勾當公事、巡檢、指使都送吏部，重新安排工作。

應司馬光之請，七月初六日，「詔府界、三路保甲，自來年正月以後並罷團教，仍依義勇舊法，每歲農隙赴縣教閱一月」。就是所有保甲明年正月以後，一律停止集中訓練；仍然依照過去義勇的辦法，每年農閒時節到縣裡集訓一個月。

可是，「蔡確等執奏不行」。七月十二日，「詔保甲依樞密院今月六日指揮，保馬別議立法」。就是保甲仍按七月初六日的詔令執行，保馬另議。

十月二十六日，「詔提舉府界、三路保甲官並罷，令逐路提刑及府界提點司兼領」。負責保甲管理工作的提舉保甲官全部撤銷，保甲暫由各路的提點刑獄及開封府界的提點司兼管。

保甲法的廢除，已在具體實施當中。

次年（西元一〇八六年）正月初一日，改元「元祐」。據說「元祐」的含義是：「元豐之法不便，即復嘉祐之法以救之。但不可盡變，大率新、舊並用，貴其便民也。」意思是說，元豐新法不好，因此恢復仁宗嘉祐年間的部分舊法，來作為補救，關鍵要對老百姓有利。

入為宰相

哲宗元祐元年（西元一〇八六年）閏二月初二日，正議大夫、守門下侍郎司馬光，依前官守尚書左僕射兼門下侍郎，就是宰相。同一天，尚書左僕射兼門下侍郎蔡確，以觀文殿大學士出知陳州。此前，蔡確遭到臺諫官員的文章彈劾。

當天，司馬光上〈為病未任入謝劄子〉。從中我們得知，當時已有閤門承受范禹臣告報，前來通知，說已降白麻，任司馬光尚書左僕射兼門下侍郎，並令當日入宮謝恩。宋代任命宰相的詔書，通常用白麻紙書寫。我們知道，正月二十一日，司馬光已請病假。司馬光說：「臣先為久病在假不能朝參，乞一宮觀差遣，未奉俞旨；今忽聞制命，超升左輔，俾之師長百僚，豈臣空疏所能堪可！臣方別具悃款辭免，未敢祗受。」意思是說自己才疏學淺，難當此任，將另上奏疏辭免，不敢接受。又說：「況臣即今以久病少力，足瘡未癒，步履甚艱，拜起不得，未任朝見。乞候臣筋力稍完，入覲宸扆，面陳至誠。」意思是說自己久病乏力，又有腳瘡，步履艱難，不能拜起，因此無法朝見。等身體稍好一點，即入朝覲見，當面陳述緣由。

不久，司馬光就上〈辭左僕射第一劄子〉，講了四條理由：第一，資性愚鈍，學術膚淺；第二，近患疾病，久不朝參；第三，朝中人才濟濟；第四，執政中自己位列第四，按次序也不該就到自己。

從其後的〈辭左僕射第二劄子〉我們知道，之前的辭免未獲批准。而且，當月初六日，又派東上門副使王舜，直接將任命的告身，送到了司馬光的家裡。司馬光仍然表示不敢接受，並請將告身暫留門。

閏二月稍晚，司馬光再上〈辭左僕射第三劄子〉。由此我們得知，當天早晨，又有勾當御藥院馮宗道傳宣，並帶來御批，令盡快接受。司馬光在劄子中寫下他的慌亂：「臣上戴天恩，下顧無狀，進退維谷，無地自處。」然後再次談到自己的才能、稟賦、身體狀況，以及他的擔心：「才性長短，敢不自知。賦分於天，樸鈍戇直，至於守事君之忠，懷愛民之志，不為欺罔，不涉佞邪，如此數條，臣敢自保；然燭理不明，見事不敏，度量褊隘，關防淺露，若位以元宰，委之機務，分畫措置，必有差違。至時雖自納於刑，亦無所益。臣非敢愛身，實恐誤國。況臣之少壯猶不如人，今年齒衰老，目視近昏，事多健忘，目前所為，轉首不記，舉措語言，動多差失，自近病來，耳頗重聽，此皆事實，眾所共見，非臣以虛辭文飾如此，豈可首居相位，毗贊萬幾。」

其後，司馬光又請以文彥博自代，自己繼續任門下侍郎。不聽。

朝廷的意圖很清楚：宰相非司馬光莫屬。

還記得司馬光出任門下侍郎，是在元豐八年（西元一〇八五年）的五月二十七日。現在距離那個日子，不到一年。後來邵伯溫在京師汴梁，見到位居宰相的司馬光，他這樣描述道：「其話言服用，一如在西都時。」並且，「清苦無少異」。說話語氣與穿戴用度，與在洛陽時完全一樣，守貧刻苦也同往日，司馬光寵辱不驚。

在〈論賑濟劄子〉，司馬光專門談到旱情。由此劄子我們得知，近日已有朝旨，令戶部指揮開封府內及諸路提點刑獄司，體察州縣人戶，如確實缺糧，即據現在義倉及常平倉米穀，速行賑濟，並叮嚀指揮州縣，多方存恤，勿致流離失所。司馬光說：「此誠得安民之要道。」他認為，要使老百姓不流離失所，全在本縣令、佐得人。因此奏請：再令提點刑獄司指揮各縣令、佐，認真體察鄉村人戶，如有缺糧，一面申報上司及本州，一面以本縣義倉及常平倉米穀，直接賑貸；據鄉村五等人戶，各戶按人口發給「曆頭」，即憑證，大人日給二升，小孩日給一升，令各從民便，或五日或十日或半月一次，持「曆頭」至縣請領，縣司也置簿核對；如本縣米穀量少，則先從下等人戶開始出給「曆頭」，有餘則並及上戶；不願請領者，聽便；將來夏秋成熟、糧食相接日，即據簿曆上所貸過糧食，令隨稅送納，不收取利息；令、佐如別有良法，簡易便民、勝過此法的，聽；令提點刑獄司經常體察，各縣令、佐用心撫恤的，申明奏聞，賞；全不用心賑濟，致戶口多有流離的，核實奏聞，罰。

元祐元年（西元一〇八六年）戶部，大體相當於今天的財政部，三月十四日，以吏部侍郎李常為戶部尚書。李常是一文士，擅長詩文，但少吏幹，不擅長做事。有人擔心李常不能勝任，就問司馬光，司馬光說：「使此人掌邦計，則天下知朝廷非急於徵利，貪吏掊克之患，庶幾少息矣。」也就是說用這個人掌管國家財政，天下人就會明白，朝廷不急於聚斂，貪吏搜刮之害，大約就會稍微減輕。

司馬光舉薦劉安世（字元城）充館職，他問劉安世：「知道為什麼舉薦你嗎？」劉安世答：「大概與您交往的時間長。」司馬光說：「不是。我閒居，你四時問候不斷，我位居政府，你卻獨無書信。這才是我舉薦你的原因。」司馬光主張用人以德為先，他看中的是劉安世的人品。

司馬光做宰相時，曾親書「榜稿」，就是啟示，張貼在客位，內容如下：「訪及諸君，若睹朝政闕遺，庶民疾苦，欲進忠言者，請以奏牘聞於朝廷，光得與同僚商議，擇可行者進呈，取旨行之。若但以私書寵諭，終無所益。若光身有過失，欲賜規正，即以通封書簡分付吏人，令傳入，光得內自省訟，佩服改行。至於整會官職差遣、理雪罪名，凡於身計，並請一面進狀，光得與朝省眾官公議施行。若在私第垂訪，不請語及。某再拜諮白。」——來訪諸君，若見朝政缺失，或黎民疾苦，欲進忠言，請以奏章上報朝廷，我將與同僚商議，擇可行的進呈聖上，領旨施行。如只以私信垂示，終無益處。如果我自己有過失，欲賜匡正，請以書信交門吏傳進，我將深刻反省，謹遵改正。至於升遷官職，或者洗雪冤屈，凡與自身相關，都請一律呈狀，我將與朝廷眾官公議施行。若在私第垂訪，請勿談及。司馬光再拜謹稟。司馬光這是要將公事與私事分開，公事要公辦，家裡勿提及，這樣可以避免私人感情左右公正。

據說，宰相司馬光常常詢問官員們：俸祿夠不夠家庭開銷？有人不理解，去問，司馬光回答他：「倘衣食不足，安肯為朝廷而輕去就耶？」意思是說，如果官員們成天要為生計操心，他還哪肯為朝廷效力呢？

司馬光在相位，韓持國（韓維字持國）為門下侍郎，兩人舊交甚厚，是老朋友了。溫公避父諱，每呼持國為秉國。當時有武臣來中書省陳事，「詞色頗厲」，持國呵斥道：「大臣在此，不得無禮！」司馬光作惶恐狀，說：「吾曹叨居重位，覆是虞，詎可以大臣自居耶？秉國此言失矣，非所望也。」意思是說我等叨居重位，唯恐敗事，怎可以大臣自居？秉國此言差矣。韓維慚愧不已，歎息良久。我們由此再次看到司馬光的低調。

據說司馬光有「草簿數枚」，常置左右，對賓客無論賢愚長幼，都以疑事詢問，「苟有可取，隨手記錄，或對客即書，率以為常」。司馬光主張國家的政策，要符合絕大多數人的願望，這大概是他此舉的目的所在。

范祖禹曾說：「公為相，欲知選事問吏部，欲知財利問戶部；凡事皆與眾人講求，使者存之，不便者去之，此天下所以受其惠也。」司馬光絕不剛愎自用，也絕不獨斷專行，而是充分發揮各部門的作用。司馬光出任宰相後，遼及西夏的使者來，或者北宋的使者往，兩國一定要詢問到司馬光的情況。遼國敕令邊吏：「中國相司馬矣，慎毋生事，開邊隙！」意思是說司馬光做北宋的宰相了，切勿製造事端，挑起邊界紛爭。兩國高層大概都厭倦了戰爭，對司馬光的對外政策，也極為贊同。

元祐時，司馬光因久病，孱弱怕風，裁黑色的粗綢做包頭，時人稱作「溫公帽」。司馬光當時的形象，彷彿就在我們眼前。

據說，司馬光家有一僕人，三十年來只稱司馬光「秀才」。一日蘇軾來謁，教那僕人該如何如何，第二天僕人改稱司馬光為「大參相公」。司馬光驚問原委，僕人以實相告。司馬光說：「好好一僕，被東坡教壞了。」司馬光大概厭煩那些頭銜，認為它們都是些奢華的衣服，中看不中用。

據史書記載，司馬光位居宰相，凡王安石、呂惠卿所立新法，革除殆盡。有人告誡司馬光：「熙豐舊臣多憸巧小人，它日有以父子義間上，則禍作矣！」司馬光正色道：「天若祚宋，必無此事！」從這樣的回答，我們可以想見司馬光的義無反顧，為了國家的利益，他已顧不得自身。

邢恕曾得司馬光舉薦。元祐改革新政之初，邢恕暗示應為子孫考慮，司馬光說：「他日之事，吾豈不知。顧為趙氏慮，當如此耳。」邢恕生氣道：「趙氏安矣，司馬氏豈不危乎？」司馬光說：「光之心本為趙氏，如其言不行，趙氏自未可知，司馬氏何足道哉！」以司馬光慮事深遠，對日後的事絕不缺少判斷，但為了國家，他把子孫後代的安全都押上了。

衛尉丞畢仲游曾寫信給司馬光，說：

昔王安石以興作之說動先帝，而患財不足也，故凡政之可得民財者，無不舉。蓋散青苗、置市易、斂役錢、變鹽法者，事也；而欲興作、患不足者，情也。蓋未能杜其興作之情，而徒欲禁散、斂、變、置之法，是以百說而百不行。今遂廢青苗，罷市易，蠲役錢，去鹽法，凡號為利而傷民者，一埽而更之，則向來用事於新法者，必不喜矣。不喜之人，必不但曰不可廢罷蠲去，必操不足之情，言不足之事，以動上意，雖致石而使聽之，猶將動也。如是則廢罷蠲去者，皆可復行矣。為今之策，當大舉天下之計，深明出入之數，以諸路所積之錢粟一歸地官，使經費可支二十年之用，數年之間，又將十倍於今日，使天子曉然知天下之餘於財也，則不足之論，不得陳於前，然後新法永可罷，而無敢議復者矣。昔安石之居位也，中外莫非其人，故其法能行。今欲救前日之弊，而左右侍從職司使者，十有七八皆安石之徒，雖起二三舊臣，用六七君子，然累百之中存其數十，烏在其勢之可為也。勢未可為而欲為之，則青苗雖廢將復散，況未廢乎？市易雖罷且復置，況未罷乎？役錢、鹽法，亦莫不然。以此救前日之弊，如人久病而少間，其父子兄弟喜見顏色、而未敢賀者，以其病之猶在也。

（《續資治通鑑》卷七十九）

「故凡政之可得民財者，無不舉」，凡可羅致百姓錢財的政策，無不大力推行，畢仲游的話真是一針見血。畢仲游的意思主要有兩層：第一，各種新法只是標，用度不足才是本。如今廢除新法，只是治標；要治本，必須使國家用度充裕，然後新法永可罷；第二，過去新法得以推行，因為朝廷內外全是王安石的人；現在僅靠二三舊臣、六七君子，勢必難為，新法即便廢除，也必定要恢復。

據史書記載：「光得書，聳然。」當時司馬光的想法，我們無法得知，以他的睿智，當然明白其中的道理。司馬光可能會認為，積累起來的財富，都是民脂民膏，留用即為不義，而用度不足，根源在冗費；至於人事上，要達到那樣的目的，就必須實施大規模的清洗，身為仁厚君子，他不可能那樣做。

廢免役法

宋代百姓要向政府提供義務勞動，叫作差役。所謂差役法，就是直接服役；所謂免役法，就是由應服差役的人戶，按等第出錢，由政府雇人服役。

元豐八年（西元一〇八五年），司馬光上〈乞罷免役錢狀〉，請罷免役復差役。他說差役由百姓出，錢也由百姓出，現在使百姓出錢雇役，「何異割鼻飼口、朝三暮四」？又說：「凡免役之法，縱富強應役之人，徵貧弱不役之戶，利於富者，不利於貧者。」免役法對富人有利，而對窮人卻不利，窮人畢竟是大多數，司馬光關心大多數。

元祐元年（西元一〇八六年）正月，司馬光再上〈乞罷免役錢依舊差役劄子〉，認為免役法有五害：一，過去實行差役法時，上等人戶服役年滿，可以休息數年，如今卻年年出錢，沒有休息；二，下等戶原不必充役，現在也一律出錢；三，過去實行差役法時，所差都是土著良民，各有宗族田產，所以少有過分，而現在招募，多浮浪之人；四，自古農民所有，不過穀、帛與力氣，免役是取其所無、棄其所有；五，提舉常平倉司，惟多斂是務。

然後是他的建議：「以臣愚見，為今之計，莫若直降敕命，應天下免役錢一切並罷，其諸色役人，並依熙寧元年（西元一〇六八年）以前舊法人數，委本縣令、佐親自揭五等丁產簿定差，仍令刑部檢會熙寧元年（西元一〇六八年）見行差役條貫，雕印頒下。」廢除免役法、恢復差役法，這是司馬光的基本思路，但他的話還沒完。

司馬光繼續說：「諸州所差之人，若正身自願充役者，即令充役。不願充役者，任便選雇有行止人自代，其雇錢多少，私下商量，若所雇人逃亡，即勒正身別雇，若將帶卻官物，勒正身陪填。」意思是說各州應充差役的人，若本人願意充役，就讓他充役。若不願意，可以雇人自代，價錢多少，自己私下商量去，若被雇的人逃亡，由雇主另雇，若已造成損失，由雇主賠償。司馬光的方案吸收了免役法的長處，對富戶的情形也有考慮。

然後說到衙前役：「數內惟衙前一役，最號重難。向者差役之時，有因重難破家產者，朝廷為此，始議作助役法。然自後條貫優假衙前，諸公庫設廚酒庫、茶酒司，並差將校勾當；諸上京綱運，召得替官員或差使臣殿侍軍大將管押；其粗色及畸零之物，差將校或節級管押，衙前苦無差遣，不聞更有破產之人。若今日差充衙前，料民間陪備亦少於向日，不至有破家產者。若猶以為衙前戶力難以獨任，即乞依舊於官戶、僧寺、道觀、單丁、女戶，有屋業、每月掠錢及十五貫、莊田中年所收斛斗及百石以上者，並令隨貧富，分等第出助役錢，不及此數者，與放免。其餘產業，並約此為准。所有助役錢，令逐州椿管，據所有多少數目，約本州衙前重難分數，每分合給幾錢，遇衙前合當重難差遣，即行支給。」也就是說過去致人破產的衙前役，後來大部分已改由國家承擔，與以往比較，大大減輕，再不至於破產。如果仍以為過重，就請讓官戶、僧寺、道觀、單丁、女戶之中，其資產達到一定標準的，依舊出助役錢，補助充衙前役的人戶。這實際也是保留免役法的部分內容，作為差役法的補充。

司馬光最後說：「然尚慮天下役人利害，逐處各有不同。欲乞於今來敕內，更指揮行下開封府界及諸路轉運司，謄下諸州縣，委逐縣官看詳。若依今來指揮，別無妨礙，可以施行，即便依此施行。若有妨礙，致施行未得，即仰限敕到五日內，具利害擘畫申本州；仰本州類聚諸縣所申，擇其可取者，限敕書到一月內，具利害擘畫申轉運司；仰轉運司類聚諸州所申，擇其可取者，限敕書到一季內，具利害擘畫，奏聞朝廷。候奏到，委執政官再加看詳，各隨宜修改，別作一路一州一縣敕施行，務要所在役法，曲盡其宜。」意思是說考慮到各地的情況不同，敕下之後，令各縣官員斟酌，如有妨礙，逐級上報，最終作一路、一州，甚至一縣的敕令施行。從制度設計上看，應該說已經相當周到。其中，五日是針對縣級官員的限制，但當時不少人認為五日太過短促，遂成為被攻擊的焦點。

二月初六日，三省、樞密院同進呈，得旨依奏。初議役法，蔡確說此是大事，當與樞密院共議，所以此日三省、樞密院同進呈。

開封府最先得到詔令。蔡京時任開封知府，即令所轄開封、祥符兩縣，五日內，依舊差役人數，差一千餘人充役。然後，立即跑去政事堂，向司馬光彙報，司馬光高興地說：「使人人如待制，何患法之不行乎！」——要是人人都像你，還愁法令不能推行嗎！但當時輿論認為，蔡京不過見風使舵，想討好司馬光而已，內心其實並不那樣想。

蔡京後來被收錄進〈奸臣傳〉，司馬光的反應因此多為後世詬病。以司馬光的睿智，不該看不出蔡京行為背後簡單的目的。或許，太過執著於某一目標，再聰明的人也會忽略明顯的細節。

司馬光所奏既已施行，章惇又挑出司馬光奏疏中疏略未盡凡八處，一一條陳駁奏。又曾與同僚爭論：「保甲保馬，一日不罷有一日害。如役法則熙寧初以雇役代差役，議之不詳，行之太速，速故有弊。今復以差役代雇役，當詳議熟講，庶幾可行。而限止五日太速，後必有弊。」司馬光不以為然。章惇在太皇太后簾前與司馬光爭辯，以致說：「異日難以奉陪吃劍！」

尚書左丞呂公著說，司馬光的建議「大意已善，其間不無疏略」；章惇所上文字，雖有可取之處，但大致「出於不平之氣，專欲求勝，不顧朝廷大體」；請選差近臣三四人，專門議定役法，奏聞。

二月十七日，抱病家居的司馬光再上〈乞不改更罷役錢敕劄子〉。請朝廷「執之堅如金石，雖有小小利害未備，俟諸路轉運司奏到，徐為改更，亦未為晚；當此之際，則願朝廷勿以人言，輕壞利民良法」。司馬光的意思是，在實行過程中，再依據具體情況，逐漸來完善。

二月二十八日詔：「門下侍郎司馬光近奏建明役法大意已善，緣關涉事眾，尚慮其間未得盡備，及繼有執政論奏、臣僚上言。役法利害，若不精加考究，何以成萬世良法。宜差資政殿大學士兼侍讀韓維、吏部尚書呂大防、工部尚書孫永、給事中兼侍讀范純仁，專切詳定以聞。仍將逐項文字抄錄，付韓維等。」可以看出，朝廷詔令綜合了各方面的意見。四月初六日，蘇軾加入詳定役法所。但七月初二日，因議役法不合，蘇軾又請求退出。

閏二月初二日詔：「已差官詳定役法，令諸路且依二月初六日指揮定差。仍令州、縣及轉運司、提舉司，各遞與限兩月體訪役法民間的確利害。縣具可施行事申州，州為看詳保明申轉運、提舉司，轉運、提舉司看詳保明聞奏。仍令逐州縣出榜，許舊來繫納免役錢、今來合差役人戶，各具利害實封自陳。」朝廷的此道詔令，正是司馬光的本意。

可是，三月初三日，詳定役法所奏：「乞下諸路，除衙前外，諸色役人，只依見用人數定差；官戶、僧道、寺觀、單丁、女戶出錢助役指揮勿行。」從之。就是說除衙前役外，全部恢復差役；官戶、僧道、寺觀、單丁、女戶不再出助役錢。這與司馬光的建議，已有出入。

據說，王安石聽說朝廷革除新法，起初淡然不以為意，等聽說罷助役復差役，愕然失聲，說：「亦罷及此乎！」良久，又說：「此法終不可罷也。」也許在王安石看來，在眾多新法當中，免役法最少搜刮特性。

六月二十八日，司馬光上〈申明役法劄子〉，從中我們得知，敕下之後，一兩個月之內，各州縣定差已畢。但不久又有雇募不足、才行定差的指揮，既而又屢屢變更，號令不一；有的轉運使死腦筋，一路只許一種辦法，不許州縣因地制宜，致使州縣惶惑不解，無所適從，或已差役人卻又遣散，或雇役人已遣散重又召回，或依舊用役錢雇人，或不用錢招人充役，朝夕不定，上下紛紜，往往與二月初六日的敕意相違背。

司馬光重申，最終要「作一路一州一縣敕施行，務要曲盡其宜」。然後，針對以上情形，對原奏疏中不明、不盡事項，又特別加以說明：

第一，如舊法人數在今日已不可行，即是妨礙，各州縣可根據實際情況酌情確定，然後申請依數定差。

第二，如所差人雇人自代，而被雇人漫天要價，官府也應裁定，不得超過此前官府雇錢之數；州縣官員不得指定被雇人，令被差之人自行雇覓。

第三，如此前所雇之人，自有田產、情願充役的，可依舊保留；又曹司一役，新舊交替，可預留時間使熟悉業務，限半年內交割完畢。

第四，官戶、僧道、單丁、女戶出助役錢，可改為第三等以上人戶令出，第四等以下免出；如本州坊場（坊場即官府開設的市場）、河渡出售所得錢，自可支付衙前重難，官戶等即不必出助役錢。

第五，從來各州招募人役，充長名衙前，招募不足，才差到鄉戶衙前，此自是舊法；如鄉戶差補已足，又招募到人役，即先從貧下開始，放鄉戶歸農，鄉戶願投充長名，聽。

第六，請降指揮下州縣，如有謀劃恰當，卻被上司刪去不肯上報的，縣可直接申報轉運司，州可直接申奏朝廷；並請降指揮下詳定役法所，只能依各路州縣申報利弊，可取的立為定法，不當職之人，發高奇之論，不切實際的，不得施行，也不可將一路一州一縣利弊，作通行條文。

第七，詳定役法所奏請行下指揮，如有妨礙難行，也請各路州縣斟酌，具利弊謀劃上報，隨宜修改。詔從之。

我們看到，官戶等此前已不再出助役錢，現在又要出了。眼下的參謀有兩個，除司馬光外，還有個詳定役法所。問題並不在於參謀的多少，而是國家的決策者，顯然忽略了政策的連續性。

稍晚，司馬光又上〈再申明役法劄子〉。從中可知，當時有轉運司，既不遵行熙寧元年（西元一〇六八年）以前的舊法，又不採用諸州縣的謀劃，而是自作主張，撰成一路役法，然後差官分赴各州縣，暗示或者威逼，使作各州縣的謀劃，立法申奏，州縣稍有違背，輒加嚴責。「以此多不依應得逐處利便，不合民心」。又有諸路州縣見朝廷置詳定役法所，以為要另撰役法頒下，因此往往觀望等候。司馬光請特降詔旨下諸州縣，除舊法妨礙難行，迅速據實申報外，其餘都依舊法定差；看詳役法所據諸處申報，如適當，立即奏請施行。

據說，司馬光「臨終床簀蕭然，惟枕間有《役書》一卷」。所謂《役書》，就是關於差役的規章制度。看來，司馬光一直在努力完善它。

司馬光罷免役復差役，給自己招來了眾多的反對，有些甚至來自他的支持者。

范純仁與司馬光交情深厚，當時他對司馬光說：「治道去其太甚者可也。差役一事，尤當熟講而緩行，不然，滋為民病。且宰相職在求人，變法非所先也。願公虛心以延眾論，不必謀自己出；謀自己出，則諂諛得乘間迎合矣。設議或難回，則可先行之一路，以觀其究竟。」意思是說，新法不必一概革除，只廢除太過分的內容就可以了。至於恢復差役一事，應當充分討論；太快了，將為民害。宰相的職責是發現人才，變法不是最急的事。希望您虛心聽取大家的意見，不必自己出主意；自己出主意，拍馬逢迎的人就會乘機迎合。如果勢已難回，可先在一路試行，看看效果如何。司馬光不聽，持之益堅。范純仁歎道：「以是使人不得言爾。若欲媚公以為容悅，何如少年合安石以速富貴哉？」——這是叫人都不要講話。如果有人要討好取悅，跟新進少年投合王安石以求富貴，又有什麼分別呢？

中書舍人范百祿曾對司馬光說：「熙寧免役法行，百祿為咸平縣，開封罷遣衙前數百人，民皆欣幸。其後有司求羨餘，務刻剝，乃以法為病。今第減助苗錢額，以寬民力可也。」意思是說免役法實行之初，很多百姓都擁護，但後來有關部門著意搜刮，才生出諸多的弊端來，現在只要適當減少助役錢，減輕百姓的負擔，就可以了。司馬光也不聽。

史書上說，蘇軾也認為免役法有弊端，不該在雇役實際所需費用之外，多向老百姓收錢；如果量出以為入，不向老百姓多收錢，也足以利民。

蘇軾曾對司馬光說：「差役、免役，各有利害。免役之害，掊斂民財，十室九空，斂聚於上而下有錢荒之患。差役之害，民常在官，不得專力於農，而貪吏猾胥得緣為奸。此二害輕重，蓋略等矣。」意思是差役與免役，各有利弊。司馬光問：「於君何如？」——你意下如何？蘇軾答：「法相因則事易成，事有漸則民不驚。三代之法，兵農為一，至秦始分為二，及唐中葉，盡變府兵為長征之卒。自爾以來，民不知兵，兵不知農，農出穀帛以養兵，兵出性命以衛農，天下便之。雖聖人復起，不能易也。今免役之法，實大類此。公欲驟罷免役而行差役，正如罷長征而復民兵，蓋未易也。」意思是說突然恢復差役怕不成，應在免役法的基礎上，作循序漸進的更改。司馬光不以為然。蘇軾又至政事堂陳述，司馬光生氣了。蘇軾說：「昔韓魏公刺陝西義勇，公為諫官，爭之甚力，韓公不樂，公亦不顧。軾昔聞公道其詳，豈今日作相，不許軾盡言耶？」司馬光聽後，微笑致歉。

據載，蘇軾元祐時，「以高才狎侮諸公卿，率有標目」，但唯獨對司馬光「不敢有所重輕」。一天，與司馬光論免役、差役利弊，偶不合，回去以後，一面卸巾弛帶，一面連呼：「司馬牛！司馬牛！」後來，蘇轍在蘇軾的墓誌中說：「君實為人，忠信有餘而才智不足，知免役之害，而不知其利，欲一切以差役代之。」

宋人邵伯溫說：「吳、蜀之民以雇役為便，秦、晉之民以差役為便，荊公與司馬溫公皆早貴，少歷州縣，不能周知四方風俗，故荊公主雇役，溫公主差役，雖舊典亦有弊。」意思是說各地情況不同，吳、蜀地區百姓喜歡雇役，而秦、晉地區百姓喜歡差役。司馬光、王安石做地方官的經歷都不夠豐富，因而不能周知南北風俗。章惇、范純仁及蘇軾，都主張作循序漸進的更改。這一點在司馬光，可能頗難接受，他大概認為，百姓已經水深火熱，因此根本就容不得慢慢來；至於范百祿所說情形，司馬光或許認為，隨著衙前役的大大減輕，當初使人們感到欣幸的因素，已經基本消失。

蘇轍的說法似乎言過其實，司馬光的方案裡，為免役法也預留了空間，而蘇轍說司馬光「欲一切以差役代之」。司馬光始終認為差役比免役好，而王安石恰恰相反。邵伯溫的說法可以解釋這種傾向的不同。大概南方相對富庶，老百姓手裡有錢，喜歡交錢了事；而北方相對貧困，老百姓無錢可交，因而更願意出力。

廢青苗法

司馬光在〈論賑濟劄子〉中，曾主張無息地借出糧食，這已經涉及青苗法的廢除。

由〈乞罷提舉官劄子〉我們知道，仁宗天聖（西元一〇二三年—一〇三二年）年間，除河北、陝西因「地重事多」，設轉運使兩員之外，其餘各路只有轉運使一員；景祐（西元一〇三四年—一〇三七年）初，始設提點刑獄；後又增設轉運判官，但很快撤銷；王安石執政以來，為推行新法，諸路另設提舉常平廣惠農田水利官，後每事各設提舉官，都可以按察官吏，職責與權力與監司相同，又增加轉運副使、判官等的員數。

從劄子中我們還可以知道，此前已有詔命，令青苗錢不得「抑配」，「免役寬剩錢」不得超過兩成。但司馬光聽說諸路提舉官及州縣官吏，仍有人開春之際「抑配」青苗錢；他們逼迫老百姓簽情願狀，並巧立名目，多收「免役寬剩錢」。司馬光認為，正是提舉官阻礙了朝廷詔命的施行，他說：「臣聞去草者絕其本，救水者回其原，提舉官者，乃病民之本原也。」

司馬光奏請：盡罷諸路提舉官，轉運使除河北、陝西、河東外，其餘各路只設轉運使一員、判官一員，提點刑獄分兩路的合為一路，共差文臣兩員，「凡本路錢穀財用事，悉委轉運司；刑獄、常平、兵甲、賊盜事，悉委提點刑獄管勾」。並選「知州以上資序、累歷親民差遣、所至有政績、聰明公正之人」，才能任「監司」；提舉官多年以來積蓄的錢糧財物，全部充作常平倉錢物，由提點刑獄全權接收主管，依常平倉法，並留意糧價，賤糴貴糶，及準備災荒時賑貸，其餘不得支用。

元祐元年（西元一〇八六年）閏二月初八日，「詔諸路轉運使，除河北、陝西、河東外，餘路只置使一員，副使或判官一員，其諸路提舉官並罷。提點刑獄，分兩路者合為一路。共差文臣兩員，本路錢穀財用事，悉委轉運司，刑獄、常平、兵甲、賊盜事，悉委提點刑獄司管勾。其轉運使、副、提刑，今後選一任知州以上」。

同一天，「詔提舉官累年積蓄，盡樁作常平倉錢物，委提點刑獄交割主管，依舊常平倉法」。

顯然，司馬光的建議已被採納。

從〈乞趁時收糴常平斛斗白劄子〉我們知道，元祐元年的國家諸路，除部分州軍遭遇水災外，豐收的地方還有不少。司馬光請朝廷特詔諸路提點刑獄司，乘有糴本，令豐收州縣的官吏，在市價基礎上，「多添錢數，廣行收糴」。

我們從中讀到常平倉法：「以豐歲穀賤傷農，故官中比在市添價收糴，使蓄積之家無由抑塞農夫，須令賤糶；凶歲穀貴傷民，故官中比在市減價出糶，使蓄積之家無由邀勒貧民，須令貴糴。物價常平，公私兩利。」就是說豐年糧價過低，政府就以高於市價的價格收購，使富戶無法剝削農民；災年糧價過高，政府就以低於市價的價格出售，使富戶無法刻薄窮人。司馬光認為「此乃三代之良法也」。至於過去執行中出現的弊病，「此乃法因人壞，非法之不善也」。

針對那些弊病，司馬光設計出如下方案：「令州縣各勒行人，將十年以來，在市斛斗價例比較，立定貴賤，酌中價例，然後將逐色價分為三等，自幾錢至幾錢為中等價，幾錢以上為上等價，幾錢以下為下等價，令逐處臨時斟酌加減，務在合宜。既約定三等價，仰自今後，州縣每遇豐歲，斛斗價賤至下等之時，即比市價相度添錢，開場收糴；凶年斛斗價貴至上等之時，即比市價相度減錢，開場出糶；若在市見價，只在中等之內，即不糴糶。更不申取本州及上司指揮，免有稽滯失時之患。」意思是說，各州縣參考十年以來的糧價，將所有價格按貴賤分為上、中、下三等。

州縣每遇豐年，糧價低至下等價，即適當提價收購；災年糧價貴至上等價，即適當降價出售；糧價在中等，不購也不售。不再向州及上司請示，以免延誤時機。此外，司馬光還制訂了相應的獎懲方案。

五月二十九日，監察御史上官均奏：「今之議者，必以為往時之散青苗錢，出於抑配，故有前日之弊；今則募民之願取者，然後與之，而有司又不以多散為功，在民必以為優。臣以為不然。……故臣願行閏二月八日詔書，罷去青苗法，復常平昔年平糴之法，茲萬世之通利也。」看來，對於廢除青苗法、恢復常平倉法，當時朝中仍有爭議。

七月初十日，劉摯奏：「……朝廷患常平之弊，並用舊制，施行曾未累月，復變為青苗之法，其後又下詔切責首議之臣，而斂散之事，至今行之如初。」由此判斷，常平法與青苗法的爭奪，是相當激烈的。

當初，同知樞密院范純仁以國用不足，請再散青苗錢。可能因此，四月二十六日遂有旨意。

當時司馬光已請病假，所以沒有參與。之後臺諫官員都認為那樣不對，但未有批覆。

八月，司馬光上〈乞約束州縣不得抑配青苗白劄子〉，詔從之。

在劄子中我們可以讀到四月二十六日的旨意：「昨於四月二十六日，有敕命令給常平錢穀，限二月或正月，只為人戶欲借請者，及時得用；又令半留倉庫、半出給者，只為所給不得輒過此數；至於取人戶情願、不得抑配，一遵先朝本意。」意思是說當時令出貸常平錢糧，限正月、二月，只為須借貸的人戶，及時能用；又令一半留存倉庫，一半出貸，出貸錢糧不得超過這個比例；至於全憑人戶情願，不得強派，盡遵先朝本意。這實際就是重行青苗法。

在劄子中，司馬光說：「檢會先朝初散青苗錢，本為利民，故當時指揮，並取人戶情願，不得抑配。自後因提舉官速要見功，務求多散，諷脅州縣，廢格詔書，名為情願，其實抑配，或舉縣勾集，或排門抄劄，亦有無賴子弟，謾昧尊長，錢不入家，亦有他人冒名詐偽請去，莫知為誰，及至追催，皆歸本戶。」意思是說，先朝散青苗錢的本意是為利民，都憑情願，只是後來提舉官急功近利，力求多散，所以才出現後來的弊病。

然後司馬光說到四月二十六日的旨意：「慮恐州縣不曉敕意，將謂朝廷復欲多散青苗錢，廣收利息，勾集抑配，督責嚴急，一如向日置提舉官時。今欲續降指揮，下諸路提點刑獄司，告示州縣，並須候人戶自執狀結保赴縣，乞請常平錢之時，方得勘會，依條支給，不得依前勾集抄劄，強行抑配。仍仰提點刑獄，常切覺察，如有官吏，似此違法騷擾者，即時取勘施行；若提點刑獄不切覺察，委轉運司、安撫司覺察，聞奏。」意思是說，擔心各州縣不明白朝廷的意圖，以為又要多散，又要催逼，因此請朝廷再下一道詔令，約束州縣官員，一定保障確屬自願。由此來看，當時的司馬光是支持重散青苗錢的，起碼不反對。

其後，蘇軾奏請徹底廢除青苗法，他說：「熙寧之法，未嘗不禁抑配，而其為害也至此。民家量入為出，雖貧亦足，若令分外得錢，則費用自廣。今許人情願，是為設法罔民，使快一時非理之用，而不慮後日催納之患，非良法也。」意思是說，熙寧時並非不禁止強派，結果也造成那樣大的危害。老百姓量入為出，雖然窮點，也能自足，要讓他額外得錢，花費自然就多了。現在准許自願借貸，是設法欺騙老百姓，使圖一時之快，胡亂花費，而不考慮日後的催討，這樣的法，不是好法。當時王岩叟、朱光庭、王覿等，也紛紛上奏章，請求停散青苗錢，司馬光「始大悟」，於是，「力疾入朝」。

八月初六日，司馬光上〈乞罷散青苗錢白劄子〉：

昨於四月二十六日降指揮，令於正月、二月支散常平倉錢穀，竊慮州縣多不曉朝廷之意，將謂卻欲廣散青苗錢，多收利息，嚴行督責，一如未罷提舉官時。勘會青苗錢，利民甚少，害民極多，臣民上言，前後非一。今欲遍行指揮下諸路提點刑獄司，自今後，其常平倉錢穀，只令州縣依舊法趁時糴糶，其青苗錢更不支俵，所有舊欠二分之息，盡皆除放，只令提點刑獄，契勘（宋公文用語，審核）逐州縣元支本錢，隨見欠多少，分作料次，令隨稅送納。

（《傳家集》卷五十六）

詔從之。至此，青苗法徹底廢除。史書上說，當時司馬光在簾外，平靜地讀完以上劄子之後，說：「不知是何奸邪勸陛下復行此事？」

前文說過，范純仁曾以國用不足，請再散青苗錢。此時范純仁正好在場，聞之色變，直往後退，不敢吭聲。

鞠躬盡瘁

元豐八年（西元一〇八五年）九月十七日，奉聖旨校定《資治通鑑》。這項工作一直持續到元祐元年（西元一〇八六年）的十月十四日；當日，奉聖旨《資治通鑑》下杭州鏤板。宋代主要還是雕版印刷，當時的杭州印刷業發達。

與此同時，另一部書《稽古錄》也在撰寫中。元祐元年（西元一〇八六年）三月十四日，宰相司馬光請將已編訖的《稽古錄》二十卷，送祕書省正字范祖禹等，令抄寫進呈；並請將來經筵，讀祖宗《寶訓》畢，取此書進讀。又請特差校書郎黃庭堅，與范祖禹、司馬康共同校定《資治通鑑》，皇帝准許了。

由〈乞令校定資治通鑑所寫稽古錄劄子〉我們知道，《稽古錄》共二十卷，是在《歷年圖》及《國朝百官公卿表》的基礎上續修而成。《歷年圖》五卷，上起周威烈王二十三年（西元前四〇三年），下訖周世宗顯德六年（西元九五九年）；《國朝百官公卿表》上起宋太祖建隆元年（西元九六〇年），下訖宋英宗治平四年（西元一〇六七年）。此次的續修部分，上起伏羲，下至周威烈王二十二年。司馬光說：「臣聞史者，今之所以知古，後之所以知先，是故人主不可以不觀史，善者可以為法，不善者可以為戒。」《稽古錄》實際就是一部通史簡編。哲宗皇帝現在還不滿十周歲，讀《資治通鑑》太費力，所以司馬光又特為撰寫了《稽古錄》。

從〈乞黃庭堅同校資治通鑑劄子〉中我們知道，去年九月十七日的聖旨，是令祕書省正字范祖禹、司馬康用副本重新校定《資治通鑑》；近日又有聖旨，令據已校畢的定本，陸續送國子監鏤板。司馬光認為《資治通鑑》「卷帙稍多」，而范祖禹此前差充修《神宗皇帝實錄》檢討官，有他的本職工作，「慮恐日近，校定不辦，有妨鏤板。」擔心會影響到校定的進度。「臣竊見祕書省校書郎黃庭堅，好學有文，即日在本省，別無職事。」因此司馬光請特差黃庭堅，令與范祖禹、司馬康共同校定《資治通鑑》，「所貴早得了當」。我們似乎可以讀出司馬光的焦急，他大概希望能在有生之年，見到此事的完成，但最終還是留下遺憾。

當時，祕書少監劉攽等奏：「先與故祕書丞劉恕同編修《資治通鑑》，恕於此書立功最多；及此書成，編修屬官皆蒙甄錄，惟恕身亡，其家獨未沾恩，子孫並無人食祿。請援黃鑑、梅堯臣例，除一子官。」意思是說司馬光的助手中間，劉恕對《資治通鑑》的貢獻最大，但不幸早亡，沒有得到任何褒獎，請錄劉恕一個兒子為官，主編司馬光接著也為劉恕奏請。七月初六日，下旨准許劉恕一個兒子為官，官階為郊社齋郎。

在〈乞官劉恕一子劄子〉裡，司馬光對這位助手給予極高的評價，然後說：「所以攽等眾共推先，以為功力最多。不幸早夭，不見書成。未死之前，未嘗一日捨書不修。今書成奏御，臣等皆蒙天恩，褒賞甚厚，獨恕一人不得沾預，降為編戶，良可矜憫。欲乞如攽等所奏，用黃鑑、梅堯臣例，除一子官，使其平生苦心竭力，不為虛設。」

元祐元年（西元一〇八六年），司馬光又有《徽言》，在序中司馬光說：「餘少好讀書，老而不厭，然昏耄日甚，不能復記。暇日因讀諸子史集，採其義與經合者，錄而存之。苦於秉筆之勞，或但撮其精要，注所出於其下，欲知其詳，則取本書證之，命曰《徽言》。置諸左右，時取觀以自儆，且詔（教誨）子孫。涑水迂叟，時年六十八。」又於書末題寫：「余此書類舉人鈔書，然舉子所鈔獵其詞，余所鈔覈其意；舉人志科名，余志道德。迂叟年六十八。」從序和跋來看，這是一本司馬光在元祐元年（西元一〇八六年）的讀書筆記。看來，司馬光即便處理政務之餘，仍然讀書不輟，學者就是這樣養成的。據說《徽言》「所鈔自《國語》而下六書，其目三百一十有二」，且「小楷端謹」。意思是說《徽言》共計三百一十二條，內容涉及《國語》等六部書，全是用小楷書寫，書法端正謹嚴，那是司馬光一貫的風格。

我們還記得，仁宗嘉祐（西元一〇五六年—一〇六三年）年間司馬光曾論繼嗣，談皇帝的繼承人的問題。當時的殿中侍御史陳洙，也上奏請選宗室中賢者，立以為後，奏狀發出後，他就對家裡人說，我今天上一奏狀，談社稷大計，若得罪，重則處死，輕則貶竄，你們要有心理準備。但送奏狀的人還沒回來，陳洙就突然得急病去世了。

司馬光在〈乞官陳洙一子劄子〉中說：「臣時為諫官，親聞見此事；竊憐其亡身徇國，繼之以死，而天下莫之知。近見故職方員外郎張術，亦以當時乞建儲貳，子申伯特補太廟齋郎。伏望聖慈依張術例，除一子官，以旌忠義。」請求朝廷給予陳洙褒獎。

八月初八日，司馬光上〈薦王大臨劄子〉。司馬光在鄆州（今山東省鄆城縣）時曾負責州學，王大臨當時在州學就讀，司馬光特別器重他。王大臨後來一直沒有做官，是一「處士」；但他「通經術，善講說，安仁樂義，譽高鄉曲，貧不易志，老不變節」。就是說這個人學問不錯，口才也好，安於仁，樂於義，在鄉里聲望很高，他不因貧窮改變志向，不因年老放棄操守。而且，過去朝廷曾有徵召，王大臨堅辭不起，朝廷要授給他官職，但他拒絕了。司馬光請將他召致京師，任為學官（國子監的教師），以為讀書人的表率。八月十二日，詔以鄆州處士王大臨為太學錄。但可惜的是，王大臨此時已經去世了。

本年的四月十四日，詔執政大臣各舉可充館閣者三人。北宋有昭文館、史館、集賢院以及祕閣、龍圖閣等，掌圖書經籍和編修國史等，通稱館閣。司馬光曾建議設十科舉士，此詔令正符合他的主張。四月二十四日，司馬光上〈舉張舜民等充館閣劄子〉，說：「臣竊見奉議郎張舜民，材氣秀異，讀書能文，剛直敢言，竭忠憂國；通直郎孫準，學問優博，文辭宏贍，行義無缺，久淹下僚；河南府左軍巡判官劉安世，才而自晦，願而有立，力學修己，恬於進取。其人並堪充館閣之選。」又說：「如後不如所舉，臣甘當同罪。」如果名不副實，情願受罰。六月十六日，「詔候過明堂，令學士院試；其在外者，召赴闕」。讓學士院組織考試，在外地的召至京師。

不久，孫準出了問題。八月二十六日，司馬光上〈所舉孫準有罪自劾劄子〉，說：「臣舉通直郎孫準，近聞孫準與妻趙氏，因爭女使，與妻兄趙元裕相論，訴狀內有虛妄事，罰銅六斤。臣昧於知人，所舉有罪，理當連坐，乞賜責降。」孫準因為女僕，與妻子發生爭執，到後來發展為與妻兄的官司，司馬光請求責罰。

皇帝批示：「準緣私家小事罰金，安有連坐？」司馬光在〈所舉孫準有罪自劾第二劄子〉中說：「臣先舉孫準行義無缺，堪充館閣之選，如後不如所舉，甘當同罪。近聞準與妻家爭訟，罰銅六斤，臣奏乞連坐責降，伏蒙聖慈批還云，孫準為家私小事罰銅，安有連罪。伏緣臣舉狀，稱準行義無缺，今準閨門不睦，妻妾交爭，是行義有缺，於臣為貢舉非其人，臣不敢逃刑。況臣近奏十科，或有不如所舉，其舉主從貢舉非其人律科罪，雖見為執政，朝廷所不可輟者，亦須降官示罰。臣備位宰相，身自立法，首先犯之，此而不行，何以齊眾？乞如臣所奏，從貢舉非其人律施行，所貴率厲群臣，審慎所舉。」

司馬光這是要拿自己開刀，上不從，後僅詔孫準不再召試館職。八月十二日是個沉重的日子。當天司馬光因病發作，不得不提前離開「都堂」，於是請假，從此再沒能回來。司馬光在稍後的〈後殿常起居乞拜劄子〉裡說：「臣竊以人臣見君，禮無不拜，文彥博年齡位望，皆遠逾於臣，每後殿起居，猶須拜伏，獨臣一人，恩旨不拜，忝為臣子，實不自安。」因此奏請：「今後遇文彥博入朝，與之同班，不入朝，即別為一班，依群臣例常起居」，他似乎對自己的身體非常有信心：「況臣自揣，近日筋力微（微）增，若得臣男扶掖，其常起居四拜，殊不為難。」這可能就是人們常說的迴光返照。

八月二十一日，司馬光辭明堂大禮使。在〈辭大禮使劄子〉中司馬光不無遺憾地說：「臣先奉敕差充明堂大禮使。伏緣臣自去冬以來，腳膝無力，拜起艱難；至今正月下旬，全妨拜起，遂請朝假；至今首尾八個月，若無人扶掖，委實獨自拜起不得。每次朝見，幸蒙聖恩許男扶掖，將來饗明堂，在上帝前不可使人扶掖，又隨皇帝陟降拜伏，必恐未能一一如禮。欲望聖慈矜憫，別賜差官充大禮使。」

八月二十四日，司馬光辭明堂宿衛。在〈辭明堂宿衛劄子〉裡，司馬光表達了自己的慚愧：「臣先奉聖旨，將來明堂特與免侍祠、攝事、導駕及稱賀陪位、肆赦立班，止令宿衛。在於人臣，恩禮優厚，無以復加，損生隕命，不足酬報，然臣日近患左足，掌底腫痛，全然履地不得，跬步不能行，未知痊癒之期，所有將來明堂宿衛，亦恐祇赴不得。伏望聖慈，特賜矜免。乞恩不已，慚懼無地。」

然後，辭提舉修《神宗皇帝實錄》。在〈辭提舉修實錄劄子〉中的司馬光，已經很茫然：「臣先奉敕，差提舉修《神宗皇帝實錄》。臣自受命以來，以衰羸多病，罕曾得到局供職；日近又患左足腫痛，不能履地，日甚一日，未有痊癒之期。所有修《神宗皇帝實錄》，伏乞別賜差官提舉。」

以上三道劄子好像晚會結束前演員們的頻頻謝幕；但要結束的不是晚會，而是司馬光的人生。雖然明知道司馬光已是古人，但我仍不由自主為之一震，有如天空響過一聲驚雷。

元祐元年（西元一〇八六年）九月丙辰朔，即九月初一日，尚書左僕射兼門下侍郎司馬光卒於西府，享年六十八歲。

據史書記載，從司馬光出任門下侍郎算起，到九月初一日的去世，前後不過一年多的時間，但患病就占去了一半。司馬光每每要以身殉社稷，親自處理政務，不捨晝夜，賓客見他身體弱，勸他：「諸葛孔明二十罰以上皆親之，以此致疾，公不可以不戒。」意思是說當年諸葛亮就是因為過於操勞，才終於病倒，先生不可不引以為戒。司馬光說：「死生，命也。」反而更加投入。彌留之際，意識已經模糊，口中仍念念有詞，像是在說夢話，可內容都是關乎朝廷天下的大事。司馬光去世以後，家人發現八頁未及上呈的奏章，全是手劄，論當世要務。司馬光可謂鞠躬盡瘁。

太皇太后聽到噩耗，「哭之慟」，年輕的皇帝也相當傷感，落淚不止；明堂禮畢，親臨祭奠致哀，暫停上朝，「贈太師、溫國公，襚以一品禮服，謚曰文正。贈銀三千兩、絹四千匹，賜龍腦、水銀以斂」。又命戶部侍郎趙瞻、內侍省押班馮宗道，護送靈柩回夏縣安葬，並「官其親族十人，篆表其墓道曰『忠清粹德之碑』」。百姓的反應相當令人感動：「及卒，京師之民皆罷市往弔，畫其像，刻印鬻之，家置一本，飲食必祝焉。四方皆遣人求之京師，時畫工有致富者。及葬，四方來會者蓋數萬人，哭之如哭其私親。」

蘇軾曾談到司馬光所以感人心、動天地的原因，概括為兩個字：「誠」和「一」。蘇軾又曾轉述司馬光的話：「吾無過人，但平生所為，未嘗有不可對人言耳。」——我沒什麼過人之處，但平生所做所為，沒有不能對人說的。史官認為：《傳》所謂「微之顯，誠之不可掩」，《詩》所謂「相在爾室，尚不愧於屋漏」，司馬光真的做到了。

生命終究有結束的一天。司馬光的生命，本可以再長一點，但為了國家，他過於拼命：事必躬親，然後心安。司馬光為人低調而樸素，平生所作所為，沒有不能對人說的，這話聽起來簡單，做起來卻很難。捫心自問，我們有誰能夠做到？這就是過人之處。「誠」和「一」不僅感動了蘇軾，感動了皇帝和太皇太后，也感動了當時千千萬萬素昧平生的百姓，同樣還感動了後世的人們：「忠清粹德之碑」在宋代被推倒，卻又在明代被立起，這通巨碑穿越近千年的歷史風煙，接受著人們的讚歎與景仰。

參考文獻

[1]［宋］司馬光撰《司馬文正公傳家集》，商務印書館，一九三七年。
[2]［宋］司馬光撰《涑水記聞》，中華書局，一九八九年。
[3]［宋］司馬光編著，［元］胡三省音注《資治通鑑》，中華書局，一九九七年年。
[4] 李裕民校注《司馬光日記校注》，中國社會科學出版社，一九九四年年。
[5]［唐］房玄齡等撰《晉書》，中華書局，一九七四年。
[6]［宋］馬永卿輯，［明］王崇慶解《元城語錄解》，中華書局，一九八五年。
[7]［宋］方勺撰《泊宅編》，中華書局，一九八三年。
[8]［宋］王辟之撰《澠水燕談錄》，中華書局，一九八一年。
[9]［宋］葉夢得撰《石林燕語》，中華書局，一九八四年。
[10]［宋］孫升撰《孫公談圃》，中華書局，一九九一年。
[11]［宋］莊綽撰《雞肋編》，中華書局，一九八三年。
[12]［宋］朱弁撰《曲洧舊聞》，中華書局，二〇〇二年。
[13]［宋］吳處厚撰《青箱雜記》，中華書局，一九八五年。
[14]［宋］宋敏求撰《春明退朝錄》，中華書局，一九八〇年。
[15]［宋］李燾撰《續資治通鑑長編》，中華書局，一九九〇年。
[16]［宋］沈括撰《元刊夢溪筆談》，文物出版社，一九七五年。
[17]［宋］蘇轍撰《龍川略志》，中華書局，一九八二年。
[18]［宋］邵伯溫撰《邵氏聞見錄》，中華書局，一九八三年。

參考文獻

[19]［宋］邵博撰《邵氏聞見後錄》，中華書局，一九八三年。
[20]［宋］陸游撰《老學庵筆記》，中華書局，一九七九年。
[21]［宋］周輝撰，劉永翔校注《清波雜誌校注》，中華書局，一九九四年。
[22]［宋］孟元老撰，鄧之誠注《東京夢華錄注》，中華書局，一九八二年。
[23]［宋］范鎮撰《東齋記事》，中華書局，一九八〇年。
[24]［宋］洪邁撰《容齋隨筆》，上海古籍出版社，一九七八年。
[25]［宋］趙彥衛撰《雲麓漫鈔》，中華書局，一九九六年。
[26]［宋］蔡絛撰《鐵圍山叢談》，中華書局，一九八三年。
[27]［宋］魏泰撰《東軒筆錄》，中華書局，一九八三年。
[28]［元］馬端臨撰《文獻通考》，中華書局，一九八六年。
[29]［元］脫脫等撰《宋史》，中華書局，一九七七年。
[30]［明］李濂撰《汴京遺跡志》，中華書局，一九九九年。
[31]［明］陳邦瞻編《宋史紀事本末》，中華書局，一九七七年。
[32]［清］畢沅編著《續資治通鑑》，上海古籍出版社，一九八七年。
[33]《王安石年譜三種》，中華書局，一九九四年。
[34]錢穆著《國史大綱》，商務印書館，一九九六年。
[35]譚其驤主編《中國歷史地圖集》（宋·遼·金時期），中國地圖出版社，一九八二年。
[36]包偉民主編《宋代社會史論稿》，山西古籍出版社，二〇〇五年。
[37]伊永文著《行走在宋代的城市》，中華書局，二〇〇五年。
[38]何紅豔主編《中國地圖冊》，地圖出版社，二〇〇七年。
[39]宋衍申著《司馬光傳》，北京出版社，一九九〇年。
[40]張邦煒著《婚姻與社會（宋代）》，四川人民出版社，一九八九年。

[41] 李昌憲著《司馬光評傳》，南京大學出版社，一九九八年。
[42] 楊明珠編著《司馬光塋祠碑誌》，文物出版社，二〇〇四年。
[43] 陳光崇著《通鑑新論》，遼寧教育出版社，一九九九年。
[44] 尚恆元等編《司馬光軼事類編》，山西人民出版社，一九九二年。
[45] 顧奎相著《司馬光》，黑龍江人民出版社，一九八五年。
[46] 趙冬梅著《司馬光和他的時代》，生活·讀書·新知三聯書店，二〇一四年。

附錄一　司馬光年表

天禧三年（西元一〇一九年）一歲

生於光州光山縣（今河南省光山縣）。

天聖三年（西元一〇二五年）七歲砸缸救人。

聽講《左傳》，就能領會大意，對史學產生濃厚興趣。

寶元元年（西元一〇三八年）二十歲進士及第，名列進士甲科。與父親好友張存之女結婚。任奉禮郎、華州（治今陝西省渭南市華州區）判官；胸懷天下，睡夢中常匆忙爬起，穿好官服，手執笏板，正襟危坐很長時間。

寶元二年（西元一〇三九年）二十一歲，自發為已故儒者顏太初編文集並作序。父親司馬池同州知州任滿，調任杭州（治今浙江省杭州市）知州；為方便侍奉雙親，請求朝廷批准，改任蘇州（治今江蘇省蘇州市）判官。

康定元年（西元一〇四〇年）二十二歲，為父親作〈論兩浙不宜添置弓手狀〉。母親聶氏逝世，辭官回家，為亡母守孝。父親司馬池調任虢州（治今河南省靈寶市）知州；隨至虢州。

慶曆元年（西元一〇四一年）二十三歲，父親司馬池在晉州（治今山西省臨汾市堯都區）知州任上病逝，享年六十三歲；繼續為亡父守孝。

慶曆二年（西元一〇四二年）二十四歲，葬父於陜州夏縣（今山西省夏縣）涑水南原晁村祖墳，與先夫人曹氏、母夫人聶氏合葬，並請父親生前好友龐籍撰碑銘。
按照禮制為父母守孝多年，因為哀傷過度而極端消瘦。
慶曆四年（西元一〇四四年）二十六歲，守孝已滿，任武成軍（即滑州，治今河南省滑縣）判官。
慶曆六年（西元一〇四六年）二十八歲，任大理評事。
慶曆七年（西元一〇四七年）二十九歲，任國子直講。
貝州（治今河北省清河縣西）軍卒王則發動叛亂，寫信給恩師、樞密副使龐籍，竭力為平叛出謀劃策。
慶曆八年（西元一〇四八年）三十歲，任館閣校勘。
皇祐二年（西元一〇五〇）三十二歲，任同知太常禮院。
上〈論麥允言給鹵簿狀〉、〈論張堯佐除宣徽使狀〉。
皇祐四年（西元一〇五二年）三十四歲，與禮院同僚上〈論夏竦諡狀〉、〈論夏竦謚第二狀〉。
皇祐五年（西元一〇五三年）三十五歲，龐籍知鄆州（治今山東省東平縣）事、兼京東西路安撫使；被辟為幕僚，任鄆州判官。
至和二年（西元一〇五五年）三十七歲，龐籍調任河東路（治今山西省太原市）經略安撫使、知并州（治今山西省太原市），改任并州通判。
嘉祐元年（西元一〇五六年）三十八歲，上〈請建儲副或進用宗室第一狀〉、〈請建儲副或進用宗室第二狀〉、〈請建儲副或進用宗室第三狀〉。

嘉祐二年（西元一〇五七年）三十九歲，受龐籍委派，視察麟州（治今陝西省神木縣北）。奉調回京，改任太常博士、祠部員外郎、直祕閣、判吏部南曹。

上奏章陳述事情原委，為恩公龐籍辯解，包攬責任，請求責罰。

嘉祐三年（西元一〇五八年）四十歲，任開封府推官，上〈乞虢州第一狀〉、〈乞虢州第二狀〉。

嘉祐四年（西元一〇五九年）四十一歲，任判三司度支勾院，上〈乞虢州第三狀〉。

嘉祐五年（西元一〇六〇年）四十二歲，與王安石同修起居注。

嘉祐六年（西元一〇六一年）四十三歲，上〈論制策等第狀〉，論蘇軾兄弟試卷。

上〈乞施行制策劄子〉，又與同僚王樂道同上〈論燕飲狀〉等。

嘉祐七年（西元一〇六二年）四十四歲，被任命為知制誥，又令兼任侍講，九辭，改為天章閣待制，並令仍知諫院。

嘉祐八年（西元一〇六三年）四十五歲，仁宗駕崩，皇子趙曙即位，是為英宗。

上〈上皇太后疏〉、〈上皇帝疏〉、〈上兩宮疏〉等，調和皇帝與太后矛盾。

治平元年（西元一〇六四年）四十六歲，接連六上奏章，請求停止徵召陝西百姓為義勇，義勇即民兵。

治平二年（西元一〇六五年）四十七歲，上〈言北邊上殿劄子〉、〈言西邊上殿劄子〉，論國防。

治平三年（西元一〇六六年）四十八歲，受命編輯歷代君臣事蹟。書局成立，書局即編輯部，設在崇文院。

治平四年（西元一〇六七年）四十九歲，英宗駕崩，太子趙頊即位，是為神宗。被任命為翰林學士，四辭，改為權御史中丞兼侍讀學士。

邇英閣首次進讀《通志》，神宗賜給書名《資治通鑑》及親自作序，又賜給潁邸舊書二千四百零二卷，潁邸是神宗作太子時的府邸。

熙寧元年（西元一〇六八年）五十歲，上〈議謀殺已傷案問欲舉而自首狀〉，論謀殺案。

熙寧三年（西元一〇七〇年）五十二歲，被任命為樞密副使，六辭。作〈與王介甫書〉、〈與王介甫第二書〉、〈與王介甫第三書〉。

被任命為端明殿學士、知永興軍，後又受宣永興一路都總管、安撫使，凡事長施行及傳宣永興軍（指京兆府，治今陝西省西安市）、同（治今陝西省大荔縣）、華（治今陝西省渭南市華州區）、乾（治今陝西省乾縣）、商（治今陝西省商洛市）、虢（治今河南省靈寶市）、解州（治今山西省運城市鹽湖區解州鎮），陝（治今河南省三門峽市陝州區）、河中（治今山西省永濟市蒲州鎮）、慶成軍（治今山西省萬榮縣榮河鎮）依此，都總管及安撫使的權力，限於以上十個腹地州軍。

熙寧四年（西元一〇七一年）五十三歲，調任判西京御史臺。

熙寧五年（西元一〇七二年）五十四歲，奏准朝廷，書局遷至洛陽。

熙寧六年（西元一〇七三年）五十五歲，建「獨樂園」，作〈獨樂園記〉。

元豐五年（西元一〇八二年）六十四歲，作〈洛陽耆英會序〉。

元豐七年（西元一〇八四年）六十六歲，《資治通鑑》書成，神宗賜詔嘉獎。

元豐八年（西元一〇八五年）六十七歲，神宗駕崩，太子趙煦即位，是為哲宗；奔神宗皇帝喪。上〈乞開言路劄子〉等。被任命為門下侍郎，即副宰相，兩辭才接受。

元祐元年（西元一〇八六年）六十八歲，被任命為宰相，三辭才接受。陸續廢除新法。在宰相任上逝世。

附錄二　司馬光傳

司馬光，字君實，陝州夏縣人也。父池，天章閣待制。光生七歲，凜然如成人，聞講《左氏春秋》，愛之，退為家人講，即了其大指。自是手不釋書，至不知飢渴寒暑。群兒戲於庭，一兒登甕，足跌沒水中，眾皆棄去，光持石擊甕破之，水迸，兒得活。其後京、洛間畫以為圖。仁宗寶元初，中進士甲科。年甫冠，性不喜華靡，聞喜宴獨不戴花，同列語之曰：「君賜不可違。」乃簪一枝。

除奉禮郎，時池在杭，求簽蘇州判官事以便親，許之。丁內外艱，執喪累年，毀瘠如禮。服除，簽書武成軍判官事，改大理評事，補國子直講。樞密副使龐籍薦為館閣校勘，同知禮院。中官麥允言死，給鹵簿。光言：「繁纓以朝，孔子且猶不可。允言近習之臣，非有元勳大勞而贈以三公官，給一品鹵簿，其視繁纓，不亦大乎。」夏竦賜謚文正，光言：「此謚之至美者，竦何人，可以當之？」改文莊。加集賢校理。從龐籍辟，通判并州。麟州屈野河西多良田，夏人蠶食其地，為河東患。籍命光按視，光建：「築二堡以制夏人，募民耕之，耕者眾則糴賤，亦可漸紓河東貴糴遠輸之憂。」籍從其策；而麟將郭恩勇且狂，引兵夜渡河，不設備，沒於敵，籍得罪去。光三上書自引咎，不報。籍沒，光升堂拜其妻如母，撫其子如昆弟，時人賢之。

改直祕閣、開封府推官。交趾貢異獸，謂之麟，光言：「真偽不可知，使其真，非自至不足為瑞，願還其獻。」又奏賦以風。修起居注，判禮部。有司奏日當食，故事食不滿分，或京師不見，皆表賀。光言：「四方見、京師不見，此人君為陰邪所蔽；天下皆知而朝廷獨不知，其為災當益甚，不當賀。」從之。

同知諫院。蘇轍答制策切直，考官胡宿將黜之，光言：「轍有愛君憂國之心，不宜黜。」詔置末級。

仁宗始不豫，國嗣未立，天下寒心而莫敢言。諫官范鎮首發其議，光在并州聞而繼之，且貽書勸鎮以死爭。至是，復面言：「臣昔通判并州，所上三章，願陛下果斷力行。」帝沉思久之，曰：「得非欲選宗室為繼嗣者乎？此忠臣之言，但人不敢及耳。」光曰：「臣言此，自謂必死，不意陛下開納。」帝曰：「此何害，古今皆有之。」光退未聞命，復上疏曰：「臣向者進說，意謂即行，今寂無所聞，此必有小人言陛下春秋鼎盛，何遽為不祥之事。小人無遠慮，特欲倉卒之際，援立其所厚善者耳。『定策國老』、『門生天子』之禍，可勝言哉？」

帝大感動曰：「送中書。」光見韓琦等曰：「諸公不及今定議，異日禁中夜半出寸紙，以某人為嗣，則天下莫敢違。」琦等拱手曰：「敢不盡力。」未幾，詔英宗判宗正，辭不就，遂立為皇子，又稱疾不入。光言：「皇子辭不貲之富，至於旬月，其賢於人遠矣。然父召無諾，君命召不俟駕，願以臣子大義責皇子，宜必入。」英宗遂受命。

袞國公主嫁李瑋，不相能，詔出瑋衛州，母楊歸其兄璋，主入居禁中。光言：「陛下追念章懿太后，故使瑋尚主。今乃母子離析，家事流落，獨無雨露之感乎？瑋既黜，主安得無罪？」帝悟，降主沂國，待李氏恩不衰。進知制誥，固辭，改天章閣待制兼侍講、知諫院。時朝政頗姑息，胥史喧嘩則逐中執法，輦官悖慢則退宰相，衛士凶逆而獄不窮治，軍卒詈三司使而以為非犯階級。光言皆陵遲之漸，不可以不正。充媛董氏薨，贈淑妃，輟朝成服，百官奉慰，定謚，行冊禮，葬給鹵簿。光言：「董氏秩本微，病革方拜充媛。古者婦人無謚，近制惟皇后有之。鹵簿本以賞軍功，未嘗施於婦人。唐平陽公主有舉兵佐高祖定天下功，乃得給。至韋庶人始令妃主葬日皆給鼓吹，非令典，不足法。」時有司定後宮封贈法，后與妃俱贈三代，光論：「妃不當與后同，袁盎引卻慎夫人席，正為此耳。天聖親郊，太妃止贈二代，而況妃乎？」英宗立，遇疾，慈聖光獻後同聽政。光上疏曰：「昔章獻明肅有保佑先帝之功，特以親用外戚小人，負謗海內。今攝政之際，大臣忠厚如王曾，清純如張知白，剛正如魯宗道，質直如薛奎者，當信用之；猥鄙如馬季良，讒諂如羅崇勳者，當疏遠之，則天下服。」帝疾瘉，光料必有追隆本生事，即奏言：「漢宣帝為孝昭後，終不追尊衛太子、史皇孫；光武上繼元帝，亦不追尊鉅鹿、南頓君，此萬世法也。」後詔兩制集議濮王典禮，學士王珪等相視莫敢先，光獨奮筆書曰：「為人後者為之子，不得顧私親。王宜准封贈期親尊屬故事，稱為皇伯，高官大國，極其尊榮。」議成，珪即命吏以其手稿為按。既上與大臣意殊，御史六人爭之力，皆斥去。光乞留之，不可，遂請與俱貶。

初，西夏遣使致祭，延州指使高宜押伴，傲其使者，侮其國主，使者訴於朝。光與呂誨乞加宜罪，不從。明年，夏人犯邊，殺略吏士。趙滋為雄州，專以猛悍治邊，光論其不可。至是，契丹之民捕魚界河，伐柳白溝之南，朝廷以知雄州李中佑為不材，將代之。光謂：「國家當戎夷附順時，好與之計較末節，及其桀驁，又從而姑息之。近者西禍生於高宜，北禍起於趙滋；時方賢此二人，故邊臣皆以生事為能，漸不可長。宜敕邊吏，疆埸細故輒以矢刃相加者，罪之。」

仁宗遺賜直百餘萬，光率同列三上章，謂：「國有大憂，中外窘乏，不可專用乾興故事。若遺賜不可辭，宜許侍從上進金錢佐山陵。」不許。光乃以所得珠為諫院公使錢，金以遺舅氏，義不藏於家。後還政，有司立式，凡後有所取用，當覆奏乃供。光云：「當移所屬使立供已，乃具數白後，以防矯偽。」

曹佾無功除使相，兩府皆遷官。光言：「陛下欲以慰母心，而遷除無名，則宿衛將帥、內侍小臣，必有覬望。」已而遷都知任守忠等官，光復爭之，因論：「守忠大奸，陛下為皇子，非守忠意，沮壞大策，離間百端，賴先帝不聽；及陛下嗣位，反覆交構，國之大賊。乞斬於都市，以謝天下。」責守忠為節度副使，蘄州安置，天下快之。

詔刺陝西義勇二十萬，民情驚撓，而紀律疏略不可用。光抗言其非，持白韓琦。琦曰：「兵貴先聲，諒祚方桀驁，使驟聞益兵二十萬，豈不震懾？」光曰：「兵之貴先聲，為無其實也，獨可欺之於一日之間耳。今吾雖益兵，實不可用，不過十日，彼將知其詳，尚何懼？」琦曰：「君但見慶曆間鄉兵刺為保捷，憂今復然，已降敕榜與民約，永不充軍戍邊矣。」光曰：「朝廷嘗失信，民未敢以為然，雖光亦不能不疑也。」琦曰：「吾在此，君無憂。」光曰：「公長在此地，可也；異日他人當位，因公見兵，用之運糧戍邊，反掌間事耳。」琦嘿然，而訖不為止。不十年，皆如光慮。

王廣淵除直集賢院，光論其奸邪不可近：「昔漢景帝重衛綰，周世宗薄張美。廣淵當仁宗之世，私自結於陛下，豈忠臣哉？宜黜之以厲天下。」進龍圖閣直學士。神宗即位，擢為翰林學士，光力辭。帝曰：「古之君子，或學而不文，或文而不學，惟董仲舒、揚雄兼之。卿有文學，何辭為？」對曰：「臣不能為四六。」帝曰：「如兩漢制詔可也；且卿能進士取高第，而云不能四六，何邪？」竟不獲辭。

御史中丞王陶以論宰相不押班罷，光代之，光言：「陶由論宰相罷，則中丞不可復為。臣願俟既押班，然後就職。」許之。遂上疏論修心之要三：曰仁，曰明，曰武；治國之要三：曰官人，曰信賞，曰必罰。其說甚備。且曰：「臣獲事三朝，皆以此六言獻，平生力學所得，盡在是矣。」御藥院內臣，國朝常用供奉官以下，至內殿崇班則出；近歲暗理官資，非祖宗本意。因論高居簡奸邪，乞加遠竄。章五上，帝為出居簡，盡罷寄資者。既而復留二人，光又力爭之。張方平參知政事，光論其不葉物望，帝不從。還光翰林兼侍讀學士。

光常患歷代史繁，人主不能遍鑑，遂為《通志》八卷以獻。英宗悅之，命置局祕閣，續其書。至是，神宗名之曰《資治通鑑》，自製〈序〉授之，俾日進讀。詔錄潁邸直省官四人為閤門祇候，光曰：「國初草創，天步尚艱，故御極之初，必以左右舊人為腹心耳目，謂之隨龍，非平日法也。閤門祇候在文臣為館職，豈可使廝役為之。」

西戎部將嵬名山欲以橫山之眾，取諒祚以降，詔邊臣招納其眾。光上疏極論，以為：「名山之眾，未必能制諒祚。幸而勝之，滅一諒祚，生一諒祚，何利之有；若其不勝，必引眾歸我，不知何以待之。臣恐朝廷不獨失信諒祚，又將失信於名山矣。若名山餘眾尚多，還北不可，入南不受，窮無所歸，必將突據邊城以救其命。陛下不見侯景之事乎？」上不聽，遣將种諤發兵迎之，取綏州，費六十萬，西方用兵，蓋自此始矣。

百官上尊號，光當答詔，言：「先帝親郊，不受尊號。末年有獻議者，謂國家與契丹往來通信，彼有尊號我獨無，於是復以非時奉冊。昔匈奴冒頓自稱『天地所生日月所置匈奴大單于』，不聞漢文帝復為大名以加之也。願追述先帝本意，不受此名。」帝大悅，手詔獎光，使善為答辭，以示中外。執政以河朔旱傷，國用不足，乞南郊勿賜金帛。詔學士議，光與王珪、王安石同見，光曰：「救災節用，宜自貴近始，可聽也。」安石曰：「常袞辭堂饌，時以為袞自知不能，當辭位不當辭祿。且國用不足，非當世急務，所以不足者，以未得善理財者故也。」光曰：「善理財者，不過頭會箕斂爾。」安石曰：「不然，善理財者，不加賦而國用足。」光曰：「天下安有此理？天地所生財貨百物，不在民，則在官，彼設法奪民，其害乃甚於加賦。此蓋桑羊欺武帝之言，太史公書之以見其不明耳。」爭議不已。帝曰：「朕意與光同，然姑以不允答之。」會安石草詔，引常袞事責兩府，兩府不敢復辭。

安石得政，行新法，光逆疏其利害。邇英進讀，至曹參代蕭何事，帝曰：「漢常守蕭何之法不變，可乎？」對曰：「寧獨漢也，使三代之君常守禹、湯、文、武之法，雖至今存可也。漢武取高帝約束紛更，盜賊半天下；元帝改孝宣之政，漢業遂衰。由此言之，祖宗之法不可變也。」呂惠卿言：「先王之法，有一年一變者，『正月始和，布法象魏』是也；有五年一變者，巡守考制度是也；有三十年一變者，『刑罰世輕世重』是也。光言非是，其意以風朝廷耳。」帝問光，光曰：「布法象魏，布舊法也。諸侯變禮易樂者，王巡守則誅之，不自變也。刑新國用輕典，亂國用重典，是為世輕世重，非變也。且治天下譬如居室，敝則修之，非大壞不更造也。公卿侍從皆在此，願陛下問之。三司使掌天下財，不才而黜可也，不可使執政侵其事。今為制置三司條例司，何也？宰相以道佐人主，安用例？苟用例，則胥吏矣。今為看詳中書條例司，何也？」惠卿不能對，則以他語詆光。帝曰：「相與論是非耳，何至是。」光曰：「平民舉錢出息，尚能蠶食下戶，況懸官督責之威乎！」惠卿曰：「青苗法，願取則與之，不願不強也。」光曰：「愚民知取債之利，不知還債之害，非獨縣官不強，富民亦不強也。昔太宗平河東，立糴法，時米斗十錢，民樂與官為市。其後物貴而和糴不解，遂為河東世世患。臣恐異日之青苗，亦猶是也。」帝曰：「坐倉糴米何如？」坐者皆起，光曰：「不便。」惠卿曰：「糴米百萬斛，則省東南之漕，以其錢供京師。」光曰：「東南錢荒而粒米狼戾，今不糴米而漕錢，棄其有餘，取其所無，農末皆病矣！」侍講吳申起曰：「光言，至論也。」

它日留對，帝曰：「今天下洶洶者，孫叔敖所謂『國之有是，眾之所惡』也。」光曰：「然。陛下當論其是非。今條例司所為，獨安石、韓絳、惠卿以為是耳，陛下豈能獨與此三人共為天下邪？」帝欲用光，訪之安石。安石曰：「光外託劘上之名，內懷附下之實。所言盡害政之事，所與盡害政之人，而欲置之左右，使與國論，此消長之大機也。光才豈能害政，但在高位，則異論之人倚以為重。韓信立漢赤幟，趙卒氣奪，今用光，是與異論者立赤幟也。」

安石以韓琦上疏，臥家求退。帝乃拜光樞密副使，光辭之曰：「陛下所以用臣，蓋察其狂直，庶有補於國家。若徒以祿位榮之，而不取其言，是以天官私非其人也。臣徒以祿位自榮，而不能救生民之患，是盜竊名器以私其身也。陛下誠能罷制置條例司，追還提舉官，不行青苗、助役等法，雖不用臣，臣受賜多矣。今言青苗之害者，不過謂使者騷動州縣，為今日之患耳。而臣之所憂，乃在十年之外，非今日也。夫民之貧富，由勤惰不同，惰者常乏，故必資於人。今出錢貸民而斂其息，富者不願取，使者以多散為功，一切抑配。恐其逋負，必令貧富相保，貧者無可償，則散而之四方；富者不能去，必責使代償數家之負。春算秋計，輾轉日滋，貧者既盡，富者亦貧。十年之外，百姓無復存者矣。又盡散常平錢穀，專行青苗，它日若思復之，將何所取？富室既盡，常平已廢，加之以師旅，因之以饑饉，民之羸者必委死溝壑，壯者必聚而為盜賊，此事之必至者也。」抗章至七八，帝使謂曰：「樞密，兵事也，官各有職，不當以他事為辭。」對曰：「臣未受命，則猶侍從也，於事無不可言者。」安石起視事，光乃得請，遂求去。

以端明殿學士知永興軍。宣撫使下令分義勇戍邊，選諸軍驍勇士，募市井惡少年為奇兵；調民造乾糒，悉修城池樓櫓，關輔騷然。光極言：「公私困敝，不可舉事，而京兆一路皆內郡，繕治非急。宣撫之令，皆未敢從，若乏軍興，臣當任其責。」於是一路獨得免。徙知許州，趣入覲，不赴；請判西京御史臺歸洛，自是絕口不論事。而求言詔下，光讀之感泣，欲嘿不忍，乃復陳六事，又移書責宰相吳充，事見充傳。蔡天申為察訪，妄作威福，河南尹、轉運使敬事之如上官；嘗朝謁應天院神御殿，府獨為設一班，示不敢與抗。光顧謂臺吏曰：「引蔡寺丞歸本班。」吏即引天申立監竹木務官富贊善之下。天申窘沮，即日行。元豐五年，忽得語澀疾，疑且死，豫作遺表置臥內，即有緩急，當以畀所善者上之。官制行，帝指御史大夫曰：「非司馬光不可。」又將以為東宮師傅。蔡確曰：「國是方定，願少遲之。」《資治通鑑》未就，帝尤重之，以為賢於荀悅《漢紀》，數促使終篇，賜以潁邸舊書二千四百卷。及書成，加資政殿學士。凡居洛陽十五年，天下以為真宰相，田夫野老皆號為司馬相公，婦人孺子亦知其為君實也。

帝崩，赴闕臨，衛士望見，皆以手加額曰：「此司馬相公也。」所至，民遮道聚觀，馬至不得行，曰：「公無歸洛，留相天子，活百姓。」哲宗幼沖，太皇太后臨政，遣使問所當先，光謂：「開言路。」詔榜朝堂。而大臣有不悅者，設六語云：「若陰有所懷；犯非其分；或扇搖機事之重；或迎合已行之令；上以徼幸希進；下以眩惑流俗。若此者，罰無赦。」後覆命示光，光曰：「此非求諫，乃拒諫也。人臣惟不言，言則入六事矣。」乃具論其情，改詔行之，於是上封者以千數。

起光知陳州，過闕，留為門下侍郎。蘇軾自登州召還，緣道人相聚號呼曰：「寄謝司馬相公，毋去朝廷，厚自愛以活我。」是時天下之民，引領拭目以觀新政，而議者猶謂「三年無改於父之道」，但毛舉細事，稍塞人言。光曰：「先帝之法，其善者雖百世不可變也。若安石、惠卿所建，為天下害者，改之當如救焚拯溺。況太皇太后以母改子，非子改父。」眾議甫定。遂罷保甲團教，不復置保馬；廢市易法，所儲物皆鬻之，不取息，除民所欠錢；京東鐵錢及茶鹽之法，皆復其舊。

或謂光曰：「熙、豐舊臣，多憸巧小人，他日有以父子義間上，則禍作矣。」光正色曰：「天若祚宗社，必無此事。」於是天下釋然，曰：「此先帝本意也。」

元祐元年復得疾，詔朝會再拜，勿舞蹈。時青苗、免役、將官之法猶在，而西戎之議未決。光歎曰：「四患未除，吾死不瞑目矣。」折簡與呂公著云：「光以身付醫，以家事付愚子，惟國事未有所託，今以屬公。」乃論免役五害，乞直降敕罷之。諸將兵皆隸州縣，軍政委守令通決。廢提舉常平司，以其事歸之轉運、提點刑獄。邊計以和戎為便。謂監司多新進少年，務為刻急，令近臣於郡守中選舉，而於通判中舉轉運判官。又立十科薦士法。皆從之。

拜尚書左僕射兼門下侍郎，免朝覲，許乘肩輿，三日一入省。光不敢當，曰：「不見君，不可以視事。」詔令子康扶入對，且曰：「毋拜。」遂罷青苗錢，復常平糴糴法。兩宮虛己以聽。

遼、夏使至，必問光起居，敕其邊吏曰：「中國相司馬矣，毋輕生事開邊隙。」光自見言行計從，欲以身徇社稷，躬親庶務，不捨晝夜。賓客見其體羸，舉諸葛亮食少事煩以為戒，光曰：「死生，命也。」為之益力。病革，不復自覺，諄諄如夢中語，然皆朝廷天下事也。是年九月薨，年六十八。

太皇太后聞之慟，與帝即臨其喪，明堂禮成不賀，贈太師、溫國公，襚以一品禮服，賻銀絹七千。詔戶部侍郎趙瞻、內侍省押班馮宗道護其喪，歸葬陝州。謚曰文正，賜碑曰「忠清粹德」。京師人罷市往弔，鬻衣以致奠，巷哭以過車。及葬，哭者如哭其私親。嶺南封州父老，亦相率具祭，都中及四方皆畫像以祀，飲食必祝。光孝友忠信，恭儉正直，居處有法，動作有禮。

在洛時，每往夏縣展墓，必過其兄旦，旦年將八十，奉之如嚴父，保之如嬰兒。自少至老，語未嘗妄，自言：「吾無過人者，但平生所為，未嘗有不可對人言者耳。」誠心自然，天下敬信，陝、洛間皆化其德，有不善，曰：「君實得無知之乎？」光於物澹然無所好，於學無所不通，惟不喜釋、老，曰：「其微言不能出吾書，其誕吾不信也。」洛中有田三頃，喪妻，賣田以葬，惡衣菲食以終其身。

紹聖初，御史周秩首論光誣謗先帝，盡廢其法。章惇、蔡卞請發塚斫棺，帝不許，乃令奪贈謚，僕所立碑。而惇言不已，追貶清遠軍節度副使，又貶崖州司戶參軍。徽宗立，復太子太保。蔡京擅政，復降正議大夫，京撰《奸黨碑》，令郡國皆刻石。長安石工安民當鐫字，辭曰：「民愚人，固不知立碑之意。但如司馬相公者，海內稱其正直，今謂之奸邪，民不忍刻也。」府官怒，欲加罪，泣曰：「被役不敢辭，乞免鐫安民二字於石末，恐得罪於後世。」聞者愧之。

靖康元年，還贈謚。建炎中，配饗哲宗廟庭。

（摘選自《宋史》卷三百三十六〈列傳第九十五〉）

史學宰相

資治通鑑驚天下，千古賢臣司馬光

作　　者：李金山
編　　輯：簡敬容
發 行 人：黃振庭
出 版 者：崧燁文化事業有限公司
發 行 者：崧燁文化事業有限公司
E-mail：sonbookservice@gmail.com
粉 絲 頁：https://www.facebook.com/sonbookss/
網　　址：https://sonbook.net/
地　　址：台北市中正區重慶南路一段六十一號八樓 815 室
Rm. 815, 8F., No.61, Sec. 1, Chongqing S. Rd., Zhongzheng Dist., Taipei City 100, Taiwan (R.O.C)
電　　話：(02)2370-3310
傳　　真：(02) 2388-1990
印　　刷：京峯彩色印刷有限公司（京峰數位）

定　　價：390 元
發行日期：2021 年 10 月第一版
◎本書以 POD 印製

國家圖書館出版品預行編目資料

史學宰相：資治通鑑驚天下，千古賢臣司馬光 / 李金山著 . -- 第一版 . -- 臺北市：崧燁文化事業有限公司，2021.10
面；　公分
POD 版
ISBN 978-986-516-874-2(平裝)
1.(宋) 司馬光 2. 傳記
782.8515
110016346

電子書購買

臉書